本丛书系国家社科基金重大招标项目《合理调整国民收入分配格局，逐步解决地区之间和部分社会成员收入差距过大问题研究》和教育部人文社科研究应急课题《改革开放以来公平与效率关系的理论与实践研究》的研究成果。

　　感谢国家社科基金和教育部人文社科基金的支持！

收入分配研究丛书

主编 曾国安

Jingji Fada Guojia
Jumin Shouru
Chaju Yanjiu

经济发达国家
居民收入差距研究

洪 丽 ◎著

人民出版社

目　　录

导　　论

　　中国自改革开放以来，工业化进程明显加快，经济迅速发展，居民收入水平不断提高，但在收入水平普遍提高的同时，居民之间的收入差距也不断拉大。特别是在20世纪90年代中后期，中国的居民收入差距呈现出了持续扩大的趋势。依据世界收入不平等数据库（WIID2c）收录的数据来看，以家庭人均可支配收入为调查内容计算的中国基尼系数，1985年为0.224，1991年为0.341，2000年上升为0.39，2003年达到了0.449，基尼系数呈迅速上升之势。另外，根据中国社会科学院经济研究所收入分配课题组的几次住户抽样调查数据及其估计结果，在20世纪80年代末期中国的基尼系数为0.38，2002年中国基尼系数接近0.46。如果按照每年上升1个百分点的扩大速度计算，现在中国的基尼系数早已突破0.50。虽然有关中国居民收入差距的基尼系数有不同的计算方法和结果，但共同的结论是已超过0.40。就居民整体来看，中国居民的收入差距是相当大的，并且一直呈现出长期扩大的趋势。中国居民收入差距的扩大引起了社会各界的广泛关注，收入差距问题也成为困扰中国进一步发展的重要问题之一。

　　根据发展经济学的考察标准，伴随着工业化进程的加快，当人均GDP达到1000美元时，一个国家的经济结构将处于快速变动时期，与此同时，各种社会矛盾也开始紧张和激化：失业人口增多，城乡和地区差距拉大，贫富悬殊，等等。其中，由收入差距、贫富悬殊引发的社会矛盾最为突出。中国目前正处于这样一个特殊的历史时期。收入差距过大不仅会影响消费需求、投资需求和资本积累，贫富悬殊还会诱发人们的不满心理，对社会的安宁和稳定产生威胁，从而对经济增长的速度和质量产生影响，因而解决中国当前的居民收入差距问题已迫在眉睫，刻不容缓。

那么，我们该如何看待当前中国居民收入差距的扩大？它会自动转为下降不必政府干预？还是政府要采取积极措施调节居民收入差距？如需调节又该采取什么样的政策才有效呢？其实，收入差距问题并不是中国独有的现象，世界各国在其现代经济增长即工业化过程中，都出现了居民收入差距长时期的扩大，经济发达国家也不例外。经济发达国家更早完成了工业化，因而已经比中国更早地经历了收入差距的扩大，而且已经完成了工业化的经济发达国家在其收入差距经过了缩小的过程以后，在 20 世纪 80 年代以来又再次呈现出扩大的趋势。可见，收入差距问题是一个世界性的主题。他山之石可以攻玉。本书跳出就中国问题论中国问题的局限，把视角转向国外，以经济发达国家为切入点，系统研究其收入差距的历史演变趋势、现状、影响因素及其解决政策，对经济发达国家的收入差距问题分别进行总体和个体的考察、历史与现状的考察，为正确认识、对待、解决中国的收入差距问题提供经验借鉴。

在展开系统研究之前，首先对国内外关于收入差距相关问题的已有研究进行简单回顾和总结，并简单介绍本书研究的着力点和意义所在。

一、关于居民收入差距的变动趋势的研究

关于收入分配差距的变化趋势，早期最有影响的当属刘易斯的"二元经济理论"和库兹涅茨的"倒 U 假说"。刘易斯（Lewis，1954）从理论上阐述了具有二元结构的经济发展会对收入分配产生影响，他提出的劳动力无限供给条件下的二元经济理论认为，处于经济发展中的国家存在着二元经济结构，即传统的农业生产部门和现代工业生产部门，传统农业部门存在无限剩余劳动力，收入低，现代工业部门收入高，在从二元经济向现代经济发展的过程中，可以以不变的工资水平获得无限供给的劳动力，收入分配差距将会在发展的早期阶段上升，因为现代部门的利润只归少数资本家掌握，随着二元结构慢慢消失，工资水平才可能上升，收入差距趋于缩小。库兹涅茨（Kuznets，1955）则通过对人均 GDP 和收入分配差距变化数

据资料的分析，首次提出了收入分配差距"倒 U 假说"，即在经济发展过程中，更确切地说是在工业化过程中，收入分配差距的长期变动轨迹是"先扩大，后缩小"。他认为一国在向工业文明过渡的经济增长的早期阶段，收入分配的不平等程度会迅速扩大，少数人越来越富，更多的人则越来越穷；尔后是短暂的稳定，随着经济发展到一定程度，在工业化后期阶段，收入分配的不平等状况会得到改善，收入差距逐渐缩小，即收入分配差距的长期变动轨迹类似倒 U 型曲线。刘易斯和库兹涅茨从不同角度分析了收入分配差距在工业化过程中的变化趋势，不过得到了类似的结论，即工业化过程中收入差距呈"先扩大、后缩小"的变化趋势。

库兹涅茨倒 U 形假设理论提出后，在经济学界产生了持久的影响和论争，许多学者利用大量统计资料对其进行了实证检验，这些研究主要从三个角度进行：横向国别分析、纵向时序研究和微观影响因素分解分析。

由于时序资料的缺乏，早期研究大多是利用横截面资料进行的，即假设处于不同发展水平的国家相当于一国处在不同发展阶段，利用当代同一时期不同发展阶段的国别资料进行分析。克瑞维斯（Kravis，1960）通过对 11 个国家的收入不平等研究，发现不发达国家比发达国家不平等程度更高。大岛（Oshima，1962）对若干亚洲国家的研究发现，当一国经济进入和通过半发达阶段时，收入不平等程度增加，一旦成为完全的发达国家时，不平等程度就下降。首次进行大规模国别资料研究的是阿德尔曼和莫里斯（Adelman & Morris，1973），他们在 20 世纪 60 年代末 70 年代初收集了 43 个国家的资料，通过测算收入不平等同人均国民收入的回归方程，第一次为相对收入不平等的研究提供了大量经验性证明。稍后，鲍克特（Paukert，1973）对样本进行了扩展，用 20 世纪 60 年代中后期 56 个国家的收入分配资料，以基尼系数为收入不平等指标，进行了比较研究。研究结果认为，随着人均收入水平提高，收入不平等在上升之后逐渐转为下降，长期趋势是趋向平等，不平等的最高点是处于人均收入 200—500 美元的范围内。阿鲁瓦利亚（Ahluwalia，1976）利用 60 个国家的样本资料，基于最贫穷 40% 人口的收入份额、最富裕 20% 人口的收入份额、基尼系数等三个衡量收入分配不平等的指标所进行的研究发现，收入不平等的变动呈先上升后下降的格局。钱纳里和塞尔昆（Chenery & Syrquin, 1975）利用 55 个国家的资料进行的回归分析也发现，随着人均收入水平的提高，收入最低的 40% 人口的收入份额是先下降后上升，而收入最高的 20% 人口的收入份额则先上升后下降，转折点发生在 300 美元左右。这些学者的研究基本上都支持了"倒 U 假说"，他们发现，通常发展中国家比发达国家有更高的收入不平等，而在发展中国家内部，最贫穷的国家比较为贫穷的国家有更低的收入不平等。但是，这些利用横截面方法进行的研究，受到了许多学者的批评。因为横截面研究方法隐含的诸多假设前提都是未经验证和论证的，因而这种方法值得怀疑。

与此同时，也有学者利用有限的时间序列资料，对某个国家经济发展过程中若干时点上的收入不平等状况进行了研究。不过，由于资料限制，这方面的研究并不多。索洛（Solow, 1960）利用第二次世界大战以后英国、荷兰、德国等国的时间序列资料，对这些发达国家的收入差距变化趋势进行了研究，发现这些国家的收入差距在第二次世界大战以后确实开始改进了。20 世纪 70 年代以后，一些学者利用一些发展中国家的时间序列资料对库兹涅茨"倒 U 假说"的前半段（即收入不平等加剧和恶化阶段）进行了验证。魏斯考夫（Weiskoff, 1970）和费希罗（Fishlow, 1972）利用了不同时间点上的不完全资料，分别对墨西哥、波多黎各、阿根廷和巴西的收入差距变化进行了研究。结果表明：巴西在 1960—1970 年一段高增长时期，收入差距明显扩大；在波多黎各，随着人口的迅速增长，基尼系数也上升了；墨西哥从 1950—1975 年处于经济增长较快时期，其中 1950—1957 年分配较平等，此后不平等逐步增加。可见，这些不很全面的时间序列资料对库兹涅茨"倒 U 假说"的前半部分基本给予了支持，即至少在经济发展的低水平上或发展的早期阶段，收入不平等是呈上升趋势的。不过，也有一些学者指出了相反的事实。菲尔兹（Fields, 1984）通过对亚洲四个新兴工业国（地区）的研究对倒 U 假设的有效性提出了怀疑。他认为，即使早期发展阶段也不必然伴随着收入不平等的加剧和恶化，因为在亚洲"四小"

的引人注目的发展过程中，收入不平等均有所改进，而不是恶化了。在亚洲"四小"中，中国台湾被作为公平增长的典型，费景汉、兰尼斯等人（Fei，Ranis，Kuo，1979）对其进行了详细的研究，结果发现，从20世纪50—70年代，台湾经济迅速增长，收入不平等却一直呈下降趋势。这一事实促使许多学者对倒U理论进行了更深入的分析。克莱恩（Cline，1975）对拉美和亚洲的13个发展中国家（地区）的收入分配时序资料分析发现，这些处于发展初期的发展中国家（地区），收入不平等的变化轨迹并没有显示出共同的恶化特征，其中有6个收入不平等加剧了，但也有6个改进了，还有一个无明显变化。在这里，似乎也不存在明显的"倒U假说"规律。

除利用横截面和时序资料对收入差距变化进行分析之外，还有一些学者利用微观资料进行了分解分析，即对制约收入差距变化趋势的各种变量进行具体的计量分析。这些研究发现，虽然多数国家收入差距变化呈倒U现象，但这只是一个统计上的事实，造成这一事实的原因是多种因素共同作用的结果，而不是仅与一国发展阶段和收入水平相联系的，因而不认为"倒U假说"具有历史必然性。

进入20世纪八九十年代，又有学者提出，随着经济的发展，经济发达国家收入不平等的变化趋势类似一条U形曲线。哈里森和布鲁斯通（Harrison & Bluestone，1988）研究发现，美国的收入差距随着经济的发展而扩大。孔塞桑和加尔布雷斯（Conceicao & Galbraith，2001）对OECD国家1969年到1992年的基尼系数数据进行筛选，并对数据最完善的英国、美国和日本的基尼系数作了回归分析，得出结论：随着经济的发展，越是后期，收入差距越是扩大的。不过，这些学者研究的是发达国家处于工业化后期和知识经济时代的收入差距变化，与库兹涅茨研究的工业化过程中一国收入差距的变化所分析的阶段不同。

国内关于收入差距的研究视角大都集中在中国，对世界各国收入差距的变化趋势研究相对较少。陈钊、陆铭（1999）利用市场经济国家和转轨经济国家部分时序资料，对收入差距扩大现象进行了分析。结果显示：以美国为代表的市场经济国家从20世纪70年代初期开始收入差距有扩大的现象，并在20世纪80年代以后有加速发展的趋势；转轨经济国家自转型以来也普遍存在收入差距逐渐扩大的现象，国家所实行的经济政策发挥了重要影响。牛飞亮（2001）利用20世纪八九十年代90个国家的横截面资料，以基尼系数、阿鲁瓦利亚指数、库兹涅茨指数和不良指数为收入不平等指标，进行了K-均值快速聚类分析、相关分析和多元回归分析。研究结果发现，经济发展水平较高的南美洲发展中国家和非洲国家收入分配高度不平等，已进入两极分化，亚非拉发展程度较低的发展中国家收入分配相对合理，大多数发达国家则收入分配比较平均。曾国安（2002）对20世纪八九十年代112个国家的居民收入差距进行了静态比较和动态比较分析，特别对其中61个发达国家和发展中国家的部分时序资料进行了收入差距趋势分析，研究结果发现，世界范围内的居民收入差距呈扩大的趋势，各国居民收入差距都有所变化，不过变化的方向与幅度有所差别，多数国家的居民收入差距呈长期扩大的趋势，其中，经济转轨国家和下中等收入国家居民收入差距扩大的幅度较其他类国家大。研究还发现，居民收入差距的扩大或缩小与不同的经济增长状态并存，换句话说，"倒U假说"并不具有历史必然性，收入差距的变化取决于诸多因素的共同影响。

从这些研究结果来看，对于居民收入差距的变动尚未形成定论，从表面来看，"倒U假说"和"U型曲线"两类观点截然相反，不过，由于分析国家的不同、发展阶段的不同、采用方法和数据资料的不同，在这种零散研究的基础上，也无法做出判断两种观点是否对立抑或并不矛盾。本书将系统分析经济发达国家居民收入差距的变动趋势和影响机制，采用的数据更加连续、可比，从而更深入、更系统地了解收入差距变化的普遍规律。

二、关于居民收入差距的影响因素的研究

关于影响居民收入差距的因素，众多学者主要聚焦于经济增长、经济全球化、技术进步、政府干预的收入再分配政策等几个方面的因素。

尼尔森（Nielsen，1994）认为，经济发展主要表现出如下三个特征：劳动力转移和二元经济结构、人口转移、技术深化和教育的扩展，经济增

长就主要通过这三个方面的因素影响一国居民收入分配。列维和莫兰（Levy
& Murnane，1992）认为，当前发达国家的收入分配结果是因为 20 世纪八九
十年代开始 OECD 国家制造业就业人口下降的缘故，由于制造业部门与服务
业部门相比，平均工资要高，收入分配更加平均，因此劳动力从制造业部
门向服务业部门转移，将会产生更大比例的低收入人群，收入不平等将加
剧。蒂莫西·史密丁（Timothy Smeeding，2002）认为，大部分高收入国家
当前正经历的这场收入不平等加剧（以高技术水平劳动力市场的高回报为
特征），国际贸易和资本流动等与经济全球化相关的因素是很重要的推动力
量。艾尔德森（Alderson，2002）也提到，大多数学者都关注于经济全球化
对收入分配的影响，他们认为经济全球化主要从以下几个方面影响收入分
配：一是外国直接投资增加，二是"南北贸易"（发达国家和发展中国家之
间的贸易）增加，经济全球化通过直接投资外流、进口使竞争加剧来影响
不同要素、不同层次劳动者之间的收入分配。

　　国内关于居民收入差距影响因素的研究也比较零散，特别是对经济发
达国家收入差距影响因素的研究并不多。赖德胜（1997）认为，教育是决
定收入分配的重要因素，教育扩展与收入差距变动之间存在着倒 U 型关系，
在教育扩展初期，收入差距会扩大，到教育扩展后期，收入差距会缩小。
这种倒 U 型变动是教育扩展带来的扩张效应与抑制效应共同作用的结果，
扩张效应源自教育供给小于教育需求所导致的不同水平教育者之间工资差
距的扩大，而抑制效应则源自教育供给大增之后的竞争效应和渗漏效应。
权衡（2004）认为，美国完善的公共政策体系，使美国收入差距的社会压
力得到大大缓解，公共政策与实际的收入差距密切相关。尹翔硕（2002）
认为，居民收入差距的变化与技术进步密切相关，大多数的技术进步发生
在资本相对密集的产业，因此技术进步的趋势一般是节约劳动型的，这样
就必然会提高资本使用的价格（租金）和降低劳动的价格（工资），使得资
本收入和劳动收入的差距扩大。

　　从这些研究来看，关于经济发达国家收入差距的影响因素分析还比较
零散，大多是单独分析某种因素对收入差距的影响，未考虑到各种因素之

间可能是相关的，存在相互影响。本书将全面考虑经济全球化、技术进步、经济增长、收入再分配政策等各方面的因素，综合分析居民收入差距的影响机制。

三、关于解决居民收入差距的政策措施的研究

当一国居民收入差距扩大时，许多学者都认为，采取税收、转移支付、教育等政策来缩小居民收入差距或控制收入差距的进一步扩大是非常有必要的。

库兹涅茨（Kuznets，1955）在提出收入差距"倒 U 假说"的同时就曾经指出，不能期待一国收入差距自动由上升转为下降，收入差距的变化是当时一系列经济、政治、社会和人口条件造成的，合理的态度是对这些历史条件和影响因素进行深入分析，发展中国家不应像早期资本主义国家那样听任收入差距扩大，采取累进税制等缩小收入差距的政策措施是非常必要的。伯德（Bird，1970）认为，在发展中国家，税收是调节收入再分配的重要手段，在最贫穷的国家，税收对促进收入分配平等的作用甚至与税收对促进经济增长的作用同等重要，发展中国家调节居民收入差距应充分发挥税收政策的作用。戴维（Devine，1983）利用美国 1949—1976 年的时间序列资料，对美国政府支出对收入分配的影响作了回归分析，结果发现，第二次世界大战以后美国政府支出大量增加，不过劳动、资本间的收入分配相对变化不大，政府支出政策没有明显改善美国的收入分配状况，但至少抑制了其进一步恶化。Chu，Davoodi & Gupta（2000）研究发现，20 世纪八九十年代，许多发展中国家面对本国收入差距的扩大，采取了税收、教育、政府转移支付等政策来缩小收入差距，不过发展中国家采取的这些政策未能充分发挥效应，政策效果比不上工业化国家，但近年来发展中国家正在积极调整其收入差距调节政策。

国内关于经济发达国家解决居民收入差距所采取的政策研究也比较分散，缺乏系统的研究。胡莹（2006）对第二次世界大战以后美国的收入分配政策进行了研究，发现其收入分配政策主要体现在劳资谈判与最低工资、

职工持股计划、税收政策以及社会保障制度等几个方面，并且这些政策与美国第二次世界大战以后收入差距的变化密切相关。刘强（2006）认为，以瑞典、芬兰为代表的北欧国家通过初次分配中的工资决定制度和再分配中的社会保障制度、税收调节制度，有效调节了居民收入差距，保持着良好的收入分配状况。张晖（2007）研究了韩国政府在收入分配上的作用，他认为，韩国政府采取的收入调节政策在缩小城乡差距方面取得了明显的效果，表现最突出的是个人所得税政策和社会保障政策。李舜（2006）研究了市场经济国家调节收入分配的政策，包括反垄断政策、工资决定政策、税收调节政策、社会保障政策等，各项政策效果都比较明显。

从这些研究结果来看，关于经济发达国家解决居民收入差距问题所采取的政策也缺乏系统研究，大多仅就某个国家或某类国家的收入差距调节政策进行了分析，而由于这些国家国情、文化背景、政策导向等因素的区别，也由于各国收入差距情况不尽相同，因而采取的政策有相同的地方，也有不同的地方。本书将系统、全面分析经济发达国家调节居民收入差距的政策构成、政策效应，旨在形成一套较完备的解决居民收入差距的政策体系。

系统研究经济发达国家居民收入差距的演变趋势、影响因素及其解决政策具有十分重要的理论价值和现实意义。

其理论意义在于：

1. 有助于开辟和发现收入差距问题研究的新视角

收入差距问题是中国进一步发展所面临的重大理论现实问题，引起了社会各界的广泛关注和热烈探讨，一般研究视角都局限于中国，本书从新的研究视角出发，系统研究经济发达国家的居民收入差距，通过比较分析，发现收入差距的一般变动规律、综合影响机制及有效的解决政策，形成了较为深入、系统、全面的研究框架和研究方法。

2. 有助于找出工业化国家和后工业化国家收入差距变化的一般规律

关于收入差距的变化趋势，学术界提出了"倒 U 假说"和"U 型曲线"

两类观点，从表面来看，两类观点截然相反，不过，由于分析国家的不同、发展阶段的不同、采用方法和数据资料的不同，两种观点是否对立抑或并不矛盾，还值得推敲。本书系统分析了经济发达国家居民收入差距的演变趋势和影响机制，采用的数据更连续、可比，这有助于更深入、更系统地了解工业化国家和后工业化国家收入差距变化的一般规律。

3. 有助于完善和发展收入分配机制相关理论研究

传统收入分配理论通常侧重考虑劳动、资本等要素的区别造成的收入分配差距，但随着时代的发展，经济全球化、技术进步等因素对收入分配差距的影响日益显著，不过相关影响分析还比较零散，本书全面考虑经济全球化、技术进步、经济增长、收入再分配政策等各方面的因素，综合分析现代收入分配差距的影响机制，这将有助于完善和发展收入分配机制相关理论研究。

4. 有助于形成一套完善的收入差距调节理论，丰富政府管制理论

由于世界各国具体面临的收入差距问题的不同，所采取的解决政策也各有侧重，政策力度和政策效应也有所区别，不过，也存在一些相同的收入差距调节政策。本书系统分析经济发达国家解决居民收入差距问题的政策构成、政策效应，有助于形成一套完善的收入差距解决政策体系，丰富政府管制理论。

其现实意义在于：

1. 为正确看待中国当前的收入差距问题提供评判参考

收入差距问题不仅在中国存在，在世界各国都普遍存在。居民收入差距的扩大也不是中国独有的现象，世界各国在其现代经济增长即工业化过程中，都出现了居民收入差距长时期的扩大，即便是已经完成了工业化的经济发达国家在其收入差距经过了缩小的过程以后，在20世纪80年代以来也再次呈现出扩大的趋势。系统研究经济发达国家居民收入差距的变动趋势，找出收入差距变化的普遍规律，可以为正确认识中国当前收入差距的变化提供评判参考。

2. 为合理应对中国收入差距问题找出关键因素

要找出世界各国收入差距变化的普遍规律，并不是说世界各国收入差距会呈现同样的变化趋势，而是通过收入差距内在、外在影响机制的分析，发现收入差距和各种相关影响因素的关系和规律，这样也可以从各种影响因素着手，来考察中国的居民收入差距问题，发现其内在的变化规律，并进一步从各种影响因素着手来应对中国的居民收入差距问题。

3. 为中国有效解决居民收入差距问题提供经验借鉴

从国外解决收入差距问题的情况来看，居民收入差距问题的解决政策大体上可以分为两类，一类是较好地解决了居民收入差距问题的国家和地区，主要以经济发达国家和东亚新兴工业化国家为主；另一类是对居民收入差距采取放任政策或者政策不当或失效的国家和地区，如拉美的众多国家、亚洲的印度、撒哈拉沙漠以南的众多非洲国家等，系统地研究经济发达国家解决居民收入差距问题的成功经验，对于中国制定有效解决居民收入差距问题的政策将是十分必要和重要的。

第一章 收入差距的相关概念及衡量

第一节 收入分配及差距的基本概念

一、收入分配

现代发展经济学将收入分配分为功能性收入分配和规模性收入分配两种类型。功能性收入分配（Functional Distribution of Income），又称要素贡献收入分配，是以生产要素（如土地、资本、劳动）为主体，根据各种生产要素在社会产品生产中发挥的作用或作出的贡献，对国民收入所进行的分配。它源于李嘉图，是从收入来源的角度，研究一个国家中土地、资本、劳动等生产要素所有者，按投入要素数量和贡献获得相应的收入份额的有关问题，其研究目的主要在于分析各种生产要素对生产的贡献与其所得之间的关系是否合理。规模性收入分配（Size Distribution of Income），又称个人（家庭）收入分配，是以居民个人为主体对国民收入进行的分配。它源于帕累托（V. Pareto），是从收入分配最终形态的角度，来研究各个阶层及其内部构成所得的最终收入在社会总收入中所占比重的有关问题。所要探讨的是某阶层人口或家庭的比重与其所得的收入份额之间的关系是否合理。

功能性收入分配和规模性收入分配是两个既有区别又有联系的概念。两者的区别在于研究问题的角度和目的不同。功能性收入分配侧重于研究不同的生产要素所获得的不同的收入份额是如何确定的，而不关注究竟是谁得到这些收入，由此建立的分配原则是经济效率原则。规模性收入分配侧重于研究某人或某些人所得的收入是多少，而不关注这个人或这些人获得这些收入的来源和方式。它按收入水平高低将个人或家庭进行分类，然后从每类经济群体所得收入规模与其人口规模或家庭规模之间的关系来研究收入分配，由此建立的分配原则是经济公平原则。两者的联系表现为功能性收入分配决定和影响规模性收入分配。因为某一经济群体的人口所获得收入份额的多少取决于他们所拥有的生产要素的多寡，国民收入在不同的生产要素之间的分配格局直接影响规模收入分配的格局。通常来讲，功能收入分配差距越大，规模收入分配差距也越大。

本书研究居民收入差距时所涉及的收入分配，主要是规模性收入分配，即各个国家各阶层的人口或家庭的收入份额怎样变动，变动有多大；或者说，各阶层的相对收入差别发生怎样的变化，总趋势是怎样的，以及各种影响因素对总收入差别及其变动额的贡献有多大等等。

二、居民收入差距

研究居民收入差距必须首先明确其涵义。居民收入差距可分为绝对差距和相对差距。绝对差距是指以货币单位或其他实物指标表示的不同群体和个人之间的收入差距的绝对数，用它可以测度不同阶层居民的富裕程度，通过它可以发现收入差距的大小，但不能了解它们之间的差别程度。相对差距是指用收入比重或收入相对份额来表示不同群体或个人之间的收入差别，是衡量收入分配公平与否的重要标志。

相对差距与绝对差距既有区别又有联系。其联系在于：当收入水平一定时，二者的变动方向是一致的，即当绝对差距扩大时，相对差距也扩大；其区别在于：绝对差距只能反映收入差距绝对数，不能反映收入差距的相对程度，不利于对居民收入差距进行比较。因而本书在分析收入差距问题时，主要使用相对收入差距指标。

三、收入差距与收入分配不公

讲到收入差距不禁使人想到收入分配不公问题。人们通常会把两者等同起来，因为人们在测度收入分配是否公平时通常是以收入差距为依据的。其实，收入差距与收入分配不公是两个不同的概念。收入差距是对收入分配状况的客观反映，而收入分配是否公平则涉及公平观的选择问题。

由于人们从事工作的性质、时间、劳动强度的不同，以及在体力、智力方面存在的客观差异，对社会的贡献必然不同，因此劳动者的收入也应有所差别，从这方面来说，收入差距的存在有其客观必然性。对收入差距导致收入分配不公应该从两方面来理解：一方面，收入差距过大可能导致收入分配不公，这也就是人们通常意义上理解的收入分配不公的涵义；另一方面我们必须认识到，收入差距过小也有可能导致收入分配不公，也就是所谓的平均主义的问题。所以，收入的公平分配不是收入的平均分配，而是一种差距合理的收入分配，收入分配存在差距并不就等于收入分配不公。在判断一国的收入差距水平时，关键是看其收入差距是否合理。

第二节　收入差距的衡量指标

在西方经济学界，考察和分析居民收入差距的理论和测定方法有很多，比如洛伦兹曲线、基尼系数、收入五等分（十等分）指标、库兹涅茨比率、阿提金森指标、泰尔指数等。其中洛伦兹曲线和基尼系数是最常用的。

一、洛伦兹曲线

洛伦兹曲线（Lorenz Curve）是由德国统计学家洛伦兹提出的，用来测量社会收入分配平均程度的曲线（如图 1.2.1）。图中纵轴 OI 为收入百分比，横轴 OP 为人口百分比。根据收入分配的分组资料，将一定人口比重所对应的收入比重在图上绘出得到相应的收入分配情况，就是洛伦兹曲线。

洛伦兹曲线满足下列三个性质：（1）过（0，0）（1，1）两点；（2）单调递增；（3）向下凸（上凹）。

在图 1.2.1 中，45 度线 OY 为绝对平均分配线，它代表的含义是一定百分比的人口拥有相同百分比的收入；右下角 90 度线 OPY 为绝对不平均线，它表示一个人独占全部的社会总收入，其余的人收入都是零。不难理解，上述两种极端情况都是理论上的状态，并不符合实际，实际生活中的洛伦兹曲线介于收入分配的绝对平均线和绝对不平均线之间，洛伦兹曲线弧度越小，与 OY 线越接近，收入水平越平均；弧度越大，与 OY 线越疏远，收入水平越不平均。

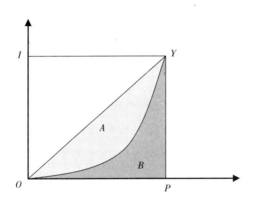

图 1.2.1　洛伦兹曲线

洛伦兹曲线是国际上通用的测量收入差距的工具，其优点是可以形象、直观地反映收入分配差距程度，便于进行不同空间或不同时期的收入分配差距比较分析。显而易见，我们从洛伦兹曲线可以看出每个收入阶层的收入比重，从曲线的弯曲度可观察出每个阶层的收入差别情况，从不同曲线的对比中可以得到不同国家或地区收入分配差距的程度，或同一国家或地区在不同时期的收入差距变化情况。但洛伦兹曲线也有一个很大的缺点，就是没有数理化，只能在几何图形上观察，没有一个准确的数字来表达收入差距的总体水平，特别是在出现两条曲线交叉时，直观的观察很难判断出哪一条曲线代表收入差别更大，因而洛伦兹曲线在实际运用中很少单独使用。

二、基尼系数

基尼系数（Gini Coefficient）是意大利经济学家基尼于 1912 年首次采用的以具体数值表示的反映收入分配差距程度的指标。其经济学含义是：在全部居民收入中用于不平均分配的百分比。基尼系数的计算要借助于洛伦兹曲线，它一般定义为 45 度线与洛伦兹曲线之间的面积除以 45 度线以下的面积。对照图 2.2.1 来看，A 表示实际收入分配曲线与绝对平均线之间的面积，B 表示实际收入分配曲线与绝对不平均线之间的面积，基尼系数就等于 $A/（A+B）$。在两种极端情况下，当实际收入分配曲线与绝对平均线 OY 重合时，$A=0$，基尼系数也等于零；当实际收入分配曲线与绝对不平均线 OPY 重合时，$B=0$，基尼系数等于 1。显然，基尼系数是介于 0 和 1 之间的数值。基尼系数越接近于 0，表示收入差距越小；基尼系数越接近于 1，则表示收入差距越大。经济学家根据经验和分析对基尼系数的区间范围作了如下判断：基尼系数低于 0.2 表明收入分配高度平均，0.2—0.3 是收入分配比较平均，0.3—0.4 是收入差距相对合理，0.4—0.5 是收入差距过大，超过 0.5 就是差距悬殊。

基尼系数能以一个具体数值简明地反映出总体收入分配的差距状况，其数量界限也可有效地预警两极分化的质变临界值，可说是衡量收入分配差距大小的一个综合性指标，并且基尼系数的计算方法很多，可因资料不同而异，不受样本容量的影响，并且避免了人为的福利判断标准，克服了其他方法的不足，因而成为国际经济学界衡量居民收入差距的最可行的指标，得到了世界各国的广泛重视和普遍采用。

虽然基尼系数给出了收入分配状况的一个具体数值和判断标准，能大体上预警收入差距的情况，但它也存在着一些不足之处。第一，由于基尼系数与洛伦兹曲线之间并不存在着严格的一一对应关系，当不同总体却计算出相同的基尼系数时，必须对照各自的洛伦兹曲线才能分辨出不同的区域差异特征，所以基尼系数并不能完全离开洛伦兹曲线来计算和分析。当洛伦兹曲线已不具备它应有的下凸函数等性质时，由此计算出来的基尼系数自然也是不正确的。第二，从基尼系数本身不能反映个别阶层的收入分配变动情况。当某一收入阶层的收入水平发生较大变化，有时却会出现基尼系数的变化很小的情况。主要是因为这一阶层的收入分配在收入分配总水平中所占比重较小，其收入分配变动状况对收入分配总水平影响较轻。第三，基尼系数计算方法的不同会给分析带来困难。对于同一研究对象，由于资料分类、整理的不同（样本差异），采用不同的计算方法，基尼系数的计算结果会出现差异。一般情况下，分组越细则基尼系数越大。

基于以上考虑，在计算基尼系数的同时，一般还采用其他指标来辅证居民收入差距状况，这些其他指标一般直接采用一定百分比人口的收入份额来表示，较常用的是收入五等分指标。

三、收入五（十）等分份额及相关指标

收入五等分法是一个比较简明的衡量收入分配差距的方法。其具体算法是：将所有人口或家庭按收入由低到高进行排列，均分为五等分（收入十等分法即均分为十等分），然后将各等份的收入分别加总，再除以总收入，计算各等份人口（或家庭）在收入总额中所占比重和相应的收入份额，这样可以很细致地观察到各个阶层收入所占百分比。

此外，还有一些基于收入五等分法和十等分法而计算的指标，用来进一步分析规模收入分配格局是否合理。一般说来，国际上常用的主要包括：阿鲁瓦利亚指数（Ahluwalia Index）、库兹涅茨指数（Kuznets Index）和不良指数1、不良指数2。

（一）阿鲁瓦利亚指数

阿鲁瓦利亚指数是指收入最低的40%人口在收入总额中所占的份额值。该指数的最高值为0.4，指数越低，收入分配差距越大。

（二）库兹涅茨指数

库兹涅茨指数是指收入最高的 20% 人口在收入总额中所占的份额值。该指数的最低值为 0.2，指数越高，收入分配差距越大。

（三）不良指数 1 与不良指数 2

不良指数 1（也叫欧希玛指数）是指收入最高的 20% 人口在收入总额中所占份额与收入最低的 20% 人口在收入总额中所占份额之比。该指数的最低值为 1.0，指数越高，收入分配差距越大。一般情况下，不良指数 1 在 3 以下，代表收入分配高度均等；在 3—6 之间，代表收入分配相对均等；在 6—9 之间，代表收入分配相对合理；在 9—12 之间，代表收入分配差距偏大；在 12—15 之间，代表收入分配差距过大；不良指数 1 在 15 以上，代表收入分配差距极大。不良指数 2 是最富裕的 10% 的人口在收入总额中所占份额与最贫困的 10% 的人口在收入总额中所占份额之比。不良指数 1 与不良指数 2 的差距越大，表明两极人口的贫富差距越大，最高收入者占有的收入份额越大。

收入五（十）等分份额及阿鲁瓦利亚指数、库兹涅茨指数和不良指数 1、不良指数 2 通常与基尼系数结合起来使用，作为衡量收入分配差距的辅助工具，用来弥补基尼系数的不足。

第三节　收入差距指标数据的选取与整理

虽然衡量收入差距的指标主要有洛伦兹曲线、基尼系数、收入五等分指标等，但考虑到数据的长期可获得性及指标的代表性，本书在分析各国的居民收入差距时主要采用基尼系数这一衡量指标。搜集的基尼系数来源于世界收入不平等数据库（UNU-WIDER World Income Inequality Database，WIID），并且是 2008 年 5 月的最新修订版 WIID2c。这一数据库几乎涵盖了全世界所有国家，除了基尼系数，部分国家还有收入五等分数据、收入十等分数据。每一数据的统计单位（个人或家庭）、覆盖地区（全国、城市或农村等）、覆盖人口、年龄范围（10岁以上、20岁以上或所有年龄群体）、收入的定义（基于收入、支出或消费）、数据原始来源、质量等级等都在数据库中有明确说明，非常详实。这一数据库的一大特点就是：同一年份因统计口径和来源不一样而有多个基尼系数。比如说，有的基尼系数是以家庭为统计单位，而有的则以个人为统计单位；有的计算的是全国的基尼系数，而有的则代表城市或农村；有的计算的所有年龄阶段人口的基尼系数，而有的仅覆盖了部分年龄阶段，如20—64岁；有的基于对收入的调查，有的基于对消费的调查，而有的则基于对支出的调查。另外，各种数据原始来源不一样，计算方法可能也存在一些差异，结果就导致了同一年份有多个基尼系数，从而给数据的取舍工作带来了极大的困难。

在数据选择上，在把经济发达国家作为一个总体对其居民收入差距变迁进行动态比较分析时，数据选择主要以连续性和可比性为标准，各个国家尽量选取同一统计口径和来源的连续数据。其后分别对各个国家的居民收入差距变迁及现状进行分析时，数据选择以全面、求实为准则，将世界收入不平等数据库中所列出的各种不同统计口径、收入定义、原始来源的连续数据均分别报告出来，一方面希望对各个国家的收入差距情况作尽量全面、详实地分析，另一方面也希望整理的数据能对其他学者的研究提供一定的帮助。

在国家的选择上，由于各个国家统计工作的基础设施、统计质量、统计资料的连续性等等存在着极大的差距，有些国家数据极度缺乏，因此，作者在考虑到数据的可获得性及合理性的基础上，选出了13个有代表性的经济发达国家，包括美国、英国、德国、意大利、日本、加拿大、荷兰、瑞典、新西兰、芬兰、挪威、丹麦、希腊，本书将对这13个有代表性的经济发达国家的居民收入差距分别进行总体和个体的考察、历史和现状的考察。

在分析时间段的选择上，主要依据世界收入不平等数据库给出的数据年限，由于各个国家数据可获得情况不一样，因此，在具体分析每个国家的居民收入差距的变迁时，所选择的时间段并不完全一致，有的国家数据资料全面而丰富，连续数据较长，有的国家则数据稍少些，数据散而短，不过大致时间范围是 20 世纪四五十年代至今，只有极个别早期数据完善的国家时间范围更早。总之，各国居民收入差距变迁分析所选择的时间段，具体都依数据可获得情况而定。

此外，还有两点需要详加说明。第一，在世界收入不平等数据库中，主要的统计单位包括两类，一类是以每户家庭（Household/Family）为统计单位，另一类是以个人（Person）为统计单位。而针对以家庭为统计单位，又细分为：不考虑家庭规模等因素、不进行调整（No Adjustment），即直接以每户家庭为统计单位；考虑家庭规模进行调整，即以家庭人均（Household per capita）为统计单位，不过，这和直接以个人为统计单位有着本质的区别，它仍然属于以家庭为统计单位；还有少数数据在以家庭为统计单位的基础上，考虑家庭结构、家庭规模等因素进行了调整。以调查家庭可支配收入（Household，Income，Disposable）为例，在以家庭可支配收入为调查内容的基础上，有的用家庭可支配收入除以（1 + 0.7 × 家庭成人人数 + 0.5 × 儿童人数）（Household eq，OECD）进行调整；有的用家庭可支配收入除以（1 + 0.5 × 家庭成人人数 + 0.3 × 儿童人数）（Household eq，OECD-mod）进行调整；有的用家庭可支配收入除以家庭人数的平方根（Household eq，square root）进行调整；有的用家庭可支配收入除以国家认定的标准家庭规模（Household eq，national scale）进行调整；等等。还有一种情况是统计口径并未调整，就是原始的家庭可支配收入（Household，Income，Disposable），但调查对象只包括在平均收入之下的住户（Household eq，HBAI①）。这些特殊情形出现在部分经济发达国家。所以，虽然有些国家数据都以可支配收入为调查内容，但具体细微口径并不完全相同。第二，世界收入不平等数据库为数据原始出处提供了两种来源（Source1，Survey/

---

① HBAI 是 Households Below Average Income 的缩写，即"在平均收入之下的住户"，这是英国政府于 1988 年引入的计算英国低收入家庭采用的统计方法。

Source2），在表格说明中，本书详细列出了数据的两种原始出处，不过在正文中，出于行文简洁明朗的考虑，在引用世界收入不平等数据库中的数据时，仅列出第一种来源（Source1）。例如，"根据 Brandolini（1998）基于每户家庭可支配收入（Household，Income，Disposable）的统计，美国 1979 年基尼系数为 0.352，此后逐年上升，到 1986 年达到 0.404，随后基尼系数有所下降，到 1996 年达到 0.392（见表 2.2.1 中 E 栏基尼系数）"，此列数据（表 2.2.1 中 E 栏基尼系数）原始出处 1 为 Brandolini 1998，原始出处 2 为 Current Population Survey，在表 2.2.1 数据说明中，本书详细说明了 E 栏基尼系数原出自 Brandolini 1998 和 Current Population Survey，不过，在正文中仅列出原始出处 1。

第二章　经济发达国家居民收入差距的
历史演变及现状

　　根据世界收入不平等数据库（WIID2c）中数据的理想程度，本章选取了美国、英国、德国、意大利、日本、加拿大、瑞典、荷兰、新西兰、芬兰、挪威、丹麦、希腊13个有代表性的经济发达国家，来分析其居民收入差距的历史变迁及其现状。在这一章，具体将对这13个经济发达国家的居民收入差距分别进行总体和个体的考察、历史与现状的考察。

第一节　经济发达国家居民收入差距的
历史变迁和现状

一、经济发达国家居民收入差距的历史变迁

　　第二次世界大战以来，经济发达国家的居民收入差距大多经历了先下降后上升的趋势。当然，各个国家的具体变化情况不尽相同，有的国家是先持续下降后持续上升，有的国家在下降、上升、下降、上升中呈现波浪式变化，总体呈现先下降后上升的趋势；有的国家变化幅度大，有的国家变化非常缓慢、比较稳定；此外，还有极个别国家呈现与此不同的规律，如加拿大没有明显先下降后上升的趋势，希腊则呈现先波动上升后波动下降的趋势（见表2.1.1）。

表 2.1.1   13 个经济发达国家居民收入差距长期变化趋势

国家	收入不平等长期演变趋势
美国	1944—2004：先小幅振荡下降后持续上升（拐点：1968 年）
英国	1938—2002：先小幅振荡下降，后持续上升、渐趋平缓（拐点：1977 年）
德国	1936—2006：先平缓下降，后基本稳定，稳定中略有上升（无明显拐点）
意大利	1967—2006：先呈阶梯状波动下降后波浪式变化略有上升（拐点：20 世纪 80 年代中期前后）
日本	1890—1998：先迅速上升，后稳步下降，再上升（拐点：1970 年和 1980 年）
加拿大	1951—2000：前十年有所下降（农村），后极小幅平稳上升，基本无太大变化
荷兰	1938—2006：先有所下降，后基本保持稳定（1963—1976 年因数据缺失趋势不明确）
瑞典	1935—2006：先持续下降，后小幅上升、渐趋平稳（拐点：1981 年）
新西兰	1954—2004：先持续下降，后平缓上升、渐趋稳定（拐点：1975 年）
芬兰	1966—2006：先大幅下降，后稳定，再快速上升，渐趋平缓（拐点：1985 年、1992 年）
挪威	1970—2006：先短暂上升、后平缓下降、再长期波动上升（拐点：1973 年、1985 年）
丹麦	1939—2006：先持续下降后平稳上升（拐点：1994 年）
希腊	1959—2006：先波动上升后波动下降（拐点：1967 年）

说明：表 2.1.1 系作者依据各国基尼系数的变化总结整理得到，基尼系数原始数据来自世界收入不平等数据库最新修订版 WIID2c（UNU-WIDER World Income Inequality Database，Version 2.0c，May 2008）。由于各国不同口径和来源的基尼系数较多，而且国家也多，此处不便将所有数据同时列出，将分别在第二章第二节、第三节等具体分析单个国家居民收入差距的历史变迁时列出该国基尼系数原始数据。分析各国居民收入差距总体变化趋势时，尽量选取同一统计口径和来源的连续数据，首先依据同一口径和来源的连续数据最多的基尼系数进行判断。

具体来说，美国的居民收入差距在 20 世纪 40 年代中期以来呈现先缩小后扩大的趋势，1944—1968 年，基尼系数在小范围内波动下降，1968 年以后，居民收入差距开始扩大，并在 20 世纪 80 年代以后有加速发展的趋势。

英国居民收入差距的变化趋势与美国大体相似，也是先缩小后扩大，不过英国居民收入差距平均水平较美国低，但后期扩大趋势要比美国快。20 世纪 30 年代末期以来，英国的基尼系数呈现出先下降后持续上升的趋势，拐点大致在 1977 年出现。1977 年以前，居民收入差距在缩小，20 世纪 30 年代末期至 20 世纪 50 年代中期，基尼系数下降幅度较大，1961—1977 年，英国的基尼系数基本呈现一种小幅波动下降的趋势；1977年以后，基尼系数一路攀升，收入差距迅速扩大，程度远远超过了先前缩小的幅度，这种趋势一直持续到1990年，1990年以后，基尼系数则基本趋于稳定，居民收入差距变化不大。

德国居民收入差距的历史变迁与美国和英国不同，没有明显的先缩小后扩大的趋势。20世纪50年代至80年代初，德国的收入差距有微微缩小的趋势，基尼系数在平缓下降，20世纪80年代中期以后，基尼系数基本趋于稳定，稳定中又略微有所上升，但整个阶段并没有明显的转折点。

意大利的基尼系数在20世纪60年代末到80年代初呈现明显的阶梯状波动下降趋势，进入20世纪80年代中期以后，其基尼系数的变化趋势在下降、上升之间的转向比较频繁，呈现"下降、上升、下降、上升、下降"的波浪式变化，在波浪式变化中有上升的趋势。大致看来，也略显U型，即意大利的居民收入差距也是先缩小后扩大，不过目前的收入差距水平低于20世纪60年代末。

日本的早期数据比较完善，基尼系数溯及1890年。1890—1998年，日本居民收入差距呈现先扩大、后缩小、再扩大的趋势，两个拐点分别在1970年和1980年出现。19世纪90年代至20世纪70年代初，日本的居民收入差距呈快速扩大趋势；20世纪70年代，收入差距在波动中逐步缩小；20世纪80年代至1998年，日本收入差距又呈扩大趋势，进入20世纪90年代，收入差距扩大趋势有所放缓。

加拿大居民收入差距的变化也不同于大多数经济发达国家。20世纪50年代，加拿大农村居民收入差距在缩小，20世纪60年代至21世纪初，全国居民收入差距没有太大变化，基本比较稳定，略有收入差距扩大的趋势。

瑞典的居民收入差距自1935年以来呈现先缩小后扩大、渐趋平稳的趋势。20世纪30年代中期至80年代初，瑞典的基尼系数呈持续下降的趋势，从1981年开始发生转折，1981—2003年呈现小幅稳步上升的趋势，2004—2006年保持稳定。

荷兰居民收入差距的变化趋势与加拿大大致相似。1938—1962年，荷兰基尼系数在波动中呈下降趋势；20世纪70年代末至21世纪初，基尼系数变化不大，比较稳定，居民收入差距没有明显缩小或扩大的趋势。

新西兰的居民收入差距自1954年以来先是持续下降，1975年以后，变化趋势发生转折，开始在波动中平缓上升，1995年以后渐趋稳定，总体规律也与英、美等大部分经济发达国家相似，只是转折点发生的早晚不完全一致。

芬兰的居民收入差距在20世纪60年代中期至80年代初有所缩小，20世纪80年代中期到90年代初比较稳定，没有明显继续缩小或扩大的趋势，不过，1992年以后收入差距有所扩大，进入21世纪略有缩小，也比较平缓，整体收入差距水平均不是太高。

挪威的基尼系数从20世纪70年代至今呈现出先短暂上升、后平缓下降、再长期波动上升的趋势。20世纪70年代初，挪威的居民收入差距短暂扩大，随后又略微缩小，1985年变化趋势开始发生转折，此后收入差距在波动中逐渐扩大。

丹麦的居民收入差距自1939年以来先是持续下降，随后在平稳中略有上升，拐点大致在1994年出现。20世纪30年代末至90年代中期，丹麦的基尼系数呈下降趋势，居民收入差距在缩小，20世纪90年代中期以后，收入差距有扩大的趋势，不过速度比较平缓。

希腊居民收入差距的变化也不同于大多数经济发达国家，1959—2006年，希腊的基尼系数大致呈现先波动上升后波动下降的趋势，居民收入差距先扩大后缩小，1967年前后变化趋势发生转折。

总的看来，在本书所考察的13个经济发达国家中，美国、英国、日本、瑞典、新西兰等大多数国家基本上都呈现一种先下降后上升的趋势，只是下降、上升的幅度和速度有所差别，以及到达波谷的具体时间不太一致，但大致都是在20世纪80年代前后。也有几个国家收入差距的变化呈现出不一样的特点，例如，加拿大的基尼系数除个别年份出现异常波动外，基本上无太大变化，没有明显的先下降后上升的规律；德国的基尼系数则呈现先平缓下降、后基本稳定的变化趋势，也没有明显的拐点；希腊则与大多数发达国家的情形相反，呈现先上升后下降的趋势。

二、经济发达国家居民收入差距的现状

虽然大多数经济发达国家的居民收入差距有扩大的趋势，不过，目前大多数经济发达国家的居民收入差距尚不算太大，绝大多数发达国家基尼系数都在0.4以下，特别是在本书所选的13个经济发达国家中，有5个国家的基尼系数处于0.2—0.3之间（见表2.1.2）。发达国家收入差距的整体水平或平均水平比新兴工业化国家、经济转轨国家、发展中国家都要低，特别是远远低于撒哈拉以南非洲及拉美地区发展中国家。

在本书所选取的13个经济发达国家中，收入差距最大的当属美国，2004年美国基于每户家庭总货币收入（Household，Monetary Income，Gross）计算的基尼系数为0.4641。收入差距最小的是北欧国家，芬兰、丹麦、瑞典三国的居民收入差距在13个经济发达国家中排名后三位，瑞典的收入差距最小，2006年瑞典基于家庭可支配收入（Household，Person，Household eq，OECDmod，Income，Disposable）[①] 的基尼系数为0.23。经济发达国家的居民收入差距尚处于相对合理的范围，这也在于发达国家所采取的一系列收入差距调节政策发挥了积极的效应。比如丹麦的税收政策，2002年，丹麦基于家庭总收入（税前）计算的基尼系数为0.39，而基于家庭可支配收入（税后）计算的基尼系数为0.346，税收政策的实施使丹麦的基尼系数迅速下降了4.4个百分点。因此，由于税收政策、教育政策、社会保障政策等一系列收入差距调节政策的实施，经济发达国家的居民收入差距虽呈扩大趋势，但目前尚处于相对合理的水平。

---

① 以家庭（Household）为调查对象，考虑到家庭规模和家庭结构，具体统计单位在家庭的基础上进行了调整，即用家庭可支配收入除以（1 + 0.5 × 家庭成人人数 + 0.3 × 儿童人数）（Household eq，OECDmod）。

表 2.1.2 13 个经济发达国家基尼系数的现状比较

	国家	统计口径 1 收入的定义：基于家庭可支配收入（Household eq, OECDmod）		统计口径 2 收入的定义：基于家庭可支配收入（Household eq, square root）		收入的定义：基于经济家庭可支配收入（Economic family eq, sqrt）		统计口径 3 收入的定义：基于家庭总货币收入（美国）和家庭人均总货币收入（新西兰）	
		年份	基尼系数	年份	基尼系数	年份	基尼系数	年份	基尼系数
1	美国	/	/	/	/	/	/	2004	46.41
2	新西兰	/	/	2004	33.5	/	/	1996	40.20
3	希腊	2006	34.0	/	/	/	/	/	/
		2004	33.0	/	/	/	/	/	/
4	英国	2006	32.0	/	/	/	/	/	/
		2000—2006	32.9	/	/	/	/	/	/
5	意大利	2006	32.0	2002	33.3	/	/	/	/
		2000—2006	31.4	/	/	/	/	/	/
6	日本	/	/	1998	31.9	/	/	/	/
7	加拿大	/	/	/	/	2000	30.1	/	/
8	挪威	2006	30.0	2002	29.3	/	/	/	/
9	德国	2006	27.0	/	/	/	/	/	/
10	荷兰	2006	26.0	/	/	/	/	/	/
		1995—2006	26.5	/	/	/	/	/	/
11	芬兰	2006	26.0	/	/	/	/	/	/
		1996—2006	24.4	/	/	/	/	/	/
12	丹麦	2006	24.0	/	/	/	/	/	/
13	瑞典	2006	23.0	/	/	/	/	/	/

说明：①资料来源：表 2.1.2 系作者依据世界收入不平等数据库最新修订版 WIID2c 整理得到，13 个国家大致按收入差距由高到低的顺序排列（各国基尼系数进行高低比较时，依次依据统计口径 1、统计口径 2、统计口径 3 进行比较）。

②统计口径 1 中"Household eq, OECDmod"表示用家庭可支配收入（Household, Income, Disposable）除以（1 + 0.5 × 家庭成人人数 + 0.3 × 儿童人数）；统计口径 2 中"Household eq, square root"表示用家庭可支配收入（Household, Income, Disposable）除以家庭人数的平方根，"Economic family eq, sqrt"表示用经济家庭可支配收入（Economic family, Income, Disposable）除以家庭人数的平方根。

表 2.1.3　13 个经济发达国家居民收入差距其他指标的现状比较

国家	年份	收入的定义（调查内容）	收入百分比份额（%）				居民收入差距的衡量指标				
			最贫困的10%	最贫困的20%	最富裕的20%	最富裕的10%	基尼系数（%）	阿鲁瓦利亚指数（%）	库兹涅茨指数（%）	不良指数1	不良指数2
1 美国	2004	家庭总货币收入	/	3.40	50.10	/	46.41	12.10	50.10	14.74	/
	2000	家庭人均可支配货币收入	1.79	5.32	45.92	29.92	40.1	15.97	45.92	8.63	16.71
	2000	家庭人均可支配收入	1.81	5.34	45.10	29.03	39.4	16.16	45.10	8.45	16.03
2 新西兰	1996	家庭人均总货币收入	1.71	5.44	46.08	29.61	40.20	16.05	46.08	8.47	17.32
3 希腊	2001	家庭可支配收入（Household eq，OECDmod）	3.00	7.00	40.00	24.00	32.3	20.00	40.00	5.71	8.00
4 英国	2001	家庭可支配收入（Household eq，OECDmod）	3.00	8.00	39.00	24.00	30.8	21.00	39.00	4.88	8.00
	2002	家庭可支配收入（Household eq，HBAI）	2.85	7.53	42.09	27.69	34.2	19.76	42.09	5.59	9.71
5 意大利	2001	家庭可支配收入（Household eq，OECDmod）	3.00	8.00	37.00	22.00	29.2	21.00	37.00	4.63	7.33
	2002	家庭可支配收入（Household eq，square root）	/	7.00	40.60	/	33.3	19.50	40.60	5.8	/
	2002	家庭可支配收入	/	6.30	42.80	/	36.4	17.60	42.80	6.79	/
6 日本	1998	家庭可支配收入（Household eq，square root）	/	/	/	/	31.9	/	/	/	/
	1993	家庭人均收入	4.80	10.60	35.70	21.70	24.8	24.80	35.70	3.37	4.52
7 加拿大	2000	家庭人均可支配货币收入	2.71	7.29	39.90	24.75	32.4	20.00	39.90	5.48	9.14
8 挪威	2002	家庭可支配收入	1.90	5.70	42.30	26.90	37.0	17.00	42.30	7.42	14.16
	2002	家庭可支配收入（Household eq，sqrt）	2.80	8.10	37.60	23.90	29.3	22.00	37.60	4.64	8.54

续表

国家	年份	收入的定义（调查内容）	收入百分比份额（%）				居民收入差距的衡量指标				
			最贫困的10%	最贫困的20%	最富裕的20%	最富裕的10%	基尼系数（%）	阿鲁瓦利亚指数（%）	库兹涅茨指数（%）	不良指数1	不良指数2
9 德国	2004	家庭人均可支配收入	2.87	7.70	39.06	23.78	31.10	20.72	39.06	5.07	8.29
10 荷兰	2001	家庭可支配收入（Household eq, OECDmod）	4.00	10.00	35.00	21.00	25.8	25.00	35.00	3.50	5.25
11 芬兰	2002	家庭人均可支配收入	3.94	9.39	37.72	23.58	28.0	23.15	37.72	4.02	5.99
12 丹麦	2002	家庭总收入	1.60	5.40	43.80	27.10	39.0	15.80	43.80	8.11	16.94
	2002	家庭可支配收入	1.80	6.20	40.20	24.00	34.6	18.10	40.20	6.48	13.33
13 瑞典	2003	家庭可支配收入（Household eq, national scale）	4.10	10.10	35.50	21.80	25.2	24.50	35.50	3.51	5.32

说明：①阿鲁瓦利亚指数指收入最低的40%人口在收入总额中所占的份额，库兹涅茨指数指收入最高（最富裕）的20%人口在收入总额中所占的份额，不良指数1为最富裕的20%人口在收入总额中所占份额与最贫困的20%人口在收入总额中所占份额之比，不良指数2为最富裕的10%的人口在收入总额中所占份额与最贫困的10%的人口在收入总额中所占份额之比。表中基尼系数、阿鲁瓦利亚指数及库兹涅茨指数均采用百分比来表示。

②阿鲁瓦利亚指数越小，表明低收入者所占的收入份额越小，居民收入差距越大，反之，表明居民收入差距越小；基尼系数、库兹涅茨指数、不良指数越大，表明居民收入差距越大，反之，表明居民收入差距越小；不良指数1与不良指数2的差距越大，表明两极人口的贫富差距越大，最高收入者占有的收入份额越大。

③大多数国家均以可支配收入（Income, Disposable）为调查内容，以家庭（Househlod）为调查对象，但考虑到家庭规模、家庭结构等因素的不同，具体统计单位在家庭的基础上的调整略有不同。"Household eq, HBAI"表示统计口径没有调整，就是原始的家庭可支配收入（Household, Income, Disposable），但调查对象只包括在平均收入之下的住户（Households Below Average Income, HBAI）；"Household eq, OECDmod"表示用家庭可支配收入（Household, Income, Disposable）除以（1 + 0.5 × 家庭成人人数 + 0.3 × 儿童人数）；"Household eq, square root"表示用家庭可支配收入（Household, Income, Disposable）除以家庭人数的平方根；"Household eq, national scale"表示用家庭可支配收入（Household, Income, Disposable）除以国家认定的标准家庭规模。虽然各国调整后统计口径略有不同，但都是以可支配收入为调查内容，具有一定的可比性。

④资料来源：表2.1.3系作者依据世界收入不平等数据库最新修订版WIID2c整理得到，13个国家大致按收入差距由高到低的顺序排列（排序时首先依据同口径基尼系数比较判断）。其中，收入百分比份额及基尼系数直接来自世界收入不平等数据库的原始数据，而阿鲁瓦利亚指数、库兹涅茨指数、不良指数1、不良指数2的各项数值系作者依据世界收入不平等数据库中收入百分比份额的原始数据计算得到。

第二节　美国的居民收入差距

一、美国居民收入差距的历史变迁

第二次世界大战以后，特别是20世纪80年代以来，美国经历了技术和经济的迅速发展。一般而言，经济的发展会带动收入水平的提高，也会对居民收入差距造成一定的影响。那么，美国的居民收入差距到底经历了怎样的一种历史演变呢？表2.2.1列出了1944—2004年美国的基尼系数和收入百分比份额，A—G栏基尼系数分别代表了不同的统计口径及原始来源。尽管不同的学者或机构由于采集的数据统计口径不一样，计算出来同一年份的基尼系数有所不同，但总的来看，第二次世界大战以来，美国的基尼系数呈现出先小幅振荡下降后持续上升的趋势，拐点大致在1968年出现（见图2.2.1①）。

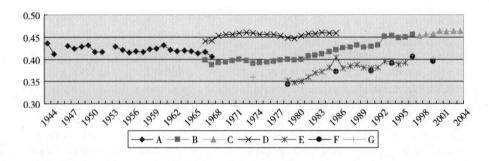

图2.2.1　美国基尼系数变化趋势图（1944—2004年）

结合表2.2.1和图2.2.1可以看出，1944—1968年，美国的基尼系数基本上在一个稳定的区域内波动下降，从1944年的0.436降到1968年的

---

① 图2.2.1是根据表2.2.1中美国1944—2004年的基尼系数所作，图2.2.1中A、B、C…同表2.2.1中A、B、C…，此后类同。

0.406（见表 2.2.1 中 A 栏基尼系数），经过二十多年下降了 3 个百分点，平均每年下降 0.125%。1968 年以后，特别是在里根政府执政之后，实施大幅度的减税计划，使得美国国内收入分配差距迅速扩大，美国的基尼系数呈现出上升的趋势。20 世纪 80 年代末，信息技术革命的浪潮在美国逐渐蔓延开来，美国步入知识经济时代，又引发了新一轮居民收入差距的扩大。根据 2005 年 2 月美国人口普查局网站（US Census Bureau web 2/2005）的统计资料，基于每户家庭总货币收入（Household, Monetary Income, Gross）计算的基尼系数，1967 年美国基尼系数为 0.398，1968 年下降到 0.387，随后，1969 年上升到 0.391，1979 年基尼系数突破 0.4，到 1997 年达到 0.455（见表 2.2.1 中 B 栏基尼系数）。从 1968 年到 1997 年近三十年间，美国的基尼系数上升了 6.8 个百分点，平均每年上升 0.234%。1998—2004 年，美国的基尼系数继续上升，从 1998 年的 0.453 上升到 2004 年的 0.4641（见表 2.2.1 中 C 栏基尼系数），才六年的时间基尼系数上升超过 1 个百分点。根据 Brandolini（1998）基于每户家庭可支配收入（Household, Income, Disposable）的统计，美国 1979 年基尼系数为 0.352，此后逐年上升，到 1986 年达到 0.404，随后基尼系数有所下降，到 1996 年达到 0.392（见表 2.2.1 中 E 栏基尼系数）。总体来看，从 1979 年到 1996 年，美国的基尼系数也是呈现出上升的趋势，只是 1986 年基尼系数特别高。此外，根据卢森堡收入研究的数据显示，1979—2000 年美国的基尼系数也是呈现出波动上升的趋势。

表 2.2.1　1944—2004 年美国居民收入差距的历史变迁

单位:%

年份	基尼系数							收入的百分比份额				
	A	B	C	D	E	F	G	最低的 20%	第二个 20%	第三个 20%	第四个 20%	最高的 20%
1944	43.6	—	—	—	—	—	—	—	—	—	—	—
1945	41.1	—	—	—	—	—	—	—	—	—	—	—

续表

年份	基尼系数							收入的百分比份额				
	A	B	C	D	E	F	G	最低的 20%	第二个 20%	第三个 20%	第四个 20%	最高的 20%
1946	—	—	—	—	—	—	—	—	—	—	—	—
1947	43.0	—	—	—	—	—	—	—	—	—	—	—
1948	42.4	—	—	—	—	—	—	—	—	—	—	—
1949	42.8	—	—	—	—	—	—	—	—	—	—	—
1950	43.1	—	—	—	—	—	—	—	—	—	—	—
1951	41.6	—	—	—	—	—	—	—	—	—	—	—
1952	41.6	—	—	—	—	—	—	—	—	—	—	—
1953	—	—	—	—	—	—	—	—	—	—	—	—
1954	42.9	—	—	—	—	—	—	—	—	—	—	—
1955	42.0	—	—	—	—	—	—	—	—	—	—	—
1956	41.5	—	—	—	—	—	—	—	—	—	—	—
1957	41.8	—	—	—	—	—	—	—	—	—	—	—
1958	41.6	—	—	—	—	—	—	—	—	—	—	—
1959	42.2	—	—	—	—	—	—	—	—	—	—	—
1960	42.3	—	—	—	—	—	—	—	—	—	—	—
1961	43.2	—	—	—	—	—	—	—	—	—	—	—
1962	42.1	—	—	—	—	—	—	—	—	—	—	—
1963	41.8	—	—	—	—	—	—	—	—	—	—	—
1964	41.9	—	—	—	—	—	—	—	—	—	—	—
1965	41.7	—	—	—	—	—	—	—	—	—	—	—
1966	41.3	—	—	—	—	—	—	—	—	—	—	—
1967	41.6	39.8	—	44.1	—	—	—	4.00	10.80	17.30	24.20	43.80
1968	40.6	38.7	—	44.2	—	—	—	4.20	11.10	17.50	24.40	42.80
1969	—	39.1	—	45.3	—	—	—	4.10	10.90	17.50	24.50	43.00
1970	—	39.3	—	45.5	—	—	—	4.10	10.80	17.40	24.50	43.30
1971	—	39.6	—	45.6	—	—	—	4.10	10.60	17.30	24.50	43.50

续表

年份	基尼系数							收入的百分比份额				
	A	B	C	D	E	F	G	最低的 20%	第二个 20%	第三个 20%	第四个 20%	最高的 20%
1972	—	39.9	—	45.9	—	—	—	4.10	10.50	17.10	24.50	43.90
1973	—	39.6	—	46.1	—	—	—	4.20	10.50	17.10	24.60	43.60
1974	—	39.0	—	45.9	—	—	35.9	4.40	10.60	17.10	24.70	43.10
1975	—	39.1	—	45.5	—	—	—	4.40	10.50	17.10	24.80	43.20
1976	—	39.3	—	45.6	—	—	—	4.40	10.40	17.10	24.80	43.30
1977	—	39.5	—	45.6	—	—	—	4.40	10.30	17.00	24.80	43.60
1978	—	39.7	—	45.3	—	—	—	4.30	10.30	16.90	24.80	43.70
1979	—	40.0	—	44.8	35.2	34.3	34.4	4.20	10.30	16.90	24.70	44.00
1980	—	39.7	—	44.6	34.7	—	—	4.30	10.30	16.90	24.90	43.70
1981	—	40.0	—	45.3	35.0	—	—	4.20	10.20	16.80	25.00	43.80
1982	—	40.7	—	45.8	35.9	—	—	4.10	10.10	16.60	24.70	44.50
1983	—	40.9	—	45.7	36.8	—	—	4.10	10.00	16.50	24.70	44.70
1984	—	41.1	—	46.0	37.2	—	—	4.10	9.90	16.40	24.70	44.90
1985	—	41.6	—	45.9	38.1	—	—	4.00	9.70	16.30	24.60	45.30
1986	—	42.0	—	45.9	40.4	37.2	37.2	3.90	9.70	16.20	24.50	45.70
1987	—	42.5	—	—	38.0	—	—	3.80	9.60	16.10	24.30	46.20
1988	—	42.6	—	—	38.4	—	—	3.80	9.60	16.00	24.30	46.30
1989	—	43.1	—	—	38.7	—	—	3.80	9.50	15.80	24.00	46.80
1990	—	42.7	—	—	38.1	—	—	3.90	9.60	15.90	24.00	46.60
1991	—	42.8	—	—	37.9	37.4	37.4	3.80	9.60	15.90	24.20	46.50
1992	—	43.2	—	—	38.1	—	—	3.80	9.40	15.80	24.20	46.90
1993	—	45.1	—	—	39.5	—	—	3.60	9.00	15.10	23.50	48.90
1994	—	45.3	—	—	39.5	39.0	39.1	3.60	8.90	15.00	23.40	49.10
1995	—	44.8	—	—	38.8	—	—	3.70	9.10	15.20	23.30	48.70
1996	—	45.0	—	—	39.2	—	—	3.70	9.00	15.10	23.30	49.00
1997	—	45.5	—	—	—	40.5	40.8	3.60	8.90	15.00	23.20	49.40
1998	—	—	45.3	—	—	—	—	3.60	9.00	15.00	23.20	49.20

年份	基尼系数							收入的百分比份额				
	A	B	C	D	E	F	G	最低的 20%	第二个 20%	第三个 20%	第四个 20%	最高的 20%
1999	—	—	45.5	—	—	—	—	3.60	8.90	14.90	23.20	49.40
2000	—	—	45.7	—	—	39.4	40.1	3.60	8.90	14.90	23.00	49.60
2001	—	—	46.3	—	—	—	—	3.50	8.70	14.60	23.00	50.10
2002	—	—	46.2	—	—	—	—	—	—	—	—	—
2003	—	—	46.4	—	—	—	—					
2004	—	—	46.41	—	—	—	—	3.40	8.70	14.70	23.20	50.10

说明：①所有数据均直接来源于世界收入不平等数据库最新修订版 WIID2c。其中，各列基尼系数及收入百分比份额来源于不同的收入定义、统计口径和原始出处，但美国数据质量等级均为 1 等。

②基尼系数：A 栏数据调查范围覆盖美国所有地区和所有人口，以家庭总货币收入（Family, Monetary Income, Gross）为调查内容，数据原出自 Brandolini 1998 和 Current Population Survey（Budd, 1970）；B、C 两栏数据调查范围均覆盖美国所有地区和所有人口，以每户家庭总货币收入（Household, Monetary Income, Gross）为调查内容，B 栏数据原出自 US Census Bureau web 3 Feb 99 和 Current Population Survey，C 栏 1998—2003 年数据原出自 US Census Bureau web 2/2005 和 Current Population Survey，2004 年数据数据原出自 US Census Bureau web 2/2006；D 栏数据调查范围覆盖美国所有地区 16 岁以上企业从业人员，以个人总收入（Person, Earnings, Gross）为调查内容，数据原出自 Levy & Murnane 1992 和 Current Population Survey（Karoly 1988）；E 栏数据调查范围覆盖美国所有地区和所有人口，以每户家庭可支配收入（Household, Income, Disposable）为调查内容，数据原出自 Brandolini 1998 和 Current Population Survey；F 栏数据调查范围覆盖美国所有地区和所有人口，以家庭人均可支配收入（Household per capita, Income, Disposable）为调查内容，数据原出自 Luxembourg Income Study 和 March Current Population Survey；G 栏数据调查范围覆盖美国所有地区和所有人口，以家庭人均可支配货币收入（Household per capita, Monetary Income, Disposable）为调查内容，数据原出自 Luxembourg Income Study 和 March Current Population Survey。

③收入百分比份额：1967—1997 年数据说明同基尼系数 B 栏数据；1998—2001 年数据说明同 C 栏 1998—2001 年基尼系数；2004 年数据说明同 C 栏 2004 年基尼系数。

从收入百分比份额的演变来看，20 世纪 60 年代末期至 20 世纪 70 年代中期，人均收入最低的 20% 的人口在总收入中的比重有小幅增加的现象，1969 年，人均收入最低的 20% 的人口在总收入中的比重为 4.1%，到 1974 年，这一比例增至 4.4%，五年间缓慢上升了 0.3 个百分点；而人均收入最高的 20% 的人口在总收入中的比重则变化不大，波动中先小幅增加随后小幅减少，1969 年，人均收入最高的 20% 的人口在总收入中的比重为 43%，

1972 年这一比例增至 43.9%，随后两年这一比重则有所下降，1974 年降至 43.1%，基本回到 1969 年的水平。1974 年以后，人均收入最低的 20% 的人口在总收入中的比重开始逐步下降，从 1974 年的 4.4% 降至 2004 年的 3.4%，三十年间下降了 1 个百分点；而人均收入最高的 20% 的人口在总收入中的比重则呈现快速上升的趋势，从 1974 年的 43.1% 增至 2004 年的 50.1%，三十年间上升了 7 个百分点（见表 2.2.1）。从收入百分比份额的演变可以看出，美国的居民收入差距呈现出不断扩大的趋势。有相关数据显示，布什政府采取的减税措施，实际上已将总体税收负担从富有阶级转移到中产阶级身上。对于中产阶级而言，工资并没有上涨多少，但承担了更大的税收负担，而同时，卫生保健、住房、学费、煤气和食物价格却在不断上涨，居民收入差距在不断扩大。

总之，根据世界收入不平等数据库的这些数据显示，20 世纪 40 年代中期以来，美国的居民收入差距从总体上来看，呈现先缩小后扩大的趋势，1944—1968 年，基尼系数在小范围内波动下降，1968 年以后，居民收入差距开始扩大，并在 20 世纪 80 年代以后有加速发展的趋势。

二、美国居民收入差距的现状

目前美国的居民收入差距与新西兰相当，在本书所考察的 13 个经济发达国家中，是收入差距最高的国家，远远高于英国、德国、日本、荷兰、瑞典、芬兰、挪威等其他发达国家。

2000 年，美国基于家庭人均可支配货币收入（Household per capita, Monetary Income, Disposable）计算的基尼系数为 0.401，基于家庭人均可支配收入（Household per capita, Income, Disposable）计算的基尼系数为 0.394；2004 年，美国基于每户家庭总货币收入（Household, Monetary Income, Gross）计算的基尼系数为 0.4641。相比之下，13 个发达国家中仅新西兰的基尼系数与美国相当，1996 年基于家庭人均总货币收入（Household per capita, Monetary Income, Gross）计算的基尼系数为 0.402，其他经济发达国家的基尼系数大部分在 0.35 以下，如英国、德国、日本、加拿大、希腊等国家的基尼系数均在 0.3—0.35 之间，而荷兰、瑞典、芬兰等国家的基尼系数更是在 0.3 以下（见表 2.1.2）。

从收入百分比份额及据此计算的相关收入不平等指标来看，美国的居民收入差距仅次于新西兰，高于大多数经济发达国家。如表 2.1.2 所示，2000 年，以美国居民家庭人均可支配货币收入为调查内容，最贫困的 10% 的人口所占收入份额仅 1.79%，最贫困的 20% 的人口所占收入份额为 5.32%，而最富裕的 10% 的人口所占收入份额为 29.92%，最富裕的 20% 的人口所占收入份额为 45.92%，最富裕 20% 人口的收入是最贫困 20% 人口收入的 8.63 倍（不良指数 1），最富裕 10% 人口的收入竟是最贫困 10% 人口收入的 16.71 倍（不良指数 2）。2004 年，以美国每户家庭总货币收入为调查内容表现的收入差距更大，最贫困的 20% 的人口所占收入份额仅 3.4%，而最富裕的 20% 的人口所占收入份额高达 50.1%，不良指数 1 高达 14.74（最富裕 20% 人口的收入份额与最贫困 20% 人口的收入份额之比）。相比之下，其他经济发达国家的居民收入差距要小得多。以加拿大为例，同样是以家庭人均可支配货币收入为调查内容，2000 年，加拿大最贫困的 10% 的人口所占收入份额仅 2.71%，最贫困的 20% 的人口所占收入份额为 7.29%，而最富裕的 10% 的人口所占收入份额为 24.75%，最富裕的 20% 的人口所占收入份额为 39.9%，最富裕 20% 人口的收入是最贫困 20% 人口收入的 5.48 倍，最富裕 10% 人口的收入也只是最贫困 10% 人口收入的 9.14 倍，远远小于美国的居民收入差距。

此外，从世界范围来看，美国的居民收入差距大于许多转轨国家，要高于新兴工业化国家中的韩国，然而与发展中国家相比，特别是与撒哈拉以南的非洲及拉美地区的发展中国家相比，美国的居民收入差距也就不算太大了，虽然美国的基尼系数高达 0.4，但南非、肯尼亚、哥伦比亚等国家的基尼系数更是高达 0.55 以上。不过，2006 年基于家庭人均可支配收入计算的匈牙利的基尼系数仅 0.262，同年，基于家庭可支配收入计算的捷克共和国的基尼系数也只是 0.242，与匈牙利、捷克等转轨国家相比，美国的居民收入差距还是非常之大的。

第三节　英国的居民收入差距

一、英国居民收入差距的历史变迁

从基尼系数来看，英国居民收入差距的变化趋势与美国大体相似，也是先缩小后扩大。表2.3.1列出了1938—2006年英国的基尼系数，A—F栏基尼系数分别代表不同的统计口径及原始来源。总的来看，20世纪30年代末期以来，英国的基尼系数呈现出先下降后持续上升的趋势，拐点大致在1977年出现，总体变化大致可分为四个阶段（见图2.3.1[①]）。20世纪30年代末期至20世纪50年代中期，英国的基尼系数呈下降趋势，且下降幅度较大；1961—1977年，英国的基尼系数基本呈现一种小幅波动下降的趋势；1977年以后，基尼系数一路攀升，收入差距迅速扩大，这种趋势一直持续到1990年；1990年至21世纪初，基尼系数则基本趋于稳定。英国的总体情况比美国要令人满意得多，除了表2.3.1中A栏基于纳税人口总货币收入计算的基尼系数在0.4以上，其他统计口径的基尼系数都在0.4以下。

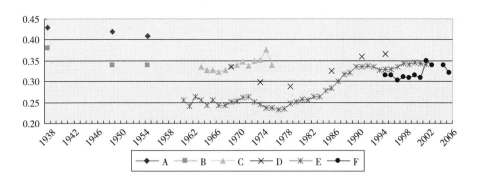

图2.3.1　英国基尼系数变化趋势图（1938—2006年）

---

① 图2.3.1是根据表2.3.1英国1938—2003年的基尼系数所作，图2.4.1、图2.5.1等则依此分别根据表2.4.1、表2.5.1绘制。

具体结合表2.3.1和图2.3.1可以看出，1938—1955年，英国的基尼系数呈较大幅度下降，这段时期因数据较少，直观地看到基尼系数呈下降趋势，是否有波动则不太明确。根据1957年联合国的统计，以英国所有纳税人（Taxpayers）为调查对象，基于每个纳税单位的总货币收入（Monetary Income，Gross）计算的英国的基尼系数，1938年为0.43，1949年降为0.42，1955年又降至0.41，十多年下降了2个百分点；而基于每个纳税单位（Tax Unit）的可支配货币收入（Monetary Income，Disposable）计算的英国的基尼系数，1938年是0.38，1949年降至0.34，1955年则保持在0.34的水平，1938—1949年仅十年的时间，基尼系数就下降了4个百分点，平均每年下降0.364%。进入20世纪60年代，英国基尼系数的走势则比较平缓，基本上在一个稳定的区域内小幅波动下降，这种特征一直延续到1977年，此后，1977—1990年，基尼系数则迅速上升，1990年以后，基尼系数变化不大，基本趋于稳定。从连续数据最长的E栏基尼系数来看，基于可支配收入（Household，Person，Household eq，HBAI，Income，Disposable）[①]计算的英国基尼系数，1961年为0.255，1977年降为0.233，1961—1977年间存在小幅波动；1977年以后基尼系数快速上升，1977年为0.233，1980年为0.252，1983年增至0.263，1985年为0.277，1986年为0.284，1987年突破0.3，1990年达到0.335，1977—1990年才十三年时间，英国基尼系数就上升了10.2个百分点，平均每年上升0.785个百分点，收入差距扩大的速度非常快；随后的1990—2002年，基尼系数比较稳定，大多在0.34左右徘徊，如1992年为0.338，1997年为0.336，2002年为0.342。另外，根据卢森堡收入研究（Luxembourg Income Study）基于家庭人均可支配货币收入（Household per capita，Monetary Income，Disposable）的调查数据显示，1969年英国基尼系数为0.336，1974年为0.299，1979年为0.289，1986年为0.326，1991年为0.36，1995年为0.365，虽然连续数据不多，但从这一

---

① 以家庭（Household）为调查对象，可支配收入（Income，Disposable）为调查内容，统计口径并未调整，但调查对象只包括在平均收入之下的住户（Household eq，HBAI）。

组数据也足以观察英国 1969—1995 年间基尼系数的大致变化趋势，从图 2.3.1 可以观察的更清楚，20 世纪 70 年代末期以前，英国基尼系数呈下降趋势，20 世纪 80 年代呈快速上升之势，进入 20 世纪 90 年代后则上升趋势有所放缓，趋于平稳。

世界收入不平等数据库还列出了英国 1961—2002 年共四十多年的连续的收入十等分数据，来源于同一统计口径，数据完整，质量较好。从收入百分比份额的演变来看，1961—1977 年，人均收入最低的 10% 的人口在总收入中的比重在波动起伏中有所上升，1961 年，人均收入最低的 10% 的人口在总收入中的比重为 3.71%，到 1977 年，这一比例增至 4.49%，十六年间缓慢上升了 0.78 个百分点；而人均收入最高的 10% 的人口在总收入中的比重则在波动中有所下降，1961 年，人均收入最高的 10% 的人口在总收入中的比重为 21.21%，1977 年这一比例下降至 19.65%，十六年间缓慢下降了 1.56 个百分点。1977—2002 年，人均收入最低的 10% 的人口在总收入中的比重开始快速下降，1994 年、1996 年等个别年份有小幅回升，但总体趋势仍是下降的，这一比重从 1977 年的 4.49% 降至 2002 年的 2.85%，二十多年间下降了 1.64 个百分点；同时，人均收入最高的 10% 的人口在总收入中的比重则快速增加，从 1977 年的 19.65% 增至 2002 年的 27.69%，二十多年间上升了 8.04 个百分点，平均每年上升 0.32%（见表 2.3.2）。从收入百分比份额的演变可以看出，英国的居民收入差距在 20 世纪 70 年代末以前是有所缩小的，进入 20 世纪 80 年代则呈现出迅速扩大的趋势。

表 2.3.1　1938—2006 年英国的基尼系数

单位:%

年份	A	B	C	D	E	F
1938	43.0	38.0	—	—	—	—
1949	42.0	34.0	—	—	—	—
1955	41.0	34.0	—	—	—	—
1961	—	—	—	—	25.5	

年份	A	B	C	D	E	F
1962	—	—	—		24.1	—
1963	—	—	—	—	26.4	—
1964	—	—	33.6	—	25.6	—
1965	—	—	32.7	—	24.4	—
1966	—	—	32.7	—	25.5	—
1967	—	—	32.2	—	24.4	—
1968	—	—	32.8	—	24.3	—
1969	—	—	33.8	33.6	25.1	—
1970	—	—	33.9	—	25.4	—
1971	—	—	34.7	—	26.1	—
1972	—	—	33.7	—	26.4	—
1973	—	—	35.0	—	25.2	—
1974	—	—	35.2	29.9	24.5	—
1975		—	37.6		23.7	—
1976	—	—	33.9	—	23.6	—
1977	—	—	—		23.3	—
1978	—	—	—	—	23.4	
1979	—	—	—	28.9	24.7	—
1980	—	—	—	—	25.2	—
1981	—	—	—	—	25.7	—
1982	—	—	—	—	25.6	—
1983	—	—	—	—	26.3	—
1984	—	—	—	—	26.4	—
1985	—	—	—	—	27.7	—
1986	—	—	—	32.6	28.4	—
1987	—	—	—	—	30.0	—
1988	—	—	—	—	31.7	—
1989	—	—	—	—	32.1	—
1990	—	—	—	—	33.5	—
1991	—	—	—	36.0	33.6	—

续表

年份	A	B	C	D	E	F
1992	—	—	—	—	33.8	—
1993	—	—	—	—	33.6	—
1994	—	—	—	—	32.8	—
1995	—	—	—	36.5	32.9	31.5
1996	—	—	—	—	33.0	31.5
1997	—	—	—	—	33.6	30.2
1998	—	—	—	—	34.3	31.0
1999	—	—	—	—	34.1	30.8
2000	—	—	—	—	34.6	31.5
2001	—	—	—	—	34.4	30.8
2002	—	—	—	—	34.2	35.0
2003	—	—	—	—	—	34.0
2004	—	—	—	—	—	—
2005	—	—	—	—	—	34.0
2006	—	—	—	—	—	32.0

　　说明：①所有数据均直接来源于世界收入不平等数据库最新修订版 WIID2c。

　　②各列基尼系数来源于不同的收入定义、统计口径和原始出处：A、B 两栏数据调查范围均覆盖英国所有地区纳税人口，A 栏数据以每个纳税单位的总货币收入（Monetary Income，Gross）为调查内容，B 栏数据以每个纳税单位的可支配货币收入（Monetary Income，Disposable）为调查内容，两者均原出自 UN 1957 和 Adjusted Tax Records，数据质量等级为 3 等；C 栏数据调查范围覆盖英国所有地区和所有人口，以每户家庭总收入（Household，Income，Gross）为调查内容，数据原出自 Wiedemann 1984 和 Family Expenditure Survey，数据质量等级为 2 等；D 栏数据调查范围覆盖英国所有地区和所有人口，以家庭人均可支配货币收入（Household per capita，Monetary Income，Disposable）为调查内容，数据原出自 Luxembourg Income Study 和 Family Expenditure Survey，数据质量等级为 1 等；E 栏数据调查范围覆盖英国所有地区和所有人口，以家庭（Household）为统计单位，不过只包括在平均收入之下的住户（Household eq，HBAI），收入的定义是基于可支配收入（Income，Disposable），1961—1992 年数据原出自 IFS，Inequality Spreadsheet March 9 2004（Goodman & Sephard，2002）和 Family Expenditure Survey，1993—2002 年数据原出自 IFS，Inequality Spreadsheet March 9 2004（Goodman & Spephard，2002）和 Family Resources Survey，数据质量等级均为 1 等；F 栏数据调查范围覆盖英国所有地区和所有人口，收入的定义是基于可支配收入（Income，Disposable），统计口径在以家庭（Household）为统计单位的基础上进行了调整，即以家庭可支配收入除以（1 + 0.5×家庭成人人数 + 0.3×儿童人数）（Household eq，OECDmod），1995—2001 年数据原出自 European Commission 2005 和 European Community Household Panel Survey，数据质量等级为 1 等，2002—2003 年数据原出自 European Commission 2005，数据质量等级为 2 等，2005—2006 年数据原出自 European Commission 2008 和 The European Union Statistics on Income and Living Conditions（EU-SILC），数据质量等级为 1 等。

表 2.3.2　1961—2002 年英国的收入十等分份额

单位:%

年份	最低的 10%	第二个 10%	第三个 10%	第四个 10%	第五个 10%	第六个 10%	第七个 10%	第八个 10%	第九个 10%	最高的 10%
1961	3.71	5.69	6.90	7.81	8.62	9.51	10.69	11.84	14.01	21.21
1962	3.98	5.82	7.06	7.92	8.73	9.63	10.71	12.05	14.01	20.08
1963	3.68	5.53	6.70	7.82	8.42	9.52	10.61	11.82	13.90	22.01
1964	3.79	5.94	6.73	7.88	8.51	9.45	10.47	11.72	13.72	21.80
1965	4.10	5.82	6.90	7.83	8.77	9.71	10.59	11.75	13.67	20.87
1966	3.92	5.71	6.77	7.84	8.53	9.56	10.41	11.79	13.94	21.52
1967	4.36	5.71	6.93	7.81	8.67	9.66	10.37	11.78	13.58	21.13
1968	4.25	5.90	6.93	7.75	8.61	9.53	10.60	11.98	13.74	20.71
1969	4.12	5.69	6.79	7.72	8.60	9.49	10.60	11.90	13.97	21.13
1970	4.04	5.72	6.77	7.66	8.55	9.43	10.60	11.94	13.97	21.31
1971	4.02	5.51	6.62	7.60	8.47	9.53	10.59	11.90	14.10	21.67
1972	3.68	5.44	6.62	7.64	8.56	9.55	10.70	12.23	14.34	21.25
1973	4.15	5.70	6.77	7.61	8.58	9.39	10.55	12.02	14.10	21.13
1974	4.15	5.78	6.77	7.79	8.67	9.68	10.67	12.04	14.04	20.41
1975	4.29	5.90	6.86	7.82	8.67	9.69	10.75	12.18	14.00	19.83
1976	4.39	5.93	6.88	7.71	8.66	9.72	10.66	12.17	14.14	19.74
1977	4.49	5.98	6.92	7.74	8.68	9.59	10.77	12.10	14.08	19.65
1978	4.42	5.88	6.87	7.83	8.74	9.70	10.81	12.17	14.06	19.52
1979	4.23	5.71	6.73	7.62	8.57	9.59	10.77	12.24	14.17	20.36
1980	4.11	5.62	6.62	7.62	8.59	9.62	10.74	12.13	14.26	20.69
1981	4.11	5.64	6.53	7.48	8.41	9.48	10.68	12.21	14.49	20.97
1982	4.18	5.74	6.57	7.47	8.38	9.42	10.62	12.10	14.30	21.21
1983	4.09	5.66	6.50	7.37	8.35	9.35	10.60	12.08	14.33	21.67
1984	4.10	5.60	6.47	7.36	8.32	9.35	10.56	12.06	14.37	21.80
1985	4.03	5.42	6.22	7.12	8.15	9.28	10.57	12.20	14.44	22.57
1986	3.73	5.29	6.19	7.13	8.20	9.31	10.56	12.16	14.44	22.99

续表

年份	最低的 10%	第二个 10%	第三个 10%	第四个 10%	第五个 10%	第六个 10%	第七个 10%	第八个 10%	第九个 10%	最高的 10%
1987	3.61	5.00	5.91	6.96	7.99	9.14	10.47	12.20	14.85	23.85
1988	3.26	4.74	5.69	6.84	7.93	9.12	10.42	12.12	14.89	24.99
1989	3.16	4.65	5.64	6.77	7.93	9.12	10.51	12.27	14.83	25.12
1990	2.93	4.49	5.46	6.63	7.74	9.01	10.50	12.30	14.97	25.98
1991	2.96	4.47	5.47	6.58	7.69	8.99	10.43	12.27	15.16	25.98
1992	2.94	4.53	5.44	6.49	7.70	8.97	10.40	12.31	15.00	26.21
1993	2.92	4.60	5.57	6.54	7.66	8.92	10.36	12.12	14.88	26.42
1994	3.10	4.74	5.65	6.59	7.70	8.96	10.39	12.17	14.85	25.84
1995	3.10	4.78	5.69	6.61	7.66	8.88	10.29	12.08	14.90	26.02
1996	3.13	4.68	5.61	6.60	7.71	8.93	10.31	12.10	14.87	26.07
1997	2.97	4.64	5.58	6.56	7.67	8.85	10.27	12.05	14.72	26.70
1998	2.97	4.57	5.51	6.46	7.54	8.74	10.17	11.96	14.69	27.38
1999	2.94	4.64	5.55	6.50	7.59	8.77	10.17	12.01	14.61	27.21
2000	2.81	4.64	5.57	6.50	7.56	8.67	10.04	11.83	14.51	27.88
2001	2.88	4.66	5.59	6.56	7.59	8.69	9.99	11.72	14.50	27.83
2002	2.85	4.68	5.65	6.59	7.62	8.77	10.06	11.69	14.40	27.69

说明：所有数据均直接来源于世界收入不平等数据库最新修订版 WIID2c，数据说明同表 2.3.1 中基尼系数 E 栏数据。

总之，根据世界收入不平等数据库的这些数据，可以发现，20 世纪 30 年代末期以来，英国的居民收入差距也是呈现先缩小后扩大的趋势，1977 年以前，居民收入差距在缩小，但幅度不大，1977 年以后，居民收入差距迅速扩大，程度远远超过了先前缩小的幅度，进入 20 世纪 90 年代以后，居民收入差距变化不大，又有趋于稳定的趋势。

二、英国居民收入差距的现状

2006 年，基于可支配收入（Household，Person，Household eq，OECDmod，Income，Disposable）① 计算的英国基尼系数为 0.32，从基尼系数的一般评价标准来看，处于 0.3—0.4 的区间，收入差距相对合理。

与其他经济发达国家相比较，英国的居民收入差距处于中等偏上的水平，在本书所考察的 13 个经济发达国家中，英国的居民收入差距低于美国、新西兰和希腊，高于意大利、日本、加拿大、德国、荷兰及北欧国家，收入差距排名居第四位（见表 2.1.2）。

从收入百分比份额及据此计算的相关收入不平等指标来看，2002 年，以可支配收入（Household，Person，Household eq，HBAI，Income，Disposable）② 为调查内容，英国最贫困的 10% 的人口所占收入份额为 2.85%，最贫困的 20% 的人口所占收入份额为 7.53%，而最富裕的 10% 的人口所占收入份额为 27.69%，最富裕的 20% 的人口所占收入份额为 42.09%，最富裕 20% 人口的收入是最贫困 20% 人口收入的 5.59 倍（不良指数 1），最富裕 10% 人口的收入也只是最贫困 10% 人口收入的 9.71 倍（不良指数 2）；2001 年，另一种以家庭可支配收入（Household，Person，Household eq，OECD-mod，Income，Disposable）③ 为调查内容计算的英国的基尼系数为 0.308，最贫困的 10% 的人口所占收入份额为 3.00%，最贫困的 20% 的人口所占收入份额为 8.00%，而最富裕的 10% 的人口所占收入份额为 24.00%，最富裕的 20% 的人口所占收入份额为 39.00%，不良指数 1 为 4.88，不良指数 2 为 8.00（见表 2.1.3）。两组基于家庭可支配收入的数据显示，英国的收入差距远远低于美国的收入差距（2000 年基于家庭人均可支配收入的不良指数 1 为 8.45，不良指数 2 为 16.03），不过要高于芬兰、荷兰和瑞典三国（这三

---

① 以家庭（Household）为调查对象，考虑到家庭规模和家庭结构，具体统计单位在家庭的基础上进行了调整，即家庭可支配收入除以（1 + 0.5 × 家庭成人人数 + 0.3 × 儿童人数）（Household eq，OECDmod）。

② 以家庭（Household）为调查对象，可支配收入（Income，Disposable）为调查内容，统计口径并未调整，但调查对象只包括在平均收入之下的住户（Household eq，HBAI）。

③ 以家庭（Household）为调查对象，考虑到家庭规模和家庭结构，具体统计单位在家庭的基础上进行了调整，即用家庭可支配收入除以（1 + 0.5 × 家庭成人人数 + 0.3 × 儿童人数）（Household eq，OECDmod）。

个国家最富裕20%人口的收入仅是最贫困20%人口收入的3—4倍，而最富裕10%人口的收入与最贫困10%人口的收入相比也不超过6倍）。

从世界范围来看，英国的居民收入差距与部分转轨国家相当，高于捷克共和国，低于拉脱维亚、波兰，远远低于拉美地区新兴工业化国家和撒哈拉以南的非洲及拉美地区发展中国家，在世界范围内处于中等偏下水平，收入差距相对较小。

第四节　德国的居民收入差距

一、德国居民收入差距的历史变迁

德国居民收入差距的历史变迁不同于英、美，没有明显的先缩小后扩大的趋势。自20世纪50年代以来，德国的收入差距有微微缩小的趋势，基尼系数呈现出一种平缓下降的趋势，20世纪80年代中期以后，基尼系数基本趋于稳定，稳定中又略微有所上升（见图2.4.1）。德国的收入差距程度和英国差不多，比美国的收入差距要小，除了表2.4.1中A栏基于纳税人口总货币收入计算的基尼系数在0.4以上，其他统计口径的基尼系数都在0.4以下。

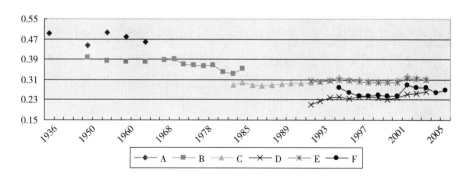

图 2.4.1　德国基尼系数变化趋势图（1936—2006 年）

根据表 2.4.1 中 A 栏数据显示，以德国所有纳税人为调查对象，以每个纳税单位的总货币收入（Monetary Income, Gross）为调查内容，计算的西德 1936—1964 年的基尼系数在 0.44—0.49 这一范围内上下波动，根据五个零散的数据点来看，基尼系数在波动中有所下降。同时，从 Brandolini（1998）基于每户家庭可支配收入（Household, Income, Disposable）计算的西德的基尼系数来看，1950—1984 年基本呈平缓下降的趋势，个别年份有所回升，1950 年为 0.396，1960 年降为 0.38，1964 年保持在 0.38 的水平，1968 年和 1970 年有所回升，1968 年为 0.387，1970 年升至 0.392，1973 年又降为 0.37，到 1984 年降为 0.334，整体来看，1950—1984 年的三十多年间基尼系数下降了 6.2 个百分点，到 1985 年，基尼系数为 0.352，开始有上升的趋势。此外，根据 DIW（2005）基于家庭人均可支配收入（Household per capita, Income, Disposable）的调查数据，西德 1984—2004 年的基尼系数基本趋于稳定，稳定中又略微有所上升，2004 年西德基尼系数为 0.3169（见表 2.4.1 中 C 栏基尼系数），比起 1984 年的 0.2884，上升了 2.85 个百分点；东德 1992—2004 年的基尼系数，也是平缓波动中略有上升，从 1992 年的 0.2124 增至 2004 年的 0.2605（见表 2.4.1 中 D 栏基尼系数）；至于德国全国整体的收入差距，变化趋势也大致相同，都是平缓波动中略有上升，2004 年德国全国的基尼系数为 0.311（见表 2.4.1 中 E 栏基尼系数），比起 1992 年的 0.3076，只上升了 0.34 个百分点。对比 C、D、E 三栏相同口径和来源的基尼系数，可以发现，东德居民收入差距比西德和全国的收入差距都要小一些，东德 1992—2004 年基尼系数一直在 0.27 以下，但上升趋势更明显一些；而西德和全国的收入差距则差不多，都是刚过 0.3，变化趋势也比较相近，更趋于稳定。

从收入百分比份额的演变来看，1984—2004 年，西德人均收入最低的 10% 的人口在总收入中的比重在波动中有所下降，1984 年，西德人均收入最低的 10% 的人口在总收入中的比重为 3.59%，到 2004 年，这一比例降至 2.79%，十年间在平缓波动中下降了 0.8 个百分点；而西德人均收入最高的 10% 的人口在总收入中的比重虽有所波动但变化不大，1984 年，西德人均收入最高的 10% 的人口在总收入中的比重为 23.33%，2004 年为 23.94%，几乎没什么变化（见表 2.4.2）。德国全国 1992—2004 年收入百分比份额的变化与西德相似，也是人均收入最低的 10% 的人口在总收入中的比重在波动中有所下降，人均收入最高的 10% 的人口在总收入中的比重则变化不大，德国全国人均收入最低的 10% 的人口在总收入中的比重从 1992 年的 3.22% 略降至 2004 年的 2.87%，而人均收入最高的 10% 的人口在总收入中的比重 1992 年为 23.79%，2004 年为 23.78%，虽然期间个别年份有细小的波动，但基本没太大的变化（见表 2.4.4）。东德收入百分比份额的变化与西德和全国不同的一点就是，人均收入最高的 10% 的人口在总收入中的比重略有上升，从 1992 年的 18.88% 增至 2004 年的 20.61%，上升了 1.73 个百分点，且比重的绝对水平要低于西德和德国全国；至于人均收入最低的 10% 的人口在总收入中的比重，也是波动中有所下降，从 1992 年的 4.64% 降至 2004 年的 3.4%，下降了 1.24 个百分点，比西德和德国全国下降得更多，表明收入差距扩大更明显，不过比重的绝对水平要高于西德和德国全国，表明东德收入差距水平低于西德和德国全国（见表 2.4.3）。因此，从收入百分比份额的演变可以看出，20 世纪 80 年代末至 21 世纪初，西德、东德和德国全国的收入差距都没有太大的变化，稳定中略有上升，并且东德的收入差距水平比西德和德国全国要低，但收入差距扩大的趋势更明显一些。

表 2.4.1　1936—2006 年德国的基尼系数

单位:%

年份	西德			东德	全国	
	A	B	C	D	E	F
1936	49.18	—	—	—	—	—
1950	44.55	39.6	—	—	—	—
1955	49.7	38.4	—	—	—	—
1960	47.9	38.0	—	—	—	—
1964	46.0	38.0	—	—	—	—

年份	西德			东德	全国	
	A	B	C	D	E	F
1968	—	38.7	—	—	—	—
1970	—	39.2	—	—	—	—
1973	—	37.0	—	—	—	—
1975	—	36.6	—	—	—	—
1978	—	36.4	—	—	—	—
1980	—	36.6	—	—	—	—
1983	—	33.9	—	—	—	—
1984	—	33.4	28.84	—	—	—
1985	—	35.2	29.96	—	—	—
1986	—	—	28.82	—	—	—
1987	—	—	28.59	—	—	—
1988	—	—	28.83	—	—	—
1989	—	—	29.30	—	—	—
1990	—	—	29.70	—	—	—
1991	—	—	29.66	—	—	—
1992	—	—	29.95	21.24	30.76	—
1993	—	—	30.40	22.34	30.35	—
1994	—	—	31.05	23.90	30.54	—
1995	—	—	31.78	24.18	31.00	27.8
1996	—	—	31.28	23.61	30.44	26.0
1997	—	—	31.19	24.21	30.33	24.4
1998	—	—	30.64	24.01	29.78	24.4
1999	—	—	30.71	23.94	29.90	24.8
2000	—	—	30.71	23.26	29.83	24.6
2001	—	—	30.93	23.95	30.07	24.6
2002	—	—	32.54	25.06	31.67	29.0
2003	—	—	32.08	25.64	31.33	28.0
2004	—	—	31.69	26.05	31.10	28.0

续表

年份	西德			东德	全国	
	A	B	C	D	E	F
2005	—	—	—	—	—	26.0
2006	—	—	—	—	—	27.0

说明：①所有数据均直接来源于世界收入不平等数据库最新修订版WIID2c。

②各列基尼系数来源于不同的收入定义、统计口径和原始出处：A栏数据调查范围覆盖德国西部地区纳税人口，以每个纳税单位的总货币收入（Monetary Income，Gross）为调查内容，1936—1950年数据原出自UN 1957和Adjusted Tax Returns，1955—1964年数据原出自UN-ECE 1967和DIW，数据质量等级为3等；B栏数据调查范围覆盖德国西部地区所有人口，以每户家庭可支配收入（Household，Income，Disposable）为调查内容，数据原出自Brandolini 1998和DIW Synthetic Series（Guger，1989），数据质量等级为1等；C—E栏数据均以家庭人均可支配收入（Household per capita，Income，Disposable）为调查内容，数据原出自DIW 2005和German Social Economic Panel Study，数据质量等级为1等，三者仅调查范围不一样，C栏为德国西部基尼系数，D栏为德国东部基尼系数，E栏为全国基尼系数；F栏数据调查范围覆盖德国所有地区和所有人口，收入的定义是基于可支配收入（Income，Disposable），统计口径在以家庭（Household）为统计单位的基础上进行了调整，即以家庭可支配收入除以（1+0.5×家庭成人人数+0.3×儿童人数）（Household eq，OECD-mod），1995—2001年数据原出自European Commission 2005和European Community Household Panel Survey，数据质量等级为1等，2002—2003年数据原出自European Commission 2005，数据质量等级为2等，2004—2006年数据原出自European Commission 2006、2008和The European Union Statistics on Income and Living Conditions（EU-SILC），数据质量等级为1等。

表2.4.2　1936—2004年德国西部地区收入十等分份额

单位：%

年份	最低的10%	第二个10%	第三个10%	第四个10%	第五个10%	第六个10%	第七个10%	第八个10%	第九个10%	最高的10%
1936	1.00	2.00	4.00	4.00	7.00	8.50	9.50	11.00	14.00	39.00
1950	1.00	3.00	4.00	4.50	7.50	9.00	11.00	12.00	14.00	34.00
1955	1.70	2.90	3.90	5.00	5.90	7.10	8.30	9.20	12.00	44.00
1960	2.00	3.00	4.40	5.60	5.90	7.10	8.00	9.00	11.50	43.50
1964	2.10	3.20	4.70	5.40	6.50	7.20	8.40	9.60	11.50	41.40
……	—	—	—	—	—	—	—	—	—	—
1984	3.59	5.28	6.29	7.16	8.08	9.17	10.36	12.00	14.69	23.33
1985	3.40	5.06	6.11	7.10	8.06	9.14	10.33	12.01	14.68	24.07

续表

年份	最低的 10%	第二个 10%	第三个 10%	第四个 10%	第五个 10%	第六个 10%	第七个 10%	第八个 10%	第九个 10%	最高的 10%
1986	3.52	5.16	6.21	7.12	8.14	9.28	10.63	12.33	14.84	22.71
1987	3.55	5.23	6.24	7.19	8.18	9.28	10.61	12.20	14.70	22.77
1988	3.45	5.21	6.29	7.20	8.14	9.22	10.53	12.18	14.84	22.87
1989	3.40	5.14	6.22	7.07	8.12	9.28	10.52	12.24	14.68	23.28
1990	3.34	5.16	6.11	7.06	8.04	9.20	10.46	12.24	14.79	23.53
1991	3.32	5.06	6.13	7.07	8.13	9.24	10.57	12.27	14.81	23.35
1992	3.12	4.96	6.05	7.09	8.18	9.38	10.72	12.35	14.88	23.20
1993	3.03	4.95	6.04	7.00	8.12	9.35	10.63	12.39	14.91	23.54
1994	3.00	4.84	5.97	6.91	7.97	9.21	10.65	12.48	14.95	23.96
1995	2.71	4.71	5.88	6.97	8.09	9.29	10.60	12.29	15.01	24.41
1996	2.85	4.80	5.91	6.99	8.10	9.29	10.59	12.32	15.03	24.08
1997	2.88	4.85	5.95	6.95	8.08	9.21	10.56	12.39	15.07	24.00
1998	2.96	4.92	5.93	6.98	8.08	9.38	10.77	12.40	15.08	23.45
1999	2.97	4.90	5.95	6.96	8.01	9.30	10.70	12.55	15.31	23.30
2000	2.97	4.95	6.00	6.99	8.03	9.20	10.68	12.43	15.06	23.65
2001	2.87	4.86	5.96	7.00	8.06	9.25	10.67	12.55	15.20	23.52
2002	2.73	4.67	5.74	6.73	7.80	9.08	10.59	12.58	15.49	24.54
2003	2.76	4.70	5.83	6.78	7.89	9.11	10.70	12.61	15.32	24.25
2004	2.79	4.71	5.90	6.93	7.98	9.13	10.60	12.47	15.50	23.94

说明：①所有数据均直接来源于世界收入不平等数据库最新修订版 WIID2c。

②1936—1964 年数据说明同表 2.4.1 中基尼系数 A 栏数据；1984—2004 年数据说明同表 2.4.1 中基尼系数 C 栏数据。

表 2.4.3　1992—2004 年德国东部地区收入十等分份额

单位:%

年份	最低的 10%	第二个 10%	第三个 10%	第四个 10%	第五个 10%	第六个 10%	第七个 10%	第八个 10%	第九个 10%	最高的 10%
1992	4.64	6.39	7.42	8.13	8.87	9.65	10.59	11.81	13.58	18.88

续表

年份	最低的 10%	第二个 10%	第三个 10%	第四个 10%	第五个 10%	第六个 10%	第七个 10%	第八个 10%	第九个 10%	最高的 10%
1993	4.35	6.24	7.23	8.10	8.86	9.69	10.56	11.76	13.60	19.56
1994	4.13	6.07	6.93	7.90	8.75	9.58	10.50	11.80	13.75	20.55
1995	3.79	5.79	7.02	7.94	8.84	9.69	10.88	12.14	13.97	19.89
1996	4.06	5.83	6.91	7.93	8.87	9.92	10.85	12.04	14.04	19.50
1997	3.88	5.85	6.98	7.83	8.81	9.76	10.76	12.10	13.82	20.16
1998	3.83	5.95	6.91	7.92	8.79	9.79	10.84	12.14	13.97	19.80
1999	4.03	5.89	6.95	7.84	8.79	9.68	10.72	12.20	13.90	19.95
2000	4.24	6.02	7.08	7.90	8.75	9.72	10.69	11.91	13.81	19.83
2001	3.98	5.84	6.97	7.90	8.84	9.71	10.67	12.18	14.02	19.84
2002	3.73	5.64	6.77	7.88	8.71	9.68	10.81	12.24	14.17	20.32
2003	3.55	5.60	6.76	7.76	8.75	9.71	10.77	12.17	14.11	20.78
2004	3.40	5.47	6.66	7.69	8.77	9.79	10.90	12.38	14.28	20.61

说明：所有数据均直接来源于世界收入不平等数据库最新修订版 WIID2c，其数据说明同表 2.4.1 中基尼系数 D 栏数据。

表 2.4.4　1992—2004 年德国的收入十等分份额

单位：%

年份	最低的 10%	第二个 10%	第三个 10%	第四个 10%	第五个 10%	第六个 10%	第七个 10%	第八个 10%	第九个 10%	最高的 10%
1992	3.22	4.93	5.89	6.87	7.92	9.13	10.64	12.42	15.13	23.79
1993	3.19	5.04	6.08	6.96	7.96	9.15	10.56	12.28	14.99	23.75
1994	3.17	5.00	6.07	6.98	7.95	9.05	10.54	12.32	14.93	23.93
1995	2.89	4.87	6.03	7.06	8.09	9.26	10.54	12.18	14.87	24.17
1996	3.03	4.95	6.06	7.08	8.16	9.27	10.52	12.20	14.91	23.76
1997	3.04	5.01	6.10	7.06	8.15	9.24	10.51	12.18	14.93	23.72
1998	3.10	5.09	6.12	7.07	8.15	9.37	10.67	12.37	14.87	23.14
1999	3.13	5.07	6.09	7.09	8.09	9.26	10.63	12.37	15.07	23.14

续表

年份	最低的10%	第二个10%	第三个10%	第四个10%	第五个10%	第六个10%	第七个10%	第八个10%	第九个10%	最高的10%
2000	3.17	5.11	6.16	7.09	8.06	9.20	10.58	12.37	14.78	23.41
2001	3.05	5.01	6.13	7.11	8.12	9.24	10.60	12.41	15.01	23.27
2002	2.88	4.82	5.90	6.87	7.89	9.08	10.54	12.41	15.29	24.26
2003	2.88	4.84	5.94	6.95	7.97	9.12	10.60	12.45	15.16	24.03
2004	2.87	4.83	5.97	7.05	8.06	9.15	10.58	12.38	15.28	23.78

说明：所有数据均直接来源于世界收入不平等数据库最新修订版 WIID2c，其数据说明同表 2.4.1 中基尼系数 E 栏数据。

二、德国居民收入差距的现状

以家庭人均可支配收入（Household per capita，Income，Disposable）为调查内容，2004 年德国的基尼系数为 0.3110，若在家庭可支配收入的基础上，依据家庭规模和人口结构调整权重（Household，Person，Household eq，OECDmod，Income，Disposable）[①]，则 2004 年其基尼系数为 0.28，2006 年为 0.27。两种口径的基尼系数都在 0.35 以下，在本书所考察的 13 个经济发达国家中，基于后一种统计口径的可比数据，德国的基尼系数仅高于荷兰（0.26）、芬兰（0.26）、丹麦（0.24）、瑞典（0.23）四个国家，收入差距是很小的。

从收入百分比份额及据此计算的相关收入不平等指标来看，2004 年，基于家庭人均可支配收入，德国最贫困的 10% 的人口所占收入份额为 2.87%，最贫困的 20% 的人口所占收入份额为 7.7%，而最富裕的 10% 的人口所占收入份额为 23.78%，最富裕的 20% 的人口所占收入份额为 39.06%，

---

① 以家庭（Household）为调查对象，考虑到家庭规模和家庭结构，具体统计单位在家庭的基础上进行了调整，即用家庭可支配收入除以（1 + 0.5 × 家庭成人人数 + 0.3 × 儿童人数）（Household eq，OECDmod）。

最富裕 20% 人口的收入是最贫困 20% 人口收入的 5.07 倍（不良指数 1），最富裕 10% 人口的收入也只是最贫困 10% 人口收入的 8.29 倍（不良指数 2），收入差距水平比英国还要低。

从世界范围来看，德国的居民收入差距远远低于撒哈拉以南的非洲及拉美地区发展中国家，也低于新兴工业化国家，甚至低于大部分经济转轨国家，在世界范围内德国的居民收入差距也是相对较小的，处于中等偏下水平，甚至可以说德国和北欧国家、捷克共和国一起处于收入差距的低端水平。

第五节　意大利的居民收入差距

一、意大利居民收入差距的历史变迁

20 世纪 60 年代末到 80 年代初，意大利的基尼系数呈现明显的阶梯状波动下降趋势，进入 20 世纪 80 年代中期以后，意大利的基尼系数的变化趋势在下降、上升之间的转向比较频繁，呈现"下降、上升、下降、上升、下降"的波浪式变化，在波浪式变化中总体呈上升的趋势。大致看来，20 世纪 60 年代末以后意大利居民收入差距的变化也呈现出一个 U 型（见图 2.5.1）。

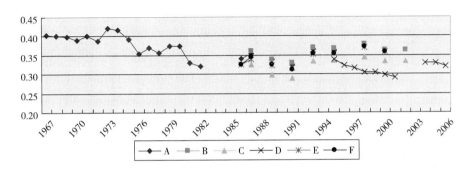

图 2.5.1　意大利基尼系数变化趋势图（1967—2006 年）

根据 Brandolini（1999）基于每户家庭可支配收入（Household, Income, Disposable）计算的意大利的基尼系数, 1967 年为 0.404, 小幅下降后, 1970 年为 0.39, 1971 年短暂上升至 0.4 以后 1972 年又降为 0.388, 这种波动下降的趋势一直持续到 1982 年, 1982 年基尼系数降为 0.32, 1967—1982 年约十五年间基尼系数下降了 8.4 个百分点; 1986 年基尼系数为 0.34, 开始有上升的趋势, 到 1995 年, 基尼系数升为 0.362, 其间也有年份基尼系数有所下降, 但总体是在波动中上升的（见表 2.5.1 基尼系数 A 栏）。20 世纪 80 年代中期以来意大利的居民收入差距变化趋势, 在其他不同口径的基尼系数中也表现的基本相同。比如, 从卢森堡收入研究（Luxembourg Income Study）的统计数据来看, 基于家庭人均可支配收入（Household per capita, Income, Disposable）计算的基尼系数, 1986 年为 0.325, 1987 年升为 0.339, 随后几年有所下降, 到 1993 年回升至 0.352, 1998 年增至 0.37, 2000 年又略微有所下降（0.358）, 不过仍旧要高于 1986 年的水平（0.325）（见表 2.5.1 基尼系数 E 栏）。

总之, 结合表 2.5.1 和图 2.5.1 可以大致判断 1967—2004 年意大利的基尼系数的基本走势: 先在波动中呈阶梯状下降趋势, 以 20 世纪 80 年代中期为拐点, 随后又在波动中小幅上升, 即意大利居民收入差距先缩小后扩大, 目前收入差距水平低于 20 世纪 60 年代末。

表 2.5.1　1967—2006 年意大利的基尼系数

单位:%

年份	A	B	C	D	E	F
1967	40.4	—	—	—	—	—
1968	40.1	—	—	—	—	—
1969	39.8	—	—	—	—	—
1970	39.0	—	—	—	—	—
1971	40.0	—	—	—	—	—
1972	38.8	—	—	—	—	—

年份	A	B	C	D	E	F
1973	42.1	—	—	—	—	—
1974	41.6	—	—	—	—	—
1975	39.2	—	—	—	—	—
1976	35.3	—	—	—	—	—
1977	37.0	—	—	—	—	—
1978	35.6	—	—	—	—	—
1979	37.4	—	—	—	—	—
1980	37.5	—	—	—	—	—
1981	33.0	—	—	—	—	—
1982	32.0	—	—	—	—	—
1983	—	—	—	—	—	—
1984	—	—	—	—	—	—
1985	—	—	—	—	—	—
1986	34.0	—	—	—	32.5	32.4
1987	35.3	36.1	32.5	—	33.9	34.4
1988	—	—	—	—	—	—
1989	33.8	33.8	29.8	—	32.2	32.5
1990	—	—	—	—	—	—
1991	32.6	32.9	28.9	—	31.6	31.2
1992	—	—	—	—	—	—
1993	36.6	36.9	33.5	—	35.2	35.4
1994	—	—	—	—	—	—
1995	36.2	36.8	33.7	33.9	35.4	35.5
1996	—	—	—	32.3	—	—
1997	—	—	—	31.7	—	—
1998	—	37.9	34.6	30.4	37.0	37.2
1999	—	—	—	30.4	—	—
2000	—	36.3	33.4	29.8	35.8	35.8

续表

年份	A	B	C	D	E	F
2001	—	—	—	29.2	—	—
2002	—	36.4	33.3	—	—	—
2003	—	—	—	—	—	—
2004	—	—	—	33.0	—	—
2005	—	—	—	33.0	—	—
2006	—	—	—	32.0	—	—

说明：①所有数据均直接来源于世界收入不平等数据库最新修订版 WIID2c。

②各列基尼系数来源于不同的收入定义、统计口径和原始出处：A、B 两栏数据调查范围均覆盖意大利所有地区和所有人口，以每户家庭可支配收入（Household, Income, Disposable）为调查内容，A 栏数据原出自 Brandolini 1999 和 The Bank of Italy Survey，数据质量等级为 2 等，B 栏数据原出自 Brandolini 2004 和 The Bank of Italy Survey, Harmonised Series，数据质量等级为 1 等；C 栏数据调查范围覆盖意大利所有地区和所有人口，以家庭为统计单位，不过只包括在平均收入之下的住户（Household eq, HBAI），收入的定义是基于可支配收入（Income, Disposable），数据原出自 Brandolini 2004 和 The Bank of Italy Survey, harmonised series，数据质量等级为 1 等；D 栏数据调查范围覆盖意大利所有地区和所有人口，收入的定义是基于可支配收入（Income, Disposable），统计口径在以家庭（Household）为统计单位的基础上进行了调整，即以家庭可支配收入除以（1 + 0.5 × 家庭成人人数 + 0.3 × 儿童人数）（Household eq, OECDmod），1995—2001 年数据原出自 European Commission 2005 和 European Community Household Panel Survey，2004—2006 年数据原出自 European Commission 2008 和 The European Union Statistics on Income and Living Conditions（EU-SILC），数据质量等级为 1 等；E、F 两栏数据调查范围均覆盖意大利所有地区和所有人口，数据原出自 Luxembourg Income Study 和 The Bank of Italy Survey，数据质量等级为 1 等，两者仅调查内容不一样，E 栏数据以家庭人均可支配收入（Household per capita, Income, Disposable）为调查内容，F 栏数据以家庭人均可支配货币收入（Household per capita, Monetary Income, Disposable）为调查内容。

表 2.5.2　1967—2001 年意大利收入十等分份额

单位：%

年份	最低的 10%	第二个 10%	第三个 10%	第四个 10%	第五个 10%	第六个 10%	第七个 10%	第八个 10%	第九个 10%	最高的 10%
1967	1.60	3.20	4.80	6.10	7.60	8.80	9.90	12.00	15.50	30.50
1968	1.70	3.30	4.80	6.00	7.40	8.50	10.00	12.50	16.50	29.30
1969	1.80	3.60	4.90	6.10	7.20	8.60	10.00	12.00	15.60	30.20
1970	1.90	3.20	4.90	6.10	7.50	8.90	10.30	12.60	16.10	28.50
1971	1.60	3.20	4.70	6.10	7.80	8.30	10.60	12.30	16.10	29.30

续表

年份	最低的 10%	第二个 10%	第三个 10%	第四个 10%	第五个 10%	第六个 10%	第七个 10%	第八个 10%	第九个 10%	最高的 10%
1972	1.80	3.40	4.80	6.30	7.50	8.80	10.40	12.60	16.00	28.40
1973	1.70	3.20	4.60	5.90	7.00	8.20	10.10	11.70	14.90	32.70
1974	1.80	3.30	4.70	5.50	7.10	8.40	10.20	12.10	15.00	31.90
1975	2.00	3.70	4.90	6.00	7.30	8.60	10.10	12.10	15.30	30.00
1976	2.40	4.10	5.50	6.60	7.60	8.80	10.40	12.50	15.50	26.60
1977	2.30	3.90	5.20	6.30	7.40	8.70	10.30	12.40	15.60	27.90
1978	2.40	4.20	5.40	6.40	7.50	8.90	10.50	12.40	15.10	27.20
1979	2.20	3.80	5.10	6.20	7.40	8.80	10.50	12.40	15.60	28.00
1980	2.40	4.10	5.20	6.20	7.30	8.60	10.20	11.80	14.40	29.80
1981	2.80	4.60	5.70	6.70	7.80	9.00	10.50	12.40	15.20	25.30
1982	2.90	4.60	5.70	6.80	7.90	9.20	10.70	12.70	15.60	23.90
1986	2.70	4.30	5.50	6.60	7.60	8.80	10.60	12.60	15.50	25.60
1987	2.70	4.20	5.20	6.30	7.40	8.80	10.60	12.60	15.80	26.40
1989	2.70	4.30	5.50	6.50	7.70	9.10	10.70	12.60	15.70	25.20
1991	2.70	4.40	5.60	6.70	7.90	9.30	11.00	13.00	15.60	23.80
1993	2.10	3.80	5.10	6.30	7.50	8.90	10.80	13.00	16.10	26.40
1995*	2.30	3.90	5.20	6.30	7.50	8.90	10.60	12.80	15.90	26.60
1995**	2.00	4.00	6.00	7.00	8.00	9.00	11.00	13.00	15.00	25.00
1996	2.00	5.00	6.00	7.00	8.00	10.00	11.00	13.00	15.00	24.00
1997	2.00	5.00	6.00	7.00	8.00	10.00	11.00	13.00	15.00	23.00
1998	3.00	5.00	6.00	7.00	8.00	10.00	11.00	13.00	15.00	23.00
1999	3.00	5.00	6.00	7.00	8.00	10.00	11.00	13.00	15.00	23.00
2000	3.00	5.00	6.00	7.00	8.00	10.00	11.00	13.00	15.00	22.00
2001	3.00	5.00	6.00	7.00	9.00	10.00	11.00	13.00	15.00	22.00

说明：①所有数据均直接来源于世界收入不平等数据库最新修订版 WIID2c。

②1967—1995*年数据说明同表 2.5.1 中基尼系数 A 栏数据；1995**—2001 年数据说明同表 2.5.1 中基尼系数 D 栏数据。

二、意大利居民收入差距的现状

以每户家庭可支配收入（Household，Income，Disposable）为调查内容，2002 年意大利的基尼系数为 0.364，若在家庭可支配收入的基础上，依据家庭规模和人口结构调整权重（Household，Person，Household eq，OECDmod，Income，Disposable）[①]，则意大利的基尼系数 2006 年为 0.32。与其他经济发达国家相比较，意大利的居民收入差距处于中等略偏上的水平，在本书所考察的 13 个经济发达国家中，意大利的收入差距低于美国、新西兰和希腊，和英国相当，收入差距排名居第五位（见表 2.1.2）。从基尼系数的一般评价标准来看，意大利的基尼系数处于 0.3—0.4 之间，收入差距处于相对合理的范围。

从收入百分比份额及据此计算的相关收入不平等指标来看，2002 年，基于每户家庭可支配收入，意大利最贫困的 20% 的人口所占收入份额为 6.3%，而最富裕的 20% 的人口所占收入份额为 42.8%，最富裕 20% 人口的收入是最贫困 20% 人口收入的 6.79 倍；若在家庭可支配收入的基础上，依据家庭规模和人口结构调整权重（Household eq，OECDmod，Income，Disposable）[②]，则 2001 年意大利的基尼系数为 0.292，最贫困的 10% 的人口所占收入份额为 3.00%，最贫困的 20% 的人口所占收入份额为 8.00%，而最富裕的 10% 的人口所占收入份额为 22.00%，最富裕的 20% 的人口所占收入份额为 37.00%，不良指数 1 为 4.63，不良指数 2 为 7.33（见表 2.1.3）。意大利的贫富差距也不大，不良指数 1 和不良指数 2 都比较低。

从世界范围来看，意大利的居民收入差距与部分转轨国家相当，高于

———————

① 以家庭（Household）为调查对象，考虑到家庭规模和家庭结构，具体统计单位在家庭的基础上进行了调整，即用家庭可支配收入除以（1 + 0.5 × 家庭成人人数 + 0.3 × 儿童人数）（Household eq，OECDmod）。

② 以家庭（Household）为调查对象，考虑到家庭规模和家庭结构，具体统计单位在家庭的基础上进行了调整，即用家庭可支配收入除以（1 + 0.5 × 家庭成人人数 + 0.3 × 儿童人数）（Household eq，OECDmod）。

捷克共和国，低于拉脱维亚、波兰，远远低于拉美地区新兴工业化国家和撒哈拉以南的非洲及拉美地区发展中国家，在世界范围内处于中等偏下水平，收入差距相对较小。

第六节　日本的居民收入差距

一、日本居民收入差距的历史变迁

从基尼系数来看，19 世纪 90 年代至 20 世纪末，日本居民收入差距的变化大致经历了三个阶段：19 世纪 90 年代至 20 世纪 70 年代初，日本居民收入差距呈快速扩大趋势；20 世纪 70 年代，收入差距在波动中逐步缩小；20 世纪 80 年代至 1998 年，日本收入差距又呈扩大趋势，进入 20 世纪 90 年代，收入差距扩大趋势有所放缓（见图 2.6.1）。

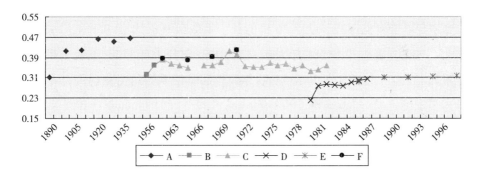

图 2.6.1　日本基尼系数变化趋势图（1890—1998 年）

表 2.6.1 列出了 1890—1998 年日本的基尼系数，A—F 栏基尼系数分别代表不同的统计口径及原始来源。根据 Mizoguchi（1985）基于收入的统计数据，日本 1890 年基尼系数为 0.311，1900 年飞跃至 0.417，这十年的时间日本的基尼系数呈现跨越式上升，一举突破 0.4 的国际警戒线，十年间上升了 10.6 个百分点，平均每年上升超过 1 个百分点，收入差距扩大的速度是

非常快的；1910 年日本基尼系数继续上升，增至 0.42，不过这十年上升速度非常缓慢；1920 年，日本基尼系数变为 0.463，十年间上升了 4.3 个百分点，比前十年上升速度有所加快；1930 年，日本基尼系数为 0.351，有小幅度下降趋势；至 1940 年，基尼系数又上升为 0.467（见表 2.6.1 基尼系数 A 栏）。从 1890 年到 1940 年的五十年间，日本基尼系数呈现明显的上升趋势，不过进入 20 世纪后，上升趋势明显比 19 世纪末平缓一些。第二次世界大战以后，根据 Wada（1975）的统计，基于每户家庭总收入（Household，Income，Gross）计算的基尼系数，1956 年为 0.322，1959 年上升为 0.36，1962 年增至 0.3844，1965 年变化不大（0.3803），1971 年突破 0.4 达到 0.419，1956—1971 年日本的居民收入差距也在扩大，十五年间基尼系数上升了近 10 个百分点（见表 2.6.1 基尼系数 B 栏）。另外，根据 Mizoguchi 和 Takayama（1984）基于每户家庭总收入计算的基尼系数，也发现 1962—1970 年居民收入差距有所扩大，不过呈先缩小后扩大的 U 型，基尼系数从 1962 年的 0.381 降到 1965 年的 0.348，随后开始上升，1970 年突破 0.4 达到 0.414。根据 Mizoguchi 和 Takayama（1984）的统计数据，1970 年以后，日本基尼系数开始下降，从 1970 年的 0.414 降到 1980 年的 0.334，1981 年基尼系数又开始上升，1981 年为 0.342，1982 年升为 0.357（见表 2.6.1 基尼系数 C 栏）。关于日本 20 世纪 80 年代以后基尼系数的变化趋势，可以从日本国家统计局（Japan Statistics Bureau，1997）和 Shirahase（2001）的统计数据看得更清楚。根据 1997 年日本国家统计局基于非农业多成员家庭总收入（Non-agricultural multi-member households，Household，Income，Gross）计算的基尼系数，20 世纪 80 年代日本的基尼系数是呈上升趋势的，从 1980 年的 0.219 迅猛上升到 1981 年的 0.278 以后，则开始平缓的上升。从 Shirahase（2001）的统计也可以看到，20 世纪 80 年代中期到 20 世纪 90 年代末期，日本的基尼系数呈缓慢上升趋势，1986 年为 0.293，1989 年增至 0.312，此后基本控制在 0.31—0.32，到 1998 年基尼系数为 0.319（见表 2.6.1 基尼系数 E 栏）。因此，从世界收入不平等数据库中日本的各种口径、各个年代的基尼系数可知，1970 年以前，日本的居民收入差距在扩大，且表现出一定的增速；1970—1980 年则逐渐缩小，呈下降趋势；1980 年以后，收入差距又呈扩大趋势。总的来看，1890—1998 年，日本的居民收入差距是先扩大、后缩小、再扩大的变化趋势，1970 年和 1980 年是变化的两个拐点。

　　此外，从 1962—1982 年日本的收入百分比份额也可以看出，这一期间日本的居民收入差距是先扩大后缩小。1962 年，人均收入最低的 20% 的人口在总收入中的比重为 5.75%，1964 年增至 6.84% 后开始下降，1970 年达到最低点 4.55%，而人均收入最高的 20% 的人口在总收入中的比重，则从 1962 年的 44.31% 经过短暂下降后，迅速增至 1970 年的 46.39%。可见，1962—1970 年日本居民收入差距在扩大。1970—1980 年，人均收入最低的 20% 的人口在总收入中的比重从 4.55% 增至 6.26%，而人均收入最高的 20% 的人口在总收入中的比重则从 46.39% 迅速降至 39.57%，这就表明了日本的居民收入差距在缩小（见表 2.6.1）。

　　总之，根据世界收入不平等数据库的这些数据，可以大致观察到日本居民收入差距的变化趋势：1890—1998 年，日本居民收入差距呈现先扩大、后缩小、再扩大的趋势，两个拐点在 1970 年和 1980 年出现。

表 2.6.1　1890—1998 年日本居民收入差距的历史变迁

单位:%

年份	基尼系数						收入的百分比份额				
	A	B	C	D	E	F	最低的 20%	第二个 20%	第三个 20%	第四个 20%	最高的 20%
1890	31.1	—	—	—	—	—	—	—	—	—	—
1900	41.7	—	—	—	—	—	—	—	—	—	—
1910	42.0	—	—	—	—	—	—	—	—	—	—
1920	46.3	—	—	—	—	—	—	—	—	—	—
1930	45.1	—	—	—	—	—	—	—	—	—	—
1940	46.7	—	—	—	—	—	—	—	—	—	—

续表

年份	基尼系数						收入的百分比份额				
	A	B	C	D	E	F	最低的 20%	第二个 20%	第三个 20%	第四个 20%	最高的 20%
1956	—	32.2	—	—	—	—	—	—	—	—	—
1959	—	36.0	—	—	—	—	—	—	—	—	—
1962	—	38.44	38.1	—	—	38.5	5.75	11.28	16.14	22.52	44.31
1963	—	—	36.5	—	—	—	6.05	11.83	16.19	23.00	42.93
1964	—	—	35.8	—	—	—	6.84	11.72	15.94	22.40	43.10
1965	—	38.03	34.8	—	—	38.0	6.62	12.29	16.71	22.49	41.89
1966	—	—	—	—	—	—	—	—	—	—	—
1967	—	—	35.8	—	—	—	6.25	11.84	16.65	22.86	42.40
1968	—	39.08	36.0	—	—	39.2	6.19	12.06	16.62	22.39	42.74
1969	—	—	37.2	—	—	—	6.07	11.70	16.15	22.11	43.97
1970	—	—	41.4	—	—	—	4.55	10.42	15.42	23.22	46.39
1971	—	41.90	40.3	—	—	42.0	5.48	11.05	15.43	21.20	46.84
1972	—	—	35.5	—	—	—	6.52	11.81	16.63	22.65	42.39
1973	—	—	35.3	—	—	—	6.26	12.12	16.78	22.88	41.96
1974	—	—	35.2	—	—	—	6.07	12.33	17.08	22.83	41.69
1975	—	—	36.9	—	—	—	5.97	11.62	16.53	22.57	43.31
1976	—	—	35.8	—	—	—	6.43	11.76	16.58	22.55	42.68
1977	—	—	36.4	—	—	—	6.34	11.74	16.32	22.30	43.30
1978	—	—	34.6	—	—	—	6.63	12.14	16.73	22.92	41.58
1979	—	—	36.0	—	—	—	5.90	11.97	16.77	23.06	42.30
1980	—	—	33.4	21.9	—	—	6.26	12.43	17.33	24.41	39.57
1981	—	—	34.2	27.8	—	—	6.28	12.36	17.10	23.66	40.60
1982	—	—	35.7	28.4	—	—	5.90	11.80	17.17	23.31	41.82
1983	—	—	—	28.1	—	—	—	—	—	—	—
1984	—	—	—	27.8	—	—	—	—	—	—	—
1985	—	—	—	29.1	—	—	—	—	—	—	—
1986	—	—	—	29.8	29.3	—	—	—	—	—	—

续表

年份	基尼系数						收入的百分比份额				
	A	B	C	D	E	F	最低的 20%	第二个 20%	第三个 20%	第四个 20%	最高的 20%
1987	—	—	—	30.3	—	—	—	—	—	—	—
1988	—	—	—	—	—	—	—	—	—	—	—
1989	—	—	—	—	31.2	—	—	—	—	—	—
1990	—	—	—	—	—	—	—	—	—	—	—
1991	—	—	—	—	—	—	—	—	—	—	—
1992	—	—	—	—	31.1	—	—	—	—	—	—
1993	—	—	—	—	—	—	—	—	—	—	—
1994	—	—	—	—	—	—	—	—	—	—	—
1995	—	—	—	—	31.6	—	—	—	—	—	—
1996	—	—	—	—	—	—	—	—	—	—	—
1997	—	—	—	—	—	—	—	—	—	—	—
1998	—	—	—	—	31.9	—	—	—	—	—	—

说明：①所有数据均直接来源于世界收入不平等数据库最新修订版 WIID2c。

②各列基尼系数来源于不同的收入定义、统计口径和原始出处：A 栏数据调查范围覆盖日本所有地区和所有人口，没有明确界定统计单位，收入的定义是基于收入，数据原出自 Mizoguchi 1985 和 Synthetic Data，数据质量等级为 3 等；B、C 两栏数据调查范围均覆盖日本所有地区和所有人口，以每户家庭总收入（Household，Income，Gross）为调查内容，数据质量等级为 2 等，两者仅原始出处不一样，B 栏数据原出自 Wada 1975 和 Adjusted Employment Status Survey，C 栏数据原出自 Mizoguchi & Takayama 1984 和 Survey of People's Living Conditions；D 栏数据调查范围覆盖日本所有地区的非农业多成员家庭（Non-agricultural Multi-member Households），以每户家庭总收入（Household，Income，Gross）为调查内容，数据原出自 Japan Statistics Bureau 1997 和 Family Income and Expenditure Survey，数据质量等级为 2 等；E 栏数据调查范围覆盖日本所有地区和所有人口，收入的定义是基于可支配收入（Income，Disposable），统计口径在以家庭（Household）为统计单位的基础上进行了调整，即以家庭可支配收入除以家庭人数的平方根（Household eq，square root），数据原出自 Shirahase 2001 和 Survey of People's Living Conditions，数据质量等级为 2 等；F 栏数据调查范围覆盖日本所有地区和所有人口，以每户家庭总货币收入（Household，Monetary Income，Gross）为调查内容，数据原出自 Jain 1975 和 Employment Status Survey，数据质量等级为 2 等。

③收入百分比份额 1962—1982 年数据说明同基尼系数 C 栏数据。

二、日本居民收入差距的现状

1998 年，日本基于可支配收入（Household，Household，Household eq，

square root，Income，Disposable)① 计算的基尼系数为 0. 319，在同口径可比的国家中，日本的基尼系数高于挪威（0. 293），低于意大利（0. 333）、新西兰（0. 335），在本书所考察的 13 个经济发达国家中，收入差距排名第六位，处于中等水平。

如果根据 1993 年基于家庭人均收入计算的基尼系数及相关收入不平等指标来看，日本的收入差距将会更小。1993 年，基于家庭人均收入计算的日本基尼系数为 0. 248，最贫困的 10% 的人口所占收入份额为 4. 8%，最贫困的 20% 的人口所占收入份额为 10. 6%，而最富裕的 10% 的人口所占收入份额为 21. 7%，最富裕的 20% 的人口所占收入份额为 35. 7%，最富裕 20% 人口的收入仅是最贫困 20% 人口收入的 3. 37 倍（不良指数 1），最富裕 10% 人口的收入也只是最贫困 10% 人口收入的 4. 52 倍（不良指数 2）（见表 2. 1. 3）。根据这组数据来看，日本的收入差距很小，收入分配比较平均，不过由于缺乏其他国家的可比数据，不便据此与其他国家作横向比较。

另外，从世界范围来看，日本的居民收入差距也相对较小，不仅远远低于撒哈拉以南的非洲及拉美地区发展中国家，还低于许多经济转轨国家，在世界范围内，日本的居民收入差距也是相对较小的，处于中等偏下水平。

第七节　加拿大的居民收入差距

一、加拿大居民收入差距的历史变迁

根据世界收入不平等数据库的统计数据，1951—2000 年，加拿大在前十年（1951—1961 年）农村基尼系数有所下降，后四十年，全国的基尼系数除了 1990 年前后出现较大波动，其他年份基本上都没有太大的变动，呈现出极小幅平稳上升的趋势，不过各种统计口径的基尼系数均在 0. 4 以下，

---

① 以家庭（Household）为调查对象，考虑到家庭规模和家庭结构，具体统计单位在家庭的基础上进行了调整，即用家庭可支配收入除以家庭人数的平方根（Household eq，square root）。

保持在一个稳定合理的区域。

1951—1961 年，根据加拿大统计年报的统计数据，基于家庭总收入（Family，Income，Gross）计算的农村基尼系数，1951 年为 0.325，到 1957 年有轻微的下降，为 0.321，到 1961 年下降幅度就较大了，为 0.286，四年下降了 3.5 个百分点，平均每年下降近 1 个百分点（见表 2.7.1 基尼系数 A 栏）。20 世纪 60 年代中期以后，世界收入不平等数据库收录的加拿大的基尼系数更多是全国的，根据加拿大统计年报基于家庭总收入（Family，Income，Gross）计算的全国的基尼系数，1965 年为 0.315，1967 年为 0.313，1971 年为 0.322，这几年都变化不大。另有数据显示，1973—1991 年，加拿大全国的基尼系数大多年份都在 0.31 左右，只有 1990 年前后出现了较大幅度的波动，1989 年偏离平均水平猛降至 0.274，1990 年又升至 0.339，1991 年又降至 0.276（见表 2.7.1 基尼系数 C 栏）。也有数据显示，1980—1996 年间基尼系数都比较平稳，始终保持在 0.28—0.29 的合理水平内，进入 20 世纪 90 年代后，平稳中略有上升的趋势（见表 2.7.1 和图 2.7.1 基尼系数 D 项）。根据卢森堡收入研究（Luxembourg Income Study）基于家庭人均可支配货币收入（Household per capita，Monetary Income，Disposable）计算的基尼系数，1987 年为 0.315，1994 年为 0.313，1997 年为 0.317，1998 年为 0.328，2000 年为 0.324（见表 2.7.1 基尼系数 G 栏），这组数据也基本显示出了加拿大在 20 世纪 80 年代末以来基尼系数稳中略有上升的趋势。

表 2.7.1　1951—2000 年加拿大居民收入差距的历史变迁

单位:%

年份	基尼系数								收入的百分比份额				
	农村	全国							最低的 20%	第二个 20%	第三个 20%	第四个 20%	最高的 20%
	A	B	C	D	E	F	G						
1951	32.5	—	—	—	—	—	—		6.87	12.52	17.54	23.77	39.30
1957	32.1	—	—	—	—	—	—		6.63	12.97	17.88	23.65	38.87
1961	28.6	—	—	—	—	—	—		6.87	14.66	17.34	25.82	35.31

年份	基尼系数							收入的百分比份额				
	农村	全国						最低的 20%	第二个 20%	第三个 20%	第四个 20%	最高的 20%
	A	B	C	D	E	F	G					
1965	—	31.5	—	—	—	—	—	7.13	12.68	17.72	23.92	38.55
1967	—	31.3	—	—	—	—	—	7.16	12.72	17.78	23.98	38.36
1969	—	31.3	—	—	—	—	—	6.84	12.14	18.72	24.80	37.50
1971	—	32.2	—	—	—	—	—	6.59	12.51	17.93	24.45	38.52
1973	—	—	29.5	—	—	—	—	6.75	13.42	17.68	26.66	35.49
1974	—	—	30.0	—	—	—	—	6.86	13.32	19.75	23.13	36.94
1975	—	—	33.7	—	—	—	—	6.84	13.65	19.18	19.36	40.97
1976	—	—	—	—	—	—	—	—	—	—	—	—
1977	—	—	31.0	—	—	—	—	6.42	15.06	16.26	24.42	37.84
1978	—	—	—	—	—	—	—	—	—	—	—	—
1979	—	—	30.9	—	—	—	—	6.45	14.95	16.44	24.33	37.83
1980	—	—	—	28.5	—	—	—	—	—	—	—	—
1981	—	—	30.9	28.4	—	—	—	6.50	14.99	16.47	24.11	37.93
1982	—	—	29.4	28.6	—	—	—	7.41	13.16	18.44	24.60	36.39
1983	—	—	32.9	29.4	—	—	—	6.30	12.53	17.82	24.21	39.14
1984	—	—	32.9	29.2	—	—	—	6.55	12.13	17.68	24.48	39.16
1985	—	—	33.0	28.8	—	—	—	6.27	12.54	17.84	24.23	39.12
1986	—	—	32.6	28.7	—	—	—	6.37	12.61	17.89	24.23	38.90
1987	—	—	32.2	28.6	—	—	31.5	6.75	12.36	17.79	24.40	38.70
1988	—	—	31.9	28.1	—	—	—	6.80	12.46	17.90	24.49	38.35
1989	—	—	27.4	27.8	—	—	—	7.77	13.75	18.98	24.81	34.69
1990	—	—	33.9	28.1	—	—	—	—	—	—	—	—
1991	—	—	27.6	28.7	—	—	30.9	7.68	13.68	18.96	24.84	34.84
1992	—	—	—	28.3	—	—	—	—	—	—	—	—
1993	—	—	—	28.6	—	33.6	—	—	—	—	—	—
1994	—	—	—	28.3	—	33.9	31.3	—	—	—	—	—
1995	—	—	—	28.8	—	34.3	—	—	—	—	—	—

续表

年份	基尼系数							收入的百分比份额				
	农村	全国						最低的 20%	第二个 20%	第三个 20%	第四个 20%	最高的 20%
	A	B	C	D	E	F	G					
1996	—	—	—	29.1	29.6	34.9	—	—	—	—	—	—
1997	—	—	—	—	30.0	35.2	31.7	—	—	—	—	—
1998	—	—	—	—	30.0	35.5	32.8	—	—	—	—	—
1999	—	—	—	—	29.8	35.9	—	—	—	—	—	—
2000	—	—	—	—	30.1	36.5	32.4	—	—	—	—	—

说明：①所有数据均直接来源于世界收入不平等数据库最新修订版 WIID2c。其中，各列基尼系数及收入百分比份额来源于不同的收入定义、统计口径和原始出处。

②基尼系数：A、B 两栏数据均以家庭总收入（Family, Income, Gross）为调查内容，数据原出自 Statistical Yearbook 和 CDBS，数据质量等级为 3 等，两者仅调查范围不一样，A 栏为农村基尼系数，B 栏为全国基尼系数；C 栏数据调查范围覆盖加拿大所有地区和所有人口，以家庭总收入（Family, Income, Gross）为调查内容，数据原出自 IDS Canada 和 Survey of Consumer Finances，数据质量等级为 2 等；D、E 两栏数据调查范围均覆盖加拿大所有地区和所有人口，收入的定义是基于可支配收入（Income, Disposable），统计口径在以经济家庭（Economic Family）为统计单位的基础上进行了调整，即以经济家庭可支配收入除以家庭人数的平方根（Household eq, square root），数据质量等级为 1 等，两者仅原始出处不一样，D 栏数据原出自 Frenette, Green & Picot 2004 和 Survey of Consumer Finances，E 栏数据原出自 Frenette, Green & Picot 2004 和 Survey of Labour and Income Dynamics；F 栏数据调查范围覆盖加拿大所有地区和所有人口，收入的定义是基于可支配收入（Income, Disposable），统计口径在以人口普查家庭（Census Family）为统计单位的基础上进行了调整，即以人口普查家庭可支配收入除以家庭人数的平方根（Household eq, square root），数据原出自 Frenette, Green & Picot 2004 和 Tax Data（T1FF），数据质量等级为 2 等；G 栏数据调查范围覆盖加拿大所有地区和所有人口，以家庭人均可支配货币收入（Household per capita, Monetary Income, Disposable）为调查内容，1987—1997 年数据原出自 Luxembourg Income Study 和 Survey of Consumer Finances，1998—2000 年数据原出自 Luxembourg Income Study 和 Survey of Labour and Income Dynamics，数据质量等级为 1 等。

③收入百分比份额：1951—1961 年数据说明同基尼系数 A 栏数据；1965—1971 年数据说明同基尼系数 B 栏数据；1973—1991 年数据说明同基尼系数 C 栏数据。

总之，结合表 2.7.1 和图 2.7.1 可以基本判断 1951—2000 年加拿大居民收入差距的变化趋势：20 世纪 50 年代，农村居民收入差距在缩小，20 世纪 60 年代至 21 世纪初，全国居民收入差距没有太大变化，比较稳定，不过略有收入差距扩大的趋势，整体收入差距水平还不太大，基尼系数始终控制在 0.4 以下。

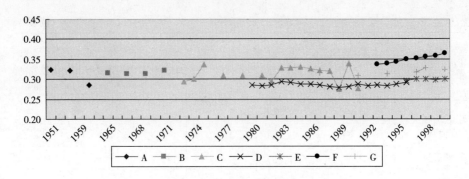

图 2.7.1　加拿大基尼系数变化趋势图（1951—2000 年）

二、加拿大居民收入差距的现状

2000 年，以经济家庭可支配收入（Economic family eq，sqrt）为调查内容计算的加拿大基尼系数为 0.301，基于家庭人均可支配货币收入（Household per capita，Monetary Income，Disposable）计算的加拿大基尼系数为 0.324，两种统计口径下的基尼系数都处于 0.3—0.4 的区间，从基尼系数的一般评价标准来看，加拿大的收入差距相对合理。

与其他经济发达国家相比，加拿大的居民收入差距处于中等水平，在本书所考察的 13 个经济发达国家中，加拿大的居民收入差距低于美国、新西兰、希腊、英国、意大利和日本，高于挪威、德国、荷兰、芬兰、丹麦和瑞典，收入差距排名居第七位。

从收入百分比份额及据此计算的相关收入不平等指标来看，2000 年，以家庭人均可支配货币收入为调查内容，加拿大最贫困的 10% 的人口所占收入份额为 2.71%，最贫困的 20% 的人口所占收入份额为 7.29%，而最富裕的 10% 的人口所占收入份额为 24.75%，最富裕的 20% 的人口所占收入份额为 39.9%，最富裕 20% 人口的收入是最贫困 20% 人口收入的 5.48 倍（不良指数 1），最富裕 10% 人口的收入也只是最贫困 10% 人口收入的 9.14 倍（不良指数 2）；同一口径下，2000 年美国最贫困的 10% 和 20% 的人口所占收入份额分别为 1.79% 和 5.32%，最富裕的 10% 和 20% 的人口所占收入份额分别为29.92%和45.92%，不良指数1为8.63，不良指数2为16.71（见表2.1.3和表2.7.2）。与相同口径美国的数据相比，加拿大的收入差距明显低于美国，其收入分配显得更平均。从世界范围来看，同样是基于家庭人均可支配货币收入的可比数据，加拿大的居民收入差距要远低于墨西哥和俄罗斯。2000年，墨西哥的基尼系数为0.535，最贫困的10%的人口所占收入份额仅1.08%，最贫困的20%的人口所占收入份额也只有3.22%，最富裕的10%的人口所占收入份额为41.78%，最富裕的20%的人口所占收入份额高达58.20%，不良指数1为18.07，不良指数2为38.72；同年，俄罗斯的基尼系数为0.453，最贫困的10%的人口所占收入份额更少，仅仅只有0.95%，最贫困的20%的人口所占收入份额为3.75%，最富裕的10%的人口所占收入份额为34.39%，最富裕的20%的人口所占收入份额为50.00%，不良指数1为13.33，不良指数2为36.09（见表2.7.2）。可以看出，加拿大的贫富差距不仅小于美国，与墨西哥和俄罗斯这两个国家相比，加拿大的贫富差距就显得微不足道了。

表2.7.2　加拿大及其他国家（地区）收入差距的现状比较

国家	年份	基尼系数（%）	收入百分比份额（%）				不良指数1	不良指数2
			最贫困的10%	最贫困的20%	最富裕的20%	最富裕的10%		
墨西哥	2000	53.5	1.08	3.22	58.20	41.78	18.07	38.72
俄罗斯	2000	45.3	0.95	3.75	50.00	34.39	13.33	36.09
美国	2000	40.1	1.79	5.32	45.92	29.92	8.63	16.71
以色列	2001	38.9	2.27	5.83	44.87	28.75	7.70	12.65
爱沙尼亚	2000	36.6	2.30	6.45	43.80	28.40	6.79	12.36
意大利	2000	35.8	2.06	6.21	42.23	26.94	6.80	13.09
西班牙	2000	34.5	2.62	7.01	41.82	26.46	5.97	10.09
爱尔兰	2000	34.1	2.92	7.45	42.01	27.25	5.64	9.34
加拿大	2000	32.4	2.71	7.29	39.90	24.75	5.48	9.14

续表

国家	年份	基尼系数（%）	收入百分比份额（%）				不良指数 1	不良指数 2
			最贫困的 10%	最贫困的 20%	最富裕的 20%	最富裕的 10%		
比利时	2000	32.2	3.37	8.49	41.29	27.88	4.86	8.26
中国台湾	2000	31.9	3.35	8.16	40.42	25.32	4.95	7.57
卢森堡	2000	30.2	3.50	8.46	38.86	23.77	4.59	6.78
奥地利	2000	29.2	3.32	8.56	37.76	22.98	4.41	6.92
德国	2000	29.0	3.37	8.59	37.73	22.82	4.39	6.78
挪威	2000	27.4	3.90	9.62	37.22	23.37	3.87	5.99
瑞典	2000	27.2	3.69	9.22	36.59	22.15	3.97	6.00
芬兰	2000	26.8	4.02	9.62	36.69	22.57	3.82	5.62

说明：表 2.7.2 系作者依据世界收入不平等数据库最新修订版 WIID2c 整理得到，17 个国家（地区）按基尼系数由高到低的顺序排列，来自同一统计口径，基于卢森堡收入研究（Luxembourg Income Study）以家庭人均可支配货币收入（Household per capita, Monetary Income, Disposable）为调查内容的统计数据。

　　总的看来，加拿大的居民收入差距低于许多经济转轨国家（如俄罗斯、波兰、塔吉克斯坦、越南），更是远远低于撒哈拉以南的非洲及拉美地区发展中国家，也低于巴西、智利等拉美地区新兴工业化国家，在整个世界范围内，加拿大的居民收入差距是相对较小的，处于中等偏下的水平。

第八节　北欧国家的居民收入差距

一、瑞典居民收入差距的历史变迁与现状

（一）瑞典居民收入差距的历史变迁

从基尼系数来看，1935—2003 年，瑞典的居民收入差距呈现先缩小后

扩大、渐趋平稳的变化趋势。20 世纪 30 年代中期至 20 世纪 80 年代初，瑞典的基尼系数呈持续下降的趋势，从 1981 年开始发生转折，1981—2003 年呈现出小幅稳步上升的趋势，2004—2006 年保持稳定（见图 2.8.1）。

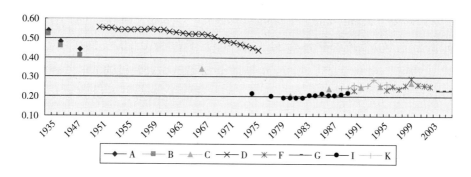

图 2.8.1　瑞典基尼系数变化趋势图（1935—2006 年）

1935—1948 年，根据 1957 年联合国的调查数据，以每个纳税人为统计单位，基于总货币收入（Monetary Income，Gross）计算的瑞典的基尼系数，1935 年为 0.54，1945 年下降为 0.48，1948 年继续下降，达到 0.44（见表2.8.1 基尼系数 A 栏），1935—1948 年基尼系数呈现明显的下降趋势，13 年间下降了 10 个百分点，下降速度是比较快的；基于可支配货币收入（Monetary Income，Disposable）计算的基尼系数，也呈现出快速下降的趋势，不过整体收入差距水平比基于总货币收入统计的要小，如 1935 年基尼系数为 0.52，1945 年降为 0.46，1948 年又降为 0.41，13 年下降了 11 个百分点（见表 2.8.1 基尼系数 B 栏）。进入 20 世纪 50 年代，根据 Spånt（1979）的统计，基于 20 岁以上纳税人口的个人应税收入（Person，Taxable Income）计算的基尼系数，1951 年为 0.557，随后开始持续下降，直到 1976 年降为 0.436，25 年下降了 12.1 个百分点。1951—1976 年根据下降速度的不同又大致可分为三个阶段，1951—1961 年下降速度非常缓慢，10 年间仅下降了 1.6 个百分点，几乎没什么变化；1961—1968 年下降速度有所加快，从 1961 年的 0.541 降为 1968 年的 0.517，7 年间下降了 2.4 个百分点；1968

年后瑞典基尼系数下降趋势明显加快，1968—1976 年的 8 年间下降了 8.1
个百分点。Spånt（1979）只给出了 1951—1976 年同口径的基尼系数，1977
年以后瑞典居民收入差距的变化，可以通过其他口径与来源的基尼系数进
行分析。根据卢森堡收入研究（Luxembourg Income Study）基于家庭人均可
支配货币收入（Family unit per capita，Monetary Income，Disposable）计算的
瑞典基尼系数，1967 年为 0.343，1981 年下降为 0.207，1987 年增至
0.241，1992 年增至 0.25，到 2000 年增至 0.272，1967—2000 年呈现先下
降后上升的趋势，而且下降幅度要大于后来上升的幅度，总体来看基尼系
数还是下降的，这种规律从图 2.8.1 中 C 项散点图可以很明显地观察到，基
本呈现一个 U 型，拐点大致在 1981 年出现。此外，根据 Brandolini（1998）
的统计数据，1975 年基尼系数为 0.213，1981 年降至 0.191 后，开始逐步上
升，1990 年升为 0.219，1975—1990 年基尼系数也呈现先下降后上升的趋
势，拐点也在 1981 年出现（见表 2.8.1 和图 2.8.1 基尼系数 I 项）。20 世纪
90 年代至 21 世纪初，也有数据显示，瑞典的居民收入差距是呈扩大趋势。
根据 2004 年瑞典中央统计局（CSO）的数据，基于可支配收入（House-
hold，Person，Household eq，national scale，Income，Disposable）[1] 计算的基
尼系数，1991 年为 0.23，1996 年小幅上升到 0.237，1997 年继续上升为
0.254，1998 年有所回落，1999 年、2000 年继续上升，2001—2003 年又有

表 2.8.1　1935—2006 年瑞典的基尼系数

单位:%

年份	A	B	C	D	E	F	G	H	I	J	K	L
1935	54.0	52.0	—	—	—	—	—	—	—	—	—	—
1945	48.0	46.0	—	—	—	—	—	—	—	—	—	—
1948	44.0	41.0	—	—	—	—	—	—	—	—	—	—

---

① 以家庭（Household）为调查对象，具体统计单位在家庭的基础上进行了调整，即用家庭可
支配收入除以国家认定的标准家庭规模（Household eq，national scale）。

续表

年份	A	B	C	D	E	F	G	H	I	J	K	L
1951	—	—	—	55.7	—	—	—	—	—	—	—	—
1952	—	—	—	55.0	—	—	—	—	—	—	—	—
1953	—	—	—	55.0	—	—	—	—	—	—	—	—
1954	—	—	—	54.4	—	—	—	—	—	—	—	—
1955	—	—	—	54.2	—	—	—	—	—	—	—	—
1956	—	—	—	54.3	—	—	—	—	—	—	—	—
1957	—	—	—	54.4	—	—	—	—	—	—	—	—
1958	—	—	—	54.5	—	—	—	—	—	—	—	—
1959	—	—	—	54.7	—	—	—	—	—	—	—	—
1960	—	—	—	54.3	—	—	—	—	—	—	—	—
1961	—	—	—	54.1	—	—	—	—	—	—	—	—
1962	—	—	—	53.5	—	—	—	—	—	—	—	—
1963	—	—	—	53.1	—	—	—	—	—	—	—	—
1964	—	—	—	52.7	—	—	—	—	—	—	—	—
1965	—	—	—	52.2	—	—	—	—	—	—	—	—
1966	—	—	—	52.1	—	—	—	—	—	—	—	—
1967	—	—	34.3	52.0	—	—	—	—	—	29.5	—	—
1968	—	—	—	51.7	—	—	—	—	—	—	—	—
1969	—	—	—	50.6	—	—	—	—	—	—	—	—
1970	—	—	—	49.2	—	—	—	—	—	—	—	—
1971	—	—	—	48.5	—	—	—	—	—	—	—	—
1972	—	—	—	47.8	—	—	—	—	—	—	—	—
1973	—	—	—	46.8	—	—	—	—	—	—	—	—
1974	—	—	—	46.1	—	—	—	—	—	—	—	—
1975	—	—	—	45.0	—	—	—	—	21.3	21.4	—	—
1976	—	—	—	43.6	33.3	—	—	—	—	—	—	23.4
1977	—	—	—	—	—	—	—	—	—	—	—	—

续表

年份	A	B	C	D	E	F	G	H	I	J	K	L
1978	—	—	—	—	—	—	—	—	20.0	20.2	—	—
1979	—	—	—	—	—	—	—	—	—	—	—	—
1980	—	—	—	—	32.6	—	—	—	19.4	19.9	—	—
1981	—	—	20.7	—	32.7	—	—	—	19.1	19.7	—	27.0
1982	—	—	—	—	30.8	—	—	—	19.4	19.9	—	34.3
1983	—	—	—	—	30.1	—	—	—	19.4	19.8	—	33.0
1984	—	—	—	—	32.0	—	—	—	20.4	20.6	—	30.8
1985	—	—	—	—	31.2	—	—	—	20.5	20.7	—	29.7
1986	—	—	—	—	31.6	—	—	—	21.4	—	—	35.5
1987	—	—	24.1	—	31.0	—	—	—	20.5	—	—	28.9
1988	—	—	—	—	31.5	—	—	—	20.4	—	—	25.7
1989	—	—	—	—	30.4	—	—	22.1	21.0	—	24.4	—
1990	—	—	—	—	31.2	—	—	22.7	21.9	—	24.6	29.0
1991	—	—	—	—	—	23.0	—	24.3	—	—	26.1	—
1992	—	—	25.0	—	32.6	—	—	23.0	—	—	25.2	—
1993	—	—	—	—	—	—	—	24.0	—	—	25.7	—
1994	—	—	—	—	—	—	—	27.0	—	—	28.8	—
1995	—	—	25.3	—	—	—	—	—	—	—	25.6	—
1996	—	—	—	—	—	23.7	—	—	—	—	26.7	—
1997	—	—	—	—	—	25.4	—	—	—	—	—	—
1998	—	—	—	—	—	24.2	—	—	—	—	—	—
1999	—	—	—	—	—	26.0	—	—	—	—	—	—
2000	—	—	27.2	—	—	29.2	—	—	—	—	—	—
2001	—	—	—	—	—	26.1	—	—	—	—	—	—
2002	—	—	—	—	—	25.7	—	—	—	—	—	—
2003	—	—	—	—	—	25.2	—	—	—	—	—	—
2004	—	—	—	—	—	—	23.0	—	—	—	—	—

续表

年份	A	B	C	D	E	F	G	H	I	J	K	L
2005	—	—	—	—	—	—	23.0	—	—	—	—	—
2006	—	—	—	—	—	—	23.0	—	—	—	—	—

说明：①所有数据均直接来源于世界收入不平等数据库最新修订版 WIID2c。

②各列基尼系数来源于不同的收入定义、统计口径和原始出处：A 栏数据调查范围覆盖瑞典所有地区所得收入者，以每个纳税人为统计单位，收入的定义是基于总货币收入（Monetary Income，Gross），数据原出自 UN 1957 和 Adjusted Tax Data，数据质量等级为 3 等；B 栏数据调查范围覆盖瑞典所有地区所得收入者，以每个纳税人为统计单位，收入的定义是基于可支配货币收入（Monetary Income，Disposable），数据原出自 UN 1957 和 Adjusted Tax Data，数据质量等级为 3 等；C 栏数据调查范围覆盖瑞典所有地区和所有人口以家庭人均可支配货币收入（Family unit per capita，Monetary Income，Disposable）为调查内容，数据原出自 Luxembourg Income Study 和 Income Distribution Survey，数据质量等级为 1 等；D 栏数据调查范围覆盖瑞典所有地区 20 岁以上的纳税人口，以个人应税收入（Person，Taxable Income）为调查内容，数据原出自 Spånt 1979 和 Swedish Tax Statistics，数据质量等级为 3 等；E 栏数据调查范围覆盖瑞典所有地区和所有人口，以每户家庭可支配收入（Household，Income，Disposable）为调查内容，数据原出自 Sweden，SAS，数据质量等级为 3 等；F 栏数据调查范围覆盖瑞典所有地区和所有人口，收入的定义是基于可支配收入（Income，Disposable），统计口径在以家庭（Household）为统计单位的基础上进行了调整，即以家庭可支配收入除以国家认定的标准家庭规模（Household eq，national scale），1991—2002 年数据原出自 Sweden CSO 2004 和 Income Distribution Survey，2003 年数据原出自 Sweden CSO 2005 和 Income Distribution Survey，数据质量等级为 1 等；G 栏数据调查范围覆盖瑞典所有地区和所有人口，收入的定义是基于可支配收入（Income，Disposable），统计口径在以家庭（Household）为统计单位的基础上进行了调整，即以家庭可支配收入除以（1 + 0.5 × 家庭成人人数 + 0.3 × 儿童人数）（Household eq，OECDmod），2004 年数据原出自 European Commission 2006，数据质量等级为 2 等，2005—2006 年数据原出自 European Commission 2008 和 The European Union Statistics on Income and Living Conditions（EU-SILC），数据质量等级为 1 等；H 栏数据调查范围覆盖瑞典所有地区 20—64 岁居民，收入的定义是基于可支配收入（Income，Disposable），统计口径在以家庭（Family）为统计单位的基础上进行了调整，即以家庭可支配收入除以家庭人数的平方根（Family eq，sqrt），数据原出自 Brandolini 1998 和 Income Distribtuion Survey（Aaberge et al.，1997），数据质量等级为 2 等；I 栏数据调查范围覆盖瑞典所有地区和所有人口，以家庭（Family）为统计单位，收入的定义是基于可支配收入（Family，Person，Family eq，social asst，Income，Disposable），数据原出自 Brandolini 1998 和 Income Distribtuion Survey（Gustafsson & Palmer，1997），数据质量等级为 1 等；J 栏数据调查范围覆盖瑞典所有地区和所有人口，以家庭（Family）为统计单位，收入的定义是基于可支配收入（Family，Person，Family eq，social asst，Income，Disposable），数据原出自 Brandolini 1998 和 Level of Living Survey（Gustafsson & Uusitalo，1990），数据质量等级为 1 等；K 栏数据调查范围覆盖瑞典所有地区和所有人口，收入的定义是基于可支配收入（Income，Disposable），统计口径在以家庭成员（Family Unit）为统计单位的基础上进行了调整，即以家庭成员可支配收入除以国家认定的标准家庭规模（Family unit eq，national scal），数据原出自 Sweden CSO 1998 和 Income Distribution Survey，数据质量等级为 1 等；L 栏数据调查范围覆盖瑞典所有地区和所有人口，以每户家庭总收入（Household，Income，Gross）为调查内容，数据原出自 Sweden，SAS，数据质量等级为 3 等。

所回落，整个过程呈现出在波动起伏中平缓上升的趋势（见表2.8.1基尼系数 F 栏）。2004—2006 年，据欧洲委员会（European Commission，2006，2008）基于可支配收入（Household，Person，Household eq，OECDmod，Income，Disposable）① 的统计，瑞典的基尼系数这三年都保持在 0.23 的水平（见表2.8.1基尼系数 G 栏），收入差距缓慢上升的同时有趋于稳定的趋势。

因此，总的看来，20 世纪 30 年代中期以来，瑞典的基尼系数呈现明显的先持续下降后小幅上升、渐趋平稳的趋势，居民收入差距先缩小后扩大，转折点大致在 1981 年出现。另外，虽然后期收入差距转向扩大，但比起 20 世纪 60 年代甚至更早期来说要小得多。

（二）瑞典居民收入差距的现状

目前，瑞典的居民收入差距略低于丹麦，在本书所考察的 13 个经济发达国家中，是收入差距最小的国家，远远低于美国、新西兰、希腊、意大利等其他经济发达国家。

以家庭可支配收入（Household，Income，Disposable）为调查内容，2003 年瑞典的基尼系数为 0.252②，2006 年其基尼系数为 0.23③。从基尼系数的一般评价标准来看，处于 0.2—0.3 的区间，收入分配比较平均。

从收入百分比份额及据此计算的相关收入不平等指标来看，2003 年，以可支配收入（Household，Person，Household eq，national scale，Income，Disposable）④ 为调查内容，瑞典最贫困的 10% 的人口所占收入份额为

---

① 以家庭（Household）为调查对象，考虑到家庭规模和家庭结构，具体统计单位在家庭的基础上进行了调整，即用家庭可支配收入除以（1 + 0.5 × 家庭成人人数 + 0.3 × 儿童人数）（Household eq，OECDmod）。

② 以家庭（Household）为调查对象，具体统计单位在家庭的基础上进行了调整，即用家庭可支配收入除以国家认定的标准家庭规模（Household eq，national scale）。

③ 以家庭（Household）为调查对象，考虑到家庭规模和家庭结构，具体统计单位在家庭的基础上进行了调整，即用家庭可支配收入除以（1 + 0.5 × 家庭成人人数 + 0.3 × 儿童人数）（Household eq，OECDmod）。

④ 以家庭（Household）为调查对象，具体统计单位在家庭的基础上进行了调整，即用家庭可支配收入除以国家认定的标准家庭规模（Household eq，national scale）。

4.1%，最贫困的20%的人口所占收入份额高达10.1%，而最富裕的10%的人口所占收入份额仅21.8%，最富裕的20%的人口所占收入份额也只是35.5%，最富裕20%人口的收入仅是最贫困20%人口收入的3.51倍（不良指数1），最富裕10%人口的收入也只是最贫困10%人口收入的5.32倍（不良指数2）。与美国相比较，同样是以可支配收入（Household，Person，Household per capita，Income，Disposable）① 为调查内容，2000年，美国最贫困的10%的人口所占收入份额仅1.81%，最贫困的20%的人口所占收入份额为5.34%，而最富裕的10%的人口所占收入份额为29.03%，最富裕的20%的人口所占收入份额为45.1%（比加拿大高出近10个百分点），最富裕20%人口的收入是最贫困20%人口收入的8.45倍，最富裕10%的人口与最贫困10%人口的收入差距竟高达16.03倍。相比之下，瑞典的收入差距要比美国低得多。

从世界范围来看，瑞典的居民收入差距比经济转轨国家中收入差距最小的捷克共和国还要低，也低于新兴工业化国家和发展中国家，尤其是远远低于撒哈拉以南的非洲及拉美地区发展中国家，瑞典的居民收入差距在世界范围内都是很小的，收入分配非常平均。

二、挪威居民收入差距的历史变迁与现状

（一）挪威居民收入差距的历史变迁

挪威的连续数据比不上英国、美国那么多，但也可以大致判断其居民收入差距的变化趋势。从图2.8.2中的几组散点折线图可以看出，挪威的基尼系数在20世纪80年代中期以来呈现长期平缓上升的趋势，个别年份有所波动；而在20世纪70年代至20世纪80年代中期，则呈现短暂上升后略有下降的趋势。

根据表2.8.2整理的数据，Ringen（1991）基于可支配收入（House-

---

① 以家庭（Household）为调查对象，具体统计单位按家庭人均进行调整。

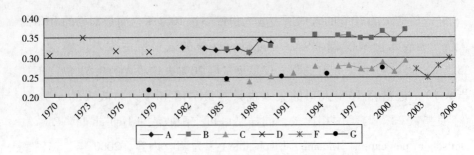

图2.8.2　挪威基尼系数变化趋势图（1970—2006 年）

hold, Person, Household eq, OECD adaptation, Income, Disposable）计算的挪威的基尼系数，1970 年为 0.305，1973 年上升到 0.35，1976 年下降为 0.317，1979 年又略微下降到 0.313，20 世纪 70 年代经过前三年的短暂上升后略呈下降趋势。根据挪威 1993 年的统计数字，基于每户家庭可支配收入（Household, Income, Disposable）计算的基尼系数，1982 年为 0.325，1984 年略降为 0.323，1985 年继续下降到 0.318，1986 年有所回升增至 0.319，此后继续波动上升，到 1990 年为 0.335，八年上升了 1 个百分点，上升幅度比较平缓，略显先下降后上升的趋势，拐点在 1985 年出现（见表 2.8.2 基尼系数 A 栏）。另外，根据挪威 2000—2004 年的统计数字，同样基于每户家庭可支配收入（Household, Income, Disposable）计算的基尼系数，1986—2002 年呈现长期波动上升的趋势：1986 年为 0.32（与 1993 年统计数字基本相同），1988 年略降为 0.312，1990 年上升到 0.328，1994 年上升到 0.357，到 2002 年上升为 0.37，1986—2002 年的十六年间上升了 5 个百分点（见表 2.8.2 基尼系数 B 栏）。2003—2006 年，根据欧洲委员会（European Commission, 2006, 2008）基于可支配收入（Household, Person, Household eq, OECDmod, Income, Disposable）[1] 的统计结果，2003 年挪威的基尼系数为 0.27，2004 年下降至 0.25，2005 年转升至 0.28，2006 年继

---

① 以家庭（Household）为调查对象，考虑到家庭规模和家庭结构，具体统计单位在家庭的基础上进行了调整，即用家庭可支配收入除以（1 + 0.5 × 家庭成人人数 + 0.3 × 儿童人数）（Household eq, OECDmod）。

续上升到 0.30，2003—2006 年挪威的基尼系数在波动中继续上升（见表 2.8.2 基尼系数 F 栏）。

通过对挪威各种口径和来源的基尼系数分别加以分析后，大致可以做出这样的判断：20 世纪 70 年代以来，挪威的基尼系数呈现先短暂上升、后平缓下降、再长期波动上升的趋势。挪威的居民收入差距经过 20 世纪 70 年代初的短暂扩大后，开始略微缩小，经过 1985 年后趋势开始发生转折，此后在波动中逐渐扩大。

表 2.8.2　1970—2006 年挪威的基尼系数

单位:%

年份	A	B	C	D	E	F	G
1970	—	—	—	30.5	—	—	—
1973	—	—	—	35.0	—	—	—
1976	—	—	—	31.7	—	—	—
1979	—	—	—	31.3	—	—	21.8
1982	32.5	—	—	—	23.4	—	—
1983	—	—	—	—	—	—	—
1984	32.3	—	—	—	—	—	—
1985	31.8	—	—	—	—	—	—
1986	31.9	32.0	24.5		22.6		24.6
1987	32.3	—	—	—	—	—	—
1988	31.2	31.2	23.9		—	—	—
1989	34.4	—	—	—	24.4	—	—
1990	33.5	32.8	25.2		—	—	—
1991	—	—	—	—	—	—	25.1
1992	—	34.1	26.0	—	—	—	—
1993	—	—	—	—	—	—	—
1994	—	35.7	27.8	—	—	—	—
1995	—	—	—	—	—	—	25.7

续表

年份	A	B	C	D	E	F	G
1996	—	35.4	27.7	—	—	—	—
1997	—	35.8	28.0	—	—	—	—
1998	—	34.8	27.0	—	—	—	—
1999	—	34.9	27.2	—	—	—	—
2000	—	36.5	28.8	—	—	—	27.4
2001	—	34.5	26.5	—	—	—	—
2002	—	37.0	29.3	—	—	—	—
2003	—	—	—	—	—	27.0	—
2004	—	—	—	—	—	25.0	—
2005	—	—	—	—	—	28.0	—
2006	—	—	—	—	—	30.0	—

说明：①所有数据均直接来源于世界收入不平等数据库最新修订版 WIID2c，数据调查范围均覆盖挪威所有地区和所有人口，数据质量等级均为 1 等。

②各列基尼系数来源于不同的收入定义、统计口径和原始出处：A 栏数据以每户家庭可支配收入（Household, Income, Disposable）为调查内容，数据原出自 Statistics Norway 1993 和 Income and Property Distribution Survey；B、C 两栏数据原始出处一样，1986—1996 年数据原出自 Statistics Norway 2000 和 Income and Property Distribution Survey，1997 年数据原出自 Statistics Norway 2002 和 Income and Property Distribution Survey，1998—2002 年数据原出自 Statistics Norway 2004 和 Income and Property Distribution Survey，两者统计单位略有区别，B 栏以每户家庭可支配收入（Household, Income, Disposable）为调查内容，C 栏收入的定义也是基于可支配收入（Income, Disposable），不过统计口径在以家庭（Household）为统计单位的基础上进行了调整，即以家庭可支配收入除以家庭人数的平方根（Household eq, square root）；D 栏数据以家庭（Household）为统计单位，收入的定义是基于可支配收入（Household, Person, Household eq, OECD adaptation, Income, Disposable），数据原出自 Ringen 1991 和 Income Survey；E 栏数据收入的定义是基于可支配收入（Income, Disposable），统计口径在以家庭（Household）为统计单位的基础上进行了调整，即以家庭可支配收入除以（1 + 0.7 × 家庭成人人数 + 0.5 × 儿童人数）（Household eq, OECD），数据原出自 Atkinson, Rainwater & Smeeding 1995a 和 Income Distribution Survey（Epland, 1992）；F 栏数据收入的定义是基于可支配收入（Income, Disposabale），统计口径在以家庭（Household）为统计单位的基础上进行了调整，即以家庭可支配收入除以（1 + 0.5 × 家庭成人人数 + 0.3 × 儿童人数）（Household eq, OECDmod），2003 年数据原出自 European Commission 2006，2004—2006 年数据原出自 European Commission 2006、2008 和 The European Union Statistics on Income and Living Conditions（EU-SILC）；G 栏数据以家庭人均可支配货币收入为调查内容，数据原出自 Luxembourg Income Study 和 Income and Property Distribution Survey。

(二) 挪威居民收入差距的现状

挪威的居民收入差距是北欧国家中相对最大的，但在经济发达国家中只是处于中等略偏下的水平。

以每户家庭可支配收入（Household，Income，Disposable）为调查内容，2002 年挪威的基尼系数为 0.37，若在家庭可支配收入的基础上，依据家庭规模和人口结构调整权重（Household，Person，Household eq，OECDmod，Income，Disposable）[1]，则挪威的基尼系数 2006 年为 0.3。在本书所选取的 13 个经济发达国家中，挪威的居民收入差距低于美国、新西兰、希腊、英国、意大利、日本和加拿大，高于德国、荷兰和北欧其他三个国家，收入差距排名居第八位。

从收入百分比份额及据此计算的相关收入不平等指标来看，2002 年，以每户家庭可支配收入（Household，Income，Disposable）为调查内容，挪威最贫困的 10% 的人口所占收入份额为 1.9%，最贫困的 20% 的人口所占收入份额为 5.7%，而最富裕的 10% 的人口所占收入份额为 26.9%，最富裕的 20% 的人口所占收入份额为 42.3%，最富裕 20% 人口的收入是最贫困 20% 人口收入的 7.42 倍（不良指数 1），最富裕 10% 人口的收入是最贫困 10% 人口收入的 14.16 倍（不良指数 2）。挪威的不良指数 1 和不良指数 2 均比较大，最贫困与最富裕人口的收入份额差距也较大，不过仍然处于收入差距相对合理的范围。

如果根据另一种统计口径的基尼系数及相关不平等指标来看，挪威的收入差距就显得没那么大了。2002 年，以可支配收入（Household，Household，Household eq，sqrt，Income，Disposable）[2] 为调查内容，挪威基尼系

---

[1] 以家庭（Household）为调查对象，考虑到家庭规模和家庭结构，具体统计单位在家庭的基础上进行了调整，即用家庭可支配收入除以（1 + 0.5 × 家庭成人人数 + 0.3 × 儿童人数）（Household eq，OECDmod）。

[2] 以家庭（Household）为调查对象，考虑到家庭规模和家庭结构，具体统计单位在家庭的基础上进行了调整，即用家庭可支配收入除以家庭人数的平方根（Household eq，sqrt）。

数为 0.293，最贫困的 10% 的人口所占收入份额为 2.8%，最贫困的 20% 的人口所占收入份额为 8.1%，而最富裕的 10% 的人口所占收入份额为 23.9%，最富裕的 20% 的人口所占收入份额为 37.6%，不良指数 1 为 4.64，不良指数 2 为 8.54。这种口径统计的最贫困人口与最富裕人口收入份额的相对差距大大缩小了，基尼系数也落入了 0.2—0.3 的区间，从这种口径计算的基尼系数来看，挪威的居民收入差距是比较平均的。

从世界范围来看，挪威的居民收入差距与部分转轨国家相当，不过要远远低于撒哈拉以南的非洲及拉美地区发展中国家。在世界范围内，挪威的居民收入差距也是相对较小的。

三、芬兰居民收入差距的历史变迁与现状

(一) 芬兰居民收入差距的历史变迁

在世界收入不平等数据库中，对于芬兰的基尼系数和收入百分比份额，基于同种口径和来源的连续数据都较长，数据质量较好，更便于我们清楚地分析芬兰居民收入差距的历史变化趋势。

从表 2.8.3 和图 2.8.3 可以看出，1966—2006 年，芬兰的基尼系数大致呈现先下降、后稳定、再上升、又趋于稳定的趋势，可分为四个阶段：1966—1985 年，基尼系数大幅度下降；1985—1992 年，基尼系数变化不大，基本保持稳定；1992—2000 年，芬兰基尼系数呈上升趋势；2000 年以来，基尼系数又基本保持稳定，略有下降。具体可以根据芬兰各种口径的基尼系数来进行分析。

根据芬兰 2005 年的统计数字，基于可支配收入（Household，Person，Household eq，OECDmod，Income，Disposable）[1] 计算的基尼系数，1966 年

---

[1] 以家庭（Household）为调查对象，考虑到家庭规模和家庭结构，具体统计单位在家庭的基础上进行了调整，即用家庭可支配收入除以（1 + 0.5 × 家庭成人人数 + 0.3 × 儿童人数）（Household eq，OECDmod）。

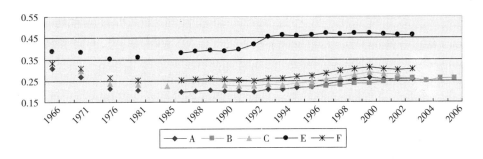

图 2.8.3　芬兰基尼系数变化趋势图（1966—2006 年）

为 0.308，1971 年降为 0.267，此后几年基尼系数连续下降，1981 年降为 0.205，1966—1981 年十五年间基尼系数下降了 10.3 个百分点，平均每年下降 0.69 个百分点，下降速度是比较快的；1987 年基尼系数为 0.196，1988 年为 0.2，1989 年为 0.204，到 1992 年基尼系数为 0.196，1987—1992 年基尼系数基本没什么变化，稳定控制在 0.195—0.205 的范围；1992 年后基尼系数开始有所上升，1993 年为 0.208，1995 年为 0.217，1997 年升为 0.234，2000 年升为 0.264，1992—2000 年才八年的时间，基尼系数上升了 6.8 个百分点，平均每年上升 0.85 个百分点；2000 年之后，基尼系数又有所下降，2001 年降为 0.255，2003 年为 0.256，下降趋势比较平和（见表 2.8.3 基尼系数 A 栏）。此外，根据芬兰 2005 年的另一组统计数字及 Jäntti（2005）的统计数据也发现了同样的变化趋势，只是不同口径的基尼系数绝对水平有所区别。芬兰 2005 年统计数字（Statistics Finland 2005）显示，基于总收入（Household, Person, Household eq, OECDmod, Income, Gross）[1] 计算的基尼系数，1966 年为 0.334，1971 年降为 0.309，随后几年也是继续下降，1976 年为 0.263，1981 年为 0.252，1966—1981 年十五年的时间，基尼系数下降了 8.2 个百分点，平均每年下降 0.55 个百分点；1987—1992 年基尼系数也基本保持不变，控制在 0.25—0.26 的范围；1993

---

① 以家庭（Household）为调查对象，考虑到家庭规模和家庭结构，具体统计单位在家庭的基础上进行了调整，即用家庭总收入除以（1＋0.5×家庭成人人数＋0.3×儿童人数）（Household eq, OECDmod）。

年基尼系数开始上升，从 1992 年的 0.25 上升到 1993 年的 0.261，直到 2000 年上升到 0.312，八年上升了 6.2 个百分点；2001 年开始有所下降，为 0.304，2002 年为 0.302，2003 年为 0.303，后两年基本变化不大（见表 2.8.3 基尼系数 F 栏）。同样地，根据 Jäntti（2005）基于家庭人均可支配收入（Household per capita，Income，Disposable）计算的基尼系数，1971 年为 0.297，1976 年降为 0.239，1985 年降为 0.224，1971—1985 年约十四年的时间，基尼系数下降了 7.3 个百分点，平均每年下降 0.52 个百分点；1990 年芬兰基尼系数为 0.228，1991 年为 0.226，1992 年为 0.227，从 1985 年到 1992 年，虽然中间几年数据缺失，但从图 3.8.3 中 C 项散点折线图可以看出，基尼系数基本没什么变化，可以大致判断这几年芬兰的居民收入差距基本保持不变；进入 1993 年，基尼系数开始上升，1993 年升为 0.235，到 2000 年基尼系数升为 0.288，1992—2000 年基尼系数上升了 6.1 个百分点，平均每年上升 0.76 个百分点；2001 年基尼系数则又有所下降（见表 2.8.3 基尼系数 C 栏）。总之，根据几组不同口径和来源的基尼系数，都发现了基本相同的变化规律，1966—2004 年，芬兰基尼系数先大幅下降、后稳定、再快速上升、又稳中略降。

另外，作者从世界收入不平等数据库中整理出了两组收入十等分数据，一组来自芬兰 2005 年基于可支配收入（Household，Person，Household eq，OECDmod，Income，Disposable）[1] 的统计数字，与表 2.8.3 中基尼系数 A 栏口径、来源相同；一组来自 Jäntti（2005）的统计数据，以家庭人均可支配收入（Household per capita，Income，Disposable）为调查内容，与表 2.8.3 中基尼系数 C 栏口径、来源相同。从收入百分比份额的演变来看，根据芬兰 2005 年基于可支配收入（Household，Person，Household eq，OECD-mod，Income，Disposable）的统计数字，1966—2003 年，人均收入最低的 10% 的人口在总收入中的比重先上升后下降，以 1992 年为转折点，从 1966

---

[1] 以家庭（Household）为调查对象，考虑到家庭规模和家庭结构，具体统计单位在家庭的基础上进行了调整，即用家庭可支配收入除以（1 + 0.5 × 家庭成人人数 + 0.3 × 儿童人数）（Household eq，OECDmod）。

年的 3.2% 上升至 1992 年的 4.9%，随后下降到 2001 年的 4.2%，2002 年
和 2003 年保持在 4.2% 的水平。同一时期，人均收入最高的 10% 的人口在
总收入中的比重则是先下降，在保持几年的稳定后开始上升，2000 年后又
略微有所下降：1966 年这一比例为 23.8%，随后下降到 1981 年的 17.5%；
1987—1992 年则比较稳定，控制在 17.6%—18.2% 的范围内；1992 年后这
一比重开始上升，到 2000 年达到 23.2%；2001 年则比 2000 年下降了约 1
个百分点，随后两年则基本没什么变化（见表 2.8.4）。总的看来，收入百
分比份额的演变也表明，芬兰的居民收入差距先在 20 世纪 60 年代中期至
20 世纪 80 年代初有所缩小，20 世纪 80 年代中期到 20 世纪 90 年代初比较
稳定，没有明显继续缩小或扩大的趋势，不过，1992 年以后则有所扩大，
进入 21 世纪略有缩小，也比较平缓，整体收入差距水平均不是太高。

表 2.8.3　1966—2006 年芬兰的基尼系数

单位:%

年份	A	B	C	D	E	F	G
1966	30.8	—	—	—	38.9	33.4	—
1971	26.7	—	29.7	—	38.5	30.9	—
1976	21.4	—	23.9	—	35.3	26.3	—
1981	20.5	—	23.3	—	35.8	25.2	—
1985	—	—	22.4	—	—	—	—
1987	19.6	—	—	22.4	38.0	25.1	22.4
1988	20.0	—	—	—	38.8	25.8	—
1989	20.4	—	—	—	39.3	26.1	—
1990	20.1	—	22.8	—	38.9	25.6	—
1991	20.0	—	22.6	23.0	39.5	25.1	22.9
1992	19.6	—	22.7	—	41.9	25.0	—
1993	20.8	—	23.5	—	45.3	26.1	—
1994	20.9	—	23.0	—	46.1	26.1	—
1995	21.7	—	23.7	24.1	46.0	26.8	23.5

续表

年份	A	B	C	D	E	F	G
1996	22.1	22.2	24.4	—	46.4	27.4	—
1997	23.4	22.6	25.7	—	46.9	28.5	—
1998	24.4	23.0	26.6	—	46.7	29.5	—
1999	25.7	23.7	27.8	—	47.2	30.6	—
2000	26.4	23.7	28.8	27.0	47.2	31.2	26.8
2001	25.5	24.4	27.9	—	46.6	30.4	—
2002	25.5	26.0	28.0	—	46.2	30.2	—
2003	25.6	26.0	—	—	46.4	30.3	—
2004	—	25.0	—	—	—	—	—
2005	—	26.0	—	—	—	—	—
2006	—	26.0	—	—	—	—	—

说明：①所有数据均直接来源于世界收入不平等数据库最新修订版 WIID2c，数据调查范围均覆盖芬兰所有地区和所有人口，各栏数据如未特别说明的，数据质量等级均为1等。

②各列基尼系数来源于不同的收入定义、统计口径和原始出处：A、B 两栏数据收入的定义是基于可支配收入（Income, Disposable），统计口径在以家庭（Household）为统计单位的基础上进行了调整，即以家庭可支配收入除以（1 + 0.5 × 家庭成人人数 + 0.3 × 儿童人数）（Household eq, OECDmod），两者仅原始出处不一样，其中，A 栏 1966—1981 年数据原出自 Statistics Finland 2005 和 Household Budget Survey，1987—2003 年数据原出自 Statistics Finland 2005 和 Income Distribution Survey，B 栏 1996—2001 年数据原出自 European Commission 2005 和 European Community Household Panel Survey，2002—2003 年数据原出自 European Commission 2005，数据质量等级为2等，2004—2006 年数据原出自 European Commission 2008 和 The European Union Statistics on Income and Living Conditions（EU-SILC）；C、D 两栏数据均以家庭人均可支配收入（Household per capita, Income, Disposable）为调查内容，C 栏数据原出自 Jäntti 2005 和 Household Budget Survey，D 栏数据原出自 Luxembourg Income Study 和 Income Distribution Survey；E、F 两栏数据原始出处一样，1966—1981 年数据原出自 Statistics Finland 2005 和 Household Budget Survey，1987—2003 年数据原出自 Statistics Finland 2005 和 Income Distribution Survey，两者调查收入的定义有所区别，E 栏数据收入的定义是基于要素收入（Income, Factor），F 栏数据收入的定义是基于总收入（Income, Gross），两者统计口径在以家庭（Household）为统计单位的基础上进行了调整，即以家庭要素收入（总收入）除以（1 + 0.5 × 家庭成人人数 + 0.3 × 儿童人数）（Household eq, OECDmod）；G 栏数据以家庭人均可支配货币收入（Household per capita, Monetary Income, Disposable）为调查内容，数据原出自 Luxembourg Income Study 和 Income Distribution Survey。

表 2.8.4　1966---2003 年芬兰的收入十等分份额

单位:%

年份	最低的10%	第二个10%	第三个10%	第四个10%	第五个10%	第六个10%	第七个10%	第八个10%	第九个10%	最高的10%
1966	3.20	4.80	5.90	6.90	8.00	9.30	10.70	12.40	15.10	23.80
1971	3.70	5.40	6.50	7.50	8.50	9.60	10.70	12.20	14.40	21.40
1976	4.50	6.20	7.20	8.10	9.10	10.00	11.00	12.10	13.60	18.40
1981	4.30	6.30	7.40	8.40	9.30	10.10	11.00	12.10	13.60	17.50
1987	4.80	6.60	7.50	8.30	9.20	10.00	10.90	11.90	13.40	17.60
1988	4.80	6.50	7.50	8.30	9.10	9.90	10.80	11.80	13.40	18.00
1989	4.80	6.40	7.40	8.20	9.10	9.90	10.80	11.90	13.40	18.20
1990	4.90	6.50	7.40	8.20	9.00	9.90	10.80	11.80	13.40	18.10
1991	4.80	6.60	7.50	8.30	9.10	9.80	10.70	11.80	13.40	18.10
1992	4.90	6.70	7.60	8.30	9.00	9.80	10.70	11.70	13.30	18.00
1993	4.90	6.60	7.40	8.10	9.00	9.60	10.60	11.70	13.30	19.10
1994	4.90	6.50	7.40	8.10	8.80	9.60	10.50	11.60	13.40	19.10
1995	4.80	6.40	7.30	8.00	8.80	9.60	10.50	11.70	13.40	19.60
1996	4.70	6.30	7.20	8.00	8.80	9.60	10.50	11.70	13.50	19.80
1997	4.60	6.10	7.00	7.80	8.60	9.50	10.50	11.70	13.50	20.70
1998	4.40	6.00	6.80	7.70	8.60	9.40	10.50	11.70	13.50	21.40
1999	4.40	5.80	6.70	7.60	8.40	9.30	10.30	11.50	13.30	22.80
2000	4.30	5.70	6.60	7.50	8.30	9.30	10.30	11.50	13.40	23.20
2001	4.20	5.80	6.70	7.70	8.50	9.40	10.40	11.50	13.50	22.10
2002	4.20	5.80	6.70	7.70	8.50	9.40	10.40	11.70	13.50	22.10
2003	4.20	5.80	6.70	7.60	8.50	9.40	10.40	11.60	13.50	22.30

说明：所有数据均直接来源于世界收入不平等数据库最新修订版 WIID2c，其数据说明同表 2.8.3 中基尼系数 A 栏数据。

表 2.8.5 1971—2002 年芬兰的收入十等分份额

单位:%

年份	最低的 10%	第二个 10%	第三个 10%	第四个 10%	第五个 10%	第六个 10%	第七个 10%	第八个 10%	第九个 10%	最高的 10%
1971	3.24	5.03	6.12	7.08	8.13	9.24	10.63	12.44	15.07	23.04
1976	4.19	5.85	6.87	7.80	8.67	9.67	10.89	12.28	14.17	19.62
1981	4.14	6.07	7.04	7.88	8.76	9.69	10.76	12.16	14.16	19.35
1985	4.45	6.19	7.17	7.99	8.81	9.63	10.69	11.98	13.87	19.23
1990	4.68	6.16	7.04	7.80	8.58	9.46	10.56	12.04	14.03	19.67
1991	4.68	6.20	7.05	7.84	8.66	9.52	10.55	11.94	13.93	19.63
1992	4.69	6.22	7.03	7.84	8.63	9.50	10.51	11.86	13.91	19.83
1993	4.57	6.13	6.98	7.74	8.55	9.42	10.43	11.80	13.90	20.48
1994	4.76	6.22	7.07	7.80	8.51	9.33	10.33	11.77	13.87	20.35
1995	4.66	6.10	6.97	7.72	8.48	9.30	10.33	11.69	13.88	20.86
1996	4.52	5.95	6.85	7.62	8.47	9.31	10.40	11.81	14.01	21.04
1997	4.32	5.77	6.66	7.52	8.36	9.28	10.32	11.76	13.92	22.10
1998	4.19	5.67	6.55	7.39	8.26	9.18	10.28	11.79	14.05	22.65
1999	4.12	5.60	6.48	7.27	8.08	8.97	10.08	11.53	13.77	24.12
2000	3.93	5.39	6.38	7.21	8.00	8.93	10.05	11.53	13.84	24.74
2001	3.94	5.50	6.51	7.28	8.11	9.02	10.20	11.74	13.96	23.73
2002	3.94	5.46	6.47	7.29	8.13	9.04	10.17	11.79	14.14	23.58

说明：所有数据均直接来源于世界收入不平等数据库最新修订版 WIID2c，其数据说明同表 2.8.3 中基尼系数 C 栏数据。

（二）芬兰居民收入差距的现状

以家庭人均可支配收入（Household per capita, Income, Disposable）为调查内容，2002 年芬兰的基尼系数为 0.28，若在家庭可支配收入的基础上，依据家庭规模和人口结构调整权重（Household, Person, Household eq,

OECDmod，Income，Disposable)①，则芬兰的基尼系数 2006 年为 0.26。在本书所考察的 13 个经济发达国家中，芬兰的基尼系数仅高于丹麦和瑞典，收入差距排名居倒数第三位。从基尼系数的一般评价标准来看，芬兰基尼系数处于 0.2—0.3 的区间，收入分配也比较平均，属于收入差距较小的国家。

从收入百分比份额及据此计算的相关收入不平等指标来看，2002 年，以家庭人均可支配收入为调查内容，芬兰最贫困的 10% 的人口所占收入份额为 3.94%，最贫困的 20% 的人口所占收入份额为 9.39%，而最富裕的 10% 的人口所占收入份额为 23.58%，最富裕的 20% 的人口所占收入份额为 37.72%，最富裕 20% 人口的收入仅是最贫困 20% 人口收入的 4.02 倍，最富裕 10% 人口的收入也只是最贫困 10% 人口收入的 5.99 倍，各项指标与荷兰和瑞典两个低收入差距国家比较接近。

从世界范围来看，芬兰的居民收入差距也是远远低于撒哈拉以南的非洲及拉美地区发展中国家，甚至低于大部分转轨国家，芬兰的居民收入差距在世界范围内也处于低端水平。

四、丹麦居民收入差距的历史变迁与现状

（一）丹麦居民收入差距的历史变迁

从世界收入不平等数据库中整理的数据来看，丹麦的数据涉及的口径、来源较多，但每种统计口径的连续数据都不太长，不过，结合所有数据来看，仍可大致判断出 1939—2004 年丹麦居民收入差距的变化趋势，即先持续下降、后在平稳中略有上升，拐点大致在 1994 年出现。

根据 Brandolini（1998）的统计，以 16 岁以上的纳税人口为调查对象，

---

① 以家庭（Household）为调查对象，考虑到家庭规模和家庭结构，具体统计单位在家庭的基础上进行了调整，即用家庭可支配收入除以（1+0.5×家庭成人人数+0.3×儿童人数）（Household eq，OECDmod）。

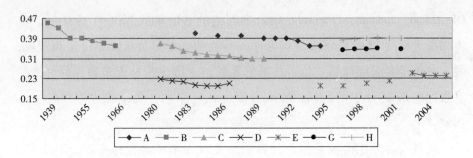

图 2.8.4　丹麦基尼系数变化趋势图（1939—2006 年）

基于每个纳税单位的可支配收入（Income，Disposable）计算的基尼系数，1939 年为 0.45，1944 年降为 0.43，1949 年继续下降为 0.39，直到 1966 年降为 0.36，1939—1966 年呈现持续下降的趋势，近三十年时间基尼系数下降了 9 个百分点，平均每年下降 0.33 个百分点（见表 2.8.6 基尼系数 B 栏）。此后，1967—1977 年的时间数据缺失，只能分析 1978 年以后基尼系数的变化趋势，并结合 1966 年之前的变化规律，来大致判断整体的走势。1978 年以后，根据 Brandolini（1998）基于 25—59 岁居民的个人可支配收入（Person，Income，Disposable）统计的数据，1981—1990 年丹麦的基尼系数呈逐渐下降趋势，从 1981 年的 0.369 降到 1990 年的 0.307，近十年时间下降了 6.2 个百分点，下降速度是比较快的（见表 2.8.6 基尼系数 C 栏）。另外也有数据显示，20 世纪 80 年代中期至 20 世纪 90 年代中期，丹麦基尼系数呈下降趋势，从 1984 年的 0.41 下降到 1994 年、1995 年的 0.36，十来年下降了 5 个百分点（见表 2.8.6 基尼系数 A 栏）。20 世纪 90 年代中期以后，丹麦的基尼系数呈现平稳上升的趋势，据欧洲委员会（European Commission，2005）基于可支配收入（Household，Person，Household eq，OECDmod，Income，Disposable）① 的统计数据，1995 年基尼系数为 0.2，1997 年仍保持在 0.2 的水平，1999 年平缓上升至 0.21，2001 年为

---

　　① 以家庭（Household）为调查对象，考虑到家庭规模和家庭结构，具体统计单位在家庭的基础上进行了调整，即用家庭可支配收入除以（1 + 0.5 × 家庭成人人数 + 0.3 × 儿童人数）（Household eq，OECDmod）。

0.22，到2003年升至0.25，2004年有所波动，下降到0.24，2005年、2006年均保持在0.24的水平，这一阶段总体还是呈上升趋势（见表2.8.6基尼系数E栏）；另有丹麦1999—2004年统计的数字，基于家庭总收入

表2.8.6 1939—2006年丹麦的基尼系数

单位:%

年份	A	B	C	D	E	F	G	H	I
1939	—	45.0	—	—	—	—	—	—	—
1944	—	43.0	—	—	—	—	—	—	—
1949	—	39.0	—	—	—	—	—	—	—
1955	—	39.0	—	—	—	—	—	—	—
1961	—	38.0	—	—	—	—	—	—	—
1964	—	37.0	—	—	—	—	—	—	—
1966	—	36.0	—	—	—	—	—	—	—
1978	—	—	—	—	—	—	—	—	40.1
1979	—	—	—	—	—	—	—	—	40.6
1980	—	—	—	—	—	—	—	—	41.3
1981	—	—	36.9	22.7	—	—	—	—	31.0
1982	—	—	35.8	22.0	—	—	—	—	—
1983	—	—	33.9	21.6	—	—	—	—	—
1984	41.0	—	33.1	20.5	—	—	—	—	—
1985	—	—	32.5	20.1	—	—	—	—	—
1986	40.0	—	32.1	20.0	—	—	—	—	—
1987	—	—	31.7	20.9	—	—	—	—	—
1988	40.0	—	31.2	—	—	—	—	—	—
1989	—	—	30.7	—	—	—	—	—	—
1990	39.0	—	30.7	—	—	32.8	—	—	—
1991	39.0	—	—	—	—	—	—	—	—
1992	39.0	—	—	—	—	33.3	—	—	—
1993	38.0	—	—	—	—	—	—	—	—

续表

年份	A	B	C	D	E	F	G	H	I
1994	36.0	—	—	—	—	34.0	—	—	—
1995	36.0	—	—	—	20.0	33.7	—	—	—
1996	—	—	—	—	—	—	—	—	—
1997	—	—	—	—	20.0	—	34.3	38.2	—
1998	—	—	—	—	—	—	34.6	38.6	—
1999	—	—	—	—	21.0	—	34.7	38.8	—
2000	—	—	—	—	—	—	35.0	39.2	—
2001	—	—	—	—	22.0	—	—	39.0	—
2002	—	—	—	—	—	—	34.6	39.0	—
2003	—	—	—	—	25.0	—	—	—	—
2004	—	—	—	—	24.0	—	—	—	—
2005	—	—	—	—	24.0	—	—	—	—
2006	—	—	—	—	24.0	—	—	—	—

说明：①所有数据均直接来源于世界收入不平等数据库最新修订版 WIID2c。

②各列基尼系数来源于不同的收入定义、统计口径和原始出处：A 栏数据调查范围覆盖丹麦所有地区和所有人口，以个人收入为调查内容，数据原出自 Danmarks Statistik Ten-Year Review 1998，数据质量等级为 3 等；B 栏数据调查范围覆盖丹麦所有地区 16 岁以上的纳税人口，以每个纳税单位的可支配收入（Income, Disposable）为调查内容，数据原出自 Brandolini 1998 和 Bjerke 1957、1965，数据质量等级为 3 等；C 栏数据调查范围覆盖丹麦所有地区 25—59 岁居民，以个人可支配收入（Person, Income, Disposable）为调查内容，数据原出自 Brandolini 1998 和 Longitudinal Database（Pedersen & Smith, 1997），数据质量等级为 3 等；D 栏数据调查范围覆盖丹麦所有地区和所有人口，以家庭（Family）为统计单位，收入的定义是基于可支配收入（Income, Disposable），数据原出自 Atkinson, Rainwater & Smeeding 1995a 和 Hansen 1993，数据质量等级为 1 等；E 栏数据调查范围覆盖丹麦所有地区和所有人口，收入的定义是基于可支配收入（Income, Disposable），统计口径在以家庭（Household）为统计单位的基础上进行了调整，即以家庭可支配收入除以（1 + 0.5 × 家庭成人人数 + 0.3 × 儿童人数）（Household eq, OECDmod），1995—2001 年数据原出自 European Commission 2005 和 European Community Household Panel Survey，2003—2006 年数据原出自 European Commission 2008 和 The European Union Statistics on Income and Living Conditions（EU-SILC），数据质量等级为 1 等；F 栏数据调查范围覆盖丹麦所有地区和所有人口，以家庭可支配收入（Family, Income, Disposable）为调查内容，数据原出自 Danmarks Statistik Ten-Year Review 1998，数据质量等级为 3 等；G、H 两栏数据调查范围均覆盖丹麦所有地区和所有人口，数据原出自 Danmarks Statistik 1999—2004 和 Administrative Registers，数据质量等级为 1 等，均以家庭（Family）为统计单位，其中，G 栏数据以家庭可支配收入（Family, Income, Disposable）为调查内容，H 栏数据以家庭总收入（Family, Income, Gross）为调查内容；I 栏数据调查范围覆盖丹麦所有地区和所有人口，以每户家庭总收入（Household, Income, Gross）为调查内容，数据原出自 *Statistical Yearbook*，数据质量等级为 3 等。

（Family，Income，Gross）计算的基尼系数，从 1997 年的 0.382 上升到 2001 年和 2002 年的 0.39，虽然上升幅度不大，但仍是呈上升趋势的（见表 2.8.6 基尼系数 H 栏）。

因此，结合所有数据的分析可以大致推断，20 世纪 30 年代末至 20 世纪 90 年代中期，丹麦的基尼系数呈下降趋势，其居民收入差距在缩小，20 世纪 90 年代中期以后，居民收入差距有扩大的趋势，不过速度尚且比较平缓。

（二）丹麦居民收入差距的现状

以家庭可支配收入（Family，Income，Disposable）为调查内容，2002 年丹麦的基尼系数为 0.346，略高于英国（0.342），但若在家庭可支配收入的基础上，依据家庭规模和人口结构调整权重（Household，Person，Household eq，OECDmod，Income，Disposable）①，则丹麦的基尼系数 2006 年为 0.24，略高于瑞典（0.23）。从数据的可比性出发，这里选择后一种统计口径的数据进行国别间的比较分析。与其他经济发达国家相比较，丹麦的居民收入差距处于较低端水平，在本书所考察的 13 个经济发达国家中，丹麦的居民收入差距排名居倒数第二位（见表 2.1.2）。

从收入百分比份额及据此计算的相关收入不平等指标来看，2002 年，以家庭可支配收入（Family，Income，Disposable）为调查内容，丹麦最贫困的 10% 的人口所占收入份额为 1.8%，最贫困的 20% 的人口所占收入份额高达 6.2%，而最富裕的 10% 的人口所占收入份额为 24%，最富裕的 20% 的人口所占收入份额为 40.2%，最富裕 20% 人口的收入是最贫困 20% 人口收入的 6.48 倍（不良指数 1），最富裕 10% 人口的收入是最贫困 10% 人口收入的 13.33 倍（不良指数 2）。与英国相比，丹麦最贫困的 10% 的人口所占收入份额偏低，所以最富裕 10% 人口与最贫困 10% 人口收入份额的相对

---

① 以家庭（Household）为调查对象，考虑到家庭规模和家庭结构，具体统计单位在家庭的基础上进行了调整，即用家庭可支配收入除以（1＋0.5×家庭成人人数＋0.3×儿童人数）（Household eq，OECDmod）。

差距更大，不良指数 2 高达 13.33，远远高于英国的 9.71，略低于挪威（14.16）。因此，在这一统计口径下，若从基尼系数来看，丹麦的收入差距略高于英国，但如果根据不良指数来判断，丹麦的贫富差距更大。

另外，如果根据基于家庭总收入（Family, Income, Gross）的统计数据来看，丹麦的收入差距要更大一些，居民纳税以后，收入差距有所缩小。2002 年，基于家庭总收入计算的丹麦基尼系数为 0.39，最贫困的 10% 的人口所占收入份额为 1.6%，最贫困的 20% 的人口所占收入份额高达 5.4%，而最富裕的 10% 的人口所占收入份额为 27.1%，最富裕的 20% 的人口所占收入份额为 43.8%，不良指数 1 为 8.11，不良指数 2 为 16.94。与基于家庭可支配收入计算的各种不平等指标相比，以家庭总收入为调查内容的丹麦的收入差距更大。

与世界上其他国家相比，丹麦的居民收入差距低于经济转轨国家、新兴工业化国家和发展中国家，尤其是远远低于撒哈拉以南非洲及拉美地区发展中国家，丹麦的居民收入差距在世界范围内处于低端水平。

第九节　其他经济发达国家的居民收入差距

一、新西兰居民收入差距的历史变迁与现状

（一）新西兰居民收入差距的历史变迁

从世界收入不平等数据库中的基尼系数和收入百分比份额来看，1954—1996 年，新西兰的居民收入差距也呈现先缩小、后扩大渐趋平缓的趋势，拐点大致在 1975 年出现。

根据 Easton（1983）的统计数据，以 15 岁以上应税人口为调查对象，基于个人应税收入（Person, Taxable Income）计算的新西兰的基尼系数，1954 年为 0.689，1955 年为 0.692，1958 年降为 0.67，1959 年降为 0.606，

直到 1976 年，基尼系数呈明显的下降趋势，1976 年降为 0.515，1977 年有所回升，达到 0.523（见表 2.9.1 基尼系数 A 栏）。Jain（1975）的统计数据也显示，1967—1971 年新西兰的基尼系数在波动中下降，从 1967 年的 0.392，经过短暂波动上升，1969 年达到 0.405，随后 1970 年下降到 0.37，1971 年继续下降到 0.355（见表 2.9.1 基尼系数 B 栏）。另外，世界收入不平等数据库中有数据显示，20 世纪 70 年代中期以来，新西兰的收入差距呈扩大趋势，基于每户家庭总收入（Household，Income，Gross）计算的基尼系数，1973 年为 0.302，1975 年略微下降为 0.3，随后基尼系数开始回升，1977 年为 0.331，波动起伏中 1980 年达到 0.347，1982 年有所下降，1983 年又继续上升，直到 1990 年，基尼系数达到 0.401，从图 2.9.1 中 C 项散点折线图可以看到，1975—1990 年基尼系数大致呈上升趋势，以 1975 年为转折点，新西兰居民收入差距在逐渐扩大。进入 20 世纪 90 年代，新西兰基尼系数也呈平稳上升的趋势，1995 年以后上升趋势得到控制，逐渐趋于稳定。据 Perry（2005）基于可支配收入（Household，Household，Household eq，sqrt，Income，Disposable）[①] 的统计，1986 年新西兰的基尼系数是 0.27，1989 年上升到 0.29，1992 年继续上升到 0.316，1995 年上升到 0.331，1986—1995 年平均每三年就上升约 2 个百分点，1995 年以后基尼系数变化不大，逐渐趋于稳定，1998 年为 0.338，2001 年为 0.339，2004 年为 0.335（见表 2.9.1 基尼系数 D 栏）。

另外，从收入百分比份额的演变来看，1973—1975 年，人均收入最低的 20% 的人口在总收入中的比重从 6.8% 下降到 6.46%，人均收入最高的 20% 的人口在总收入中的比重也有所下降，从 36.91% 下降到 35.89%，居民收入差距变化不太大；1975—1990 年，人均收入最低的 20% 的人口在总收入中的比重逐步下降，从 6.46% 下降到 4.58%，15 年间下降了 1.88 各百分点，同时，人均收入最高的 20% 的人口在总收入中的比重则在波动中上

---

① 以家庭（Household）为调查对象，考虑到家庭规模和家庭结构，具体统计单位在家庭的基础上进行了调整，即用家庭可支配收入除以家庭人数的平方根（Household eq，sqrt）。

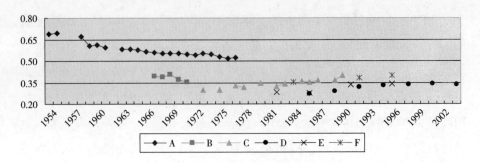

图 2.9.1　新西兰基尼系数变化趋势图（1954—2004 年）

升，1990 年这一比例为 44.73%，15 年间上升了 8.84 个百分点，这样看来，1975—1990 年，新西兰的居民收入差距是扩大的，与前面基尼系数的分析结果基本一致。

表 2.9.1　1954—2004 年新西兰居民收入差距的历史变迁

单位:%

年份	基尼系数						收入的百分比份额				
	A	B	C	D	E	F	最低的 20%	第二个 20%	第三个 20%	第四个 20%	最高的 20%
1954	68.9	—	—	—	—	—	—	—	—	—	—
1955	69.2	—	—	—	—	—	—	—	—	—	—
1956	—	—	—	—	—	—	—	—	—	—	—
1957	—	—	—	—	—	—	—	—	—	—	—
1958	67.0	—	—	—	—	—	—	—	—	—	—
1959	60.6	—	—	—	—	—	—	—	—	—	—
1960	61.0	—	—	—	—	—	—	—	—	—	—
1961	59.7	—	—	—	—	—	—	—	—	—	—
1962	—	—	—	—	—	—	—	—	—	—	—
1963	58.2	—	—	—	—	—	—	—	—	—	—
1964	58.1	—	—	—	—	—	—	—	—	—	—
1965	57.7	—	—	—	—	—	—	—	—	—	—

年份	基尼系数						收入的百分比份额				
	A	B	C	D	E	F	最低的 20%	第二个 20%	第三个 20%	第四个 20%	最高的 20%
1966	56.3	—	—	—	—	—	—	—	—	—	—
1967	55.6	39.2	—	—	—	—	—	—	—	—	—
1968	55.4	38.8	—	—	—	—	—	—	—	—	—
1969	55.1	40.5	—	—	—	—	—	—	—	—	—
1970	55.2	37.0	—	—	—	—	—	—	—	—	—
1971	54.7	35.5	—	—	—	—	—	—	—	—	—
1972	54.3	—	—	—	—	—	—	—	—	—	—
1973	55.2	—	30.2	—	—	—	6.80	13.54	18.54	24.21	36.91
1974	54.7	—	—	—	—	—	—	—	—	—	—
1975	53.2	—	30.0	—	—	—	6.46	13.11	19.02	25.52	35.89
1976	51.5	—	—	—	—	—	—	—	—	—	—
1977	52.3	—	33.1	—	—	—	6.11	12.77	17.92	23.97	39.23
1978	—	—	32.0	—	—	—	6.47	12.91	18.06	24.11	38.45
1979	—	—	—	—	—	—	—	—	—	—	—
1980	—	—	34.7	—	—	—	6.02	11.79	17.35	24.27	40.57
1981	—	—	—	—	—	—	—	—	—	—	—
1982	—	—	32.1	—	28.3	—	6.40	13.20	17.60	30.00	32.80
1983	—	—	34.0	—	—	—	6.12	12.11	17.54	24.22	40.01
1984	—	—	—	—	—	35.28	—	—	—	—	—
1985	—	—	35.8	—	—	—	5.52	11.62	17.33	24.42	41.11
1986	—	—	35.4	27.0	27.8	—	5.43	11.92	17.52	24.34	40.79
1987	—	—	36.4	—	—	—	5.48	11.45	17.11	24.21	41.75
1988	—	—	—	—	—	—	—	—	—	—	—
1989	—	—	36.5	29.0	—	—	5.78	11.10	16.82	24.20	42.10
1990	—	—	40.1	—	—	—	4.58	10.52	16.31	23.86	44.73
1991	—	—	—	—	33.4	—	—	—	—	—	—
1992	—	—	—	31.6	—	38.02	—	—	—	—	—

年份	基尼系数						收入的百分比份额				
	A	B	C	D	E	F	最低的 20%	第二个 20%	第三个 20%	第四个 20%	最高的 20%
1993	—	—	—	—	—	—	—	—	—	—	—
1994	—	—	—	—	—	—	—	—	—	—	—
1995	—	—	—	33.1	—	—	—	—	—	—	—
1996	—	—	—	—	34.1	40.20	—	—	—	—	—
1997	—	—	—	—	—	—	—	—	—	—	—
1998	—	—	—	33.8	—	—	—	—	—	—	—
1999	—	—	—	—	—	—	—	—	—	—	—
2000	—	—	—	—	—	—	—	—	—	—	—
2001	—	—	—	33.9	—	—	—	—	—	—	—
2002	—	—	—	—	—	—	—	—	—	—	—
2003	—	—	—	—	—	—	—	—	—	—	—
2004	—	—	—	33.5	—	—	—	—	—	—	—

说明：①所有数据均直接来源于世界收入不平等数据库最新修订版 WIID2c。

②各列基尼系数来源于不同的收入定义、统计口径和原始出处：A 栏数据调查范围覆盖新西兰所有地区 15 岁以上的纳税人，以个人应税收入（Person, Taxable Income）为调查内容，数据原出自 Easton 1983 和 Tax Records，数据质量等级为 3 等；B 栏数据调查范围覆盖新西兰所有地区的所得收入者，以个人收入为调查内容，数据原出自 Jain 1975 和 NZ Department of Statistics，数据质量等级为 4 等；C 栏数据调查范围覆盖新西兰所有地区和所有人口，以每户家庭总收入（Household, Income, Gross）为调查内容，数据原出自 New Zealand, OYN，数据质量等级为 3 等；D 栏数据调查范围覆盖新西兰所有地区和所有人口，收入的定义是基于可支配收入（Income, Disposable），统计口径在以家庭（Household）为统计单位的基础上进行了调整，即以家庭可支配收入除以家庭人数的平方根（Household eq, sqrt），数据原出自 Perry 2005 和 Household Economic Survey，数据质量等级为 1 等；E 栏数据调查范围覆盖新西兰所有地区和所有人口，以家庭人均可支配货币收入（Household per capita, Monetary Income, Disposable）为调查内容，数据原出自 O'Dea 2000 和 Household Economic Survey，数据质量等级为 1 等；F 栏数据调查范围覆盖新西兰所有地区和所有人口，以家庭人均总货币收入（Household per capita, Monetary Income, Gross）为调查内容，数据原出自 Podder & Chatterejee 2002，数据质量等级为 1 等。

③收入百分比份额 1973—1990 年数据说明同基尼系数 C 栏数据。

因此，根据基尼系数和收入百分比份额的分析，我们可以得出结论，20世纪 50 年代至 21 世纪初，新西兰的居民收入差距先呈现缩小的规律，经过

1975 年变化趋势发生转折，开始在波动中平缓上升，1995 年以后逐渐趋于稳定，总体规律也与英、美等大部分经济发达国家相似，只是转折点发生的早晚不完全一致，变化幅度有所区别。

（二）新西兰居民收入差距的现状

1996 年，新西兰基于家庭人均总货币收入（Household per capita，Monetary Income，Gross）计算的基尼系数为 0.402，最贫困的 10% 的人口所占收入份额仅 1.71%，最贫困的 20% 的人口所占收入份额为 5.44%，而最富裕的 10% 的人口所占收入份额为 29.61%，最富裕的 20% 的人口所占收入份额为 46.08%，最富裕 20% 人口的收入是最贫困 20% 人口收入的 8.47 倍（不良指数 1），最富裕 10% 人口的收入是最贫困 10% 人口收入的 17.32 倍（不良指数 2）。在本书所考察的 13 个经济发达国家中，目前新西兰的居民收入差距仅低于美国，2004 年美国基于每户家庭总货币收入（Household，Monetary Income，Gross）计算的基尼系数为 0.4641，最贫困的 20% 的人口所占收入份额仅 3.4%，而最富裕的 20% 的人口所占收入份额高达 50.1%，不良指数 1 高达 14.74（见表 2.1.2）。

若以可支配收入（Household，Household，Household eq，sqrt，Income，Disposable）[①] 为调查内容，则 2004 年新西兰的基尼系数为 0.335，仍然远远高于芬兰、荷兰、瑞典等其他经济发达国家。

此外，从世界范围来看，新西兰的居民收入差距高于部分转轨国家，低于拉美地区新兴工业化国家，若与发展中国家相比，特别是与撒哈拉以南的非洲及拉美地区的发展中国家相比，新西兰的居民收入差距就相对低得多了，不过这并不代表新西兰的居民收入差距不大，只是撒哈拉以南非洲及拉美地区发展中国家的居民收入差距更大。

---

① 以家庭（Household）为调查对象，考虑到家庭规模和家庭结构，具体统计单位在家庭的基础上进行了调整，即用家庭可支配收入除以家庭人数的平方根（Household eq，sqrt）。

二、荷兰居民收入差距的历史变迁与现状

（一）荷兰居民收入差距的历史变迁

荷兰居民收入差距的变化趋势与加拿大大致相似。1938—1962 年，荷兰基尼系数在波动中呈下降趋势；20 世纪 70 年代末以来，荷兰基尼系数变化不大，比较稳定，并且各种口径的基尼系数均保持在 0.35 以下（见图 2.9.2）。

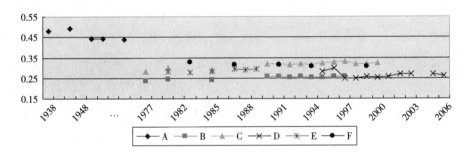

图 2.9.2　荷兰基尼系数变化趋势图（1938—2006 年）

根据联合国的统计数据，以荷兰所有纳税人为调查对象，基于每个纳税单位的总货币收入（Monetary Income, Gross）计算的基尼系数，1938 年为 0.48，1946 年升至 0.4921，1950 年回落至 0.4437，1952 年为 0.444，1962 年继续下降为 0.437（见表 2.9.2 基尼系数 A 栏），1938—1962 年，虽然基尼系数有所波动，但最终下降了 4.3 个百分点。20 世纪 70 年代末，有数据显示，1977 年基尼系数为 0.235，1981 年上升为 0.245，1985 年为 0.242，到 1990 年又略有上升，达到 0.258，此后直到 1997 年都保持在 0.25—0.26 的水平，基本没什么变化（见表 2.9.2 基尼系数 B 栏）。其他口径和来源的基尼系数也显示出了这种规律，即 20 世纪 70 年代末以来，荷兰的居民收入差距几乎没什么变化。根据卢森堡收入研究（Luxembourg Income Study）基于家庭人均可支配货币收入（Household per capita, Monetary

Income, Disposable）计算的基尼系数，1983 年为 0.326，1987 年为 0.315，1991 年为 0.314，1994 年为 0.305，1999 年为 0.307，虽略微有所下降，但幅度非常小，几乎没什么变化（见表 2.9.2 基尼系数 F 栏）。据欧洲委员会（European Commission，2005—2008）基于可支配收入（Household, Person, Household eq，OECDmod，Income，Disposable）[①] 的统计，1995 年荷兰的基

表 2.9.2　1938—2006 年荷兰的基尼系数

单位:%

年份	A	B	C	D	E	F
1938	48.0	—	—	—	—	—
1946	49.21	—	—	—	—	—
1950	44.37	—	—	—	—	—
1952	44.4	—	—	—	—	—
1962	43.7	—	—	—	—	—
……	—	—	—	—	—	—
1977	—	23.5	28.1	—	—	—
1981	—	24.5	29.8	—	28.3	—
1982	—	—	—	—	—	—
1983	—	—	—	—	27.8	32.6
1984	—	—	—	—	—	—
1985	—	24.2	29.2	—	28.1	—
1986	—	—	—	—	—	—
1987	—	—	—	—	29.4	31.5
1988	—	—	—	—	29.0	—
1989	—	—	—	—	29.6	—
1990	—	25.8	32.1	—	—	—
1991	—	25.6	31.8	—	—	31.4

① 以家庭（Household）为调查对象，考虑到家庭规模和家庭结构，具体统计单位在家庭的基础上进行了调整，即用家庭可支配收入除以（1 + 0.5 × 家庭成人人数 + 0.3 × 儿童人数）（Household eq，OECDmod）。

年份	A	B	C	D	E	F
1992	—	25.5	31.7	—	—	—
1993	—	25.7	31.9	—	—	—
1994	—	25.5	31.7	—	—	30.5
1995	—	25.2	32.2	28.1	—	—
1996	—	25.7	32.9	29.7	—	—
1997	—	25.8	33.1	25.0	—	—
1998	—	—	31.8	25.1	—	—
1999	—	—	32.0	25.8	—	30.7
2000	—	—	32.5	25.5	—	—
2001	—	—	—	25.8	—	—
2002	—	—	—	27.0	—	—
2003	—	—	—	27.0	—	—
2004	—	—	—	—	—	—
2005	—	—	—	27.0	—	—
2006	—	—	—	26.0	—	—

说明：①所有数据均直接来源于世界收入不平等数据库最新修订版 WIID2c。

②各列基尼系数来源于不同的收入定义、统计口径和原始出处：A 栏数据调查范围覆盖荷兰所有地区纳税人口，以每个纳税单位的总货币收入（Monetary Income, Gross）为调查内容，1938—1950 年数据原出自 UN 1957 和 Tax Data，1952 年和 1962 年数据原出自 UN-ECE 1967 和 Tax Data，数据质量等级为 3 等；B 栏数据调查范围覆盖荷兰所有地区和所有人口，收入的定义是基于可支配收入（Income, Disposable），统计口径在以家庭（Household）为统计单位的基础上进行了调整，即以家庭可支配收入除以国家认定的标准家庭规模（Household eq, national scale），数据原出自 CSO 2005 和 Inkomensonderzoek，数据质量等级为 1 等；C 栏数据调查范围覆盖荷兰所有地区和所有人口，以每户家庭可支配收入（Household, Income, Disposable）为调查内容，数据原出自 CSO 2005 和 Inkomensonderzoek，数据质量等级为 1 等；D 栏数据调查范围覆盖荷兰所有地区和所有人口，收入的定义是基于可支配收入（Income, Disposable），统计口径在以家庭（Household）为统计单位的基础上进行了调整，即以家庭可支配收入除以（1 + 0.5 × 家庭成人人数 + 0.3 × 儿童人数）（Household eq, OECDmod），1995—2001 年数据原出自 European Commission 2005 和 European Community Household Panel Survey，2002—2003 年数据原出自 European Commission 2006，2005—2006 年数据原出自 European Commission 2008 和 The European Union Statistics on Income and Living Conditions（EU-SILC），数据质量等级为 1 等；E 栏数据调查范围覆盖荷兰所有地区和所有人口，以每户家庭可支配收入（Household, Income, Disposable）为调查内容，数据原出自 Atkinson, Rainwater & Smeeding 1995a 和 CSO，数据质量等级为 1 等；F 栏数据调查范围覆盖荷兰所有地区和所有人口，以家庭人均可支配货币收入（Household per capita, Monetary Income, Disposable）为调查内容，数据原出自 Luxembourg Income Study 和 Additional Inquiry on the Use of（Public）Services，数据质量等级为 1 等。

尼系数为 0.281，1996 年略升至 0.297，1997 年突然下降至 0.25，此后其基尼系数平缓上升，2006 年为 0.26（见表 2.9.2 基尼系数 D 栏）。虽然 1995—1997 年荷兰基尼系数波动较大，但 1997 年以后，其基尼系数变化不大，略显上升，基本保持稳定。

总的看来，20 世纪 30 年代末以来，荷兰居民收入差距呈现先缩小后基本保持稳定的趋势。1938—1962 年，收入差距在波动中缩小；1963—1976 年，由于数据的缺失，不能明确判断这一时期的收入差距变化规律，只能结合前后期数据大致推断；1977—2006 年，荷兰居民收入差距没有明显缩小或扩大的趋势，虽然个别年份有所波动，但长期来看比较稳定，基本保持在一个合理的水平。

（二）荷兰居民收入差距的现状

2006 年，基于可支配收入（Household，Person，Household eq，OECD-mod，Income，Disposable）[①] 计算的荷兰基尼系数为 0.26，与芬兰（0.26）相当，略高于丹麦（0.24）和瑞典（0.23），在本书所考察的 13 个经济发达国家中，收入差距排名居倒数第四位。从基尼系数的一般评价标准来看，荷兰的基尼系数处于 0.2—0.3 的区间，收入分配比较平均。

从收入百分比份额及据此计算的相关收入不平等指标来看，2001 年，以可支配收入（Household eq，OECDmod，Income，Disposable）为调查内容，荷兰最贫困的 10% 的人口所占收入份额为 4.00%，最贫困的 20% 的人口所占收入份额高达 10.00%，而最富裕的 10% 的人口所占收入份额仅 21.00%，最富裕的 20% 的人口所占收入份额也只是 35.00%，最富裕 20% 人口的收入仅是最贫困 20% 人口收入的 3.5 倍（不良指数 1），最富裕 10% 人口的收入也只是最贫困 10% 人口收入的 5.25 倍（不良指数 2），各项指标都与收入差距最小的瑞典非常接近。

---

① 以家庭（Household）为调查对象，考虑到家庭规模和家庭结构，具体统计单位在家庭的基础上进行了调整，即用家庭可支配收入除以（1 + 0.5 × 家庭成人人数 + 0.3 × 儿童人数）（Household eq，OECDmod）。

此外，从世界范围来看，荷兰也和瑞典一样，其居民收入差距远远低于撒哈拉以南的非洲及拉美地区发展中国家，甚至低于大部分经济转轨国家，荷兰的居民收入差距在世界范围内也是较小的。

三、希腊居民收入差距的历史变迁与现状

（一）希腊居民收入差距的历史变迁

从图2.9.3来看，1959—2006年，希腊基尼系数的历史变化与其他经济发达国家规律不太一样，从图形上看，大致呈现先波动上升后波动下降的趋势，在1967年前后变化趋势发生转折。

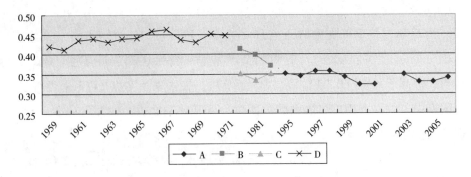

图 2.9.3　希腊基尼系数变化趋势图（1959—2006 年）

根据 Lianos & Kyprianos（1974）的统计，以希腊所有纳税人为调查对象，基于家庭应税收入（Family, Taxable Income）计算的基尼系数，1959年为0.42，1960年降为0.411，1961年又上升到0.436，1962年上升为0.44，1963年略有下降，1965年又继续回升，这种波动起伏的趋势一直持续到1967年，1967年基尼系数达到0.463以后，1968年开始下降，此后的下降趋势也是在波动起伏中持续，到1971年下降到0.449（见表2.9.3基尼系数 D 栏）。欧洲委员会（European Commission, 2005, 2008）基于可支配收入（Household, Person, Household eq, OECDmod, Income,

Disposable）[1] 的统计数据，则显示了1995—2006年希腊的基尼系数在0.34附近波动、略显下降的趋势，先从1995年的0.351下降至1996年的0.345，随后1997年、1998年波动上升，1999年又继续下降，这种趋势延续到2001年，基尼系数下降为0.323，2003年转升至0.35，2006年略降至0.34（见表2.9.3基尼系数A栏）。至于20世纪70年代至20世纪90年代初，数据比较少，希腊统计年报（Statistical Yearbook）基于每户家庭可支配货币收入（Household，Monetary Income，Disposable）计算的基尼系数，1974年为0.413，1981年降为0.398，1988年又下降为0.37，可以大致判断这一阶段基尼系数也是呈下降趋势的；另外，希腊统计年报基于每户家庭消费（Household，Consumption）计算的基尼系数的变化趋势则稍有不同，先从1974年的0.352下降到1981年的0.334，然后有所回升，1988年达到0.351，不过长期来看仍是下降的趋势。因此，结合各个历史阶段的分析来看，希腊的基尼系数先上升后下降，居民收入差距先扩大后缩小，当然其间有所波动，1967年前后变化趋势发生转折。

表 2.9.3　1959—2006 年希腊的基尼系数

单位:%

年份	A	B	C	D
1959	—	—	—	42.0
1960	—	—	—	41.1
1961	—	—	—	43.6
1962	—	—	—	44.0
1963	—	—	—	43.2
1964	—	—	—	43.9
1965	—	—	—	44.1
1966	—	—	—	45.8

[1]　以家庭（Household）为调查对象，考虑到家庭规模和家庭结构，具体统计单位在家庭的基础上进行了调整，即用家庭可支配收入除以（1+0.5×家庭成人人数+0.3×儿童人数）（Household eq，OECDmod）。

续表

年份	A	B	C	D
1967	—	—	—	46.3
1968	—	—	—	43.8
1969	—	—	—	43.2
1970	—	—	—	45.3
1971	—	—	—	44.9
1974	—	41.3	35.2	—
1981	—	39.8	33.4	—
1988	—	37.0	35.1	—
1995	35.1	—	—	—
1996	34.5	—	—	—
1997	35.7	—	—	—
1998	35.7	—	—	—
1999	34.3	—	—	—
2000	32.3	—	—	—
2001	32.3	—	—	—
2002	—	—	—	—
2003	35.0	—	—	—
2004	33.0	—	—	—
2005	33.0	—	—	—
2006	34.0	—	—	—

说明：①所有数据均直接来源于世界收入不平等数据库最新修订版 WIID2c。

②各列基尼系数来源于不同的收入定义、统计口径和原始出处：A 栏数据调查范围覆盖希腊所有地区和所有人口，收入的定义是基于可支配收入（Income, Disposable），统计口径在以家庭（Household）为统计单位的基础上进行了调整，即以家庭可支配收入除以（1 + 0.5 × 家庭成人人数 + 0.3 × 儿童人数）（Household eq, OECDmod），1995—2001 年数据原出自 European Commission 2005 和 European Community Household Panel Survey，2003—2006 年数据原出自 European Commission 2008 和 The European Union Statistics on Income and Living Conditions（EU-SILC），数据质量等级为 1 等；B 栏数据调查范围覆盖希腊所有地区和所有人口，以每户家庭可支配货币收入（Household, Monetary Income, Disposable）为调查内容，数据原出自 Statistical Yearbook，数据质量等级为 3 等；C 栏数据调查范围覆盖希腊所有地区和所有人口，以每户家庭消费（Household, Consumption）为调查内容，数据原出自 Statistical Yearbook，数据质量等级为 3 等；D 栏数据调查范围覆盖希腊所有地区的纳税人口，以家庭应税收入（Family, Taxable Income）为调查内容，数据原出自 Lianos & Kyprianos 1974 和 Tax Records，数据质量等级为 3 等。

（二）希腊居民收入差距的现状

2006 年，基于可支配收入（Household，Person，Household eq，OECD-mod，Income，Disposable）[①] 计算的希腊基尼系数为 0.34，从基尼系数的一般评价标准来看，处于 0.3—0.4 的区间，收入差距相对合理。与其他经济发达国家相比较，希腊的居民收入差距处于中等偏上的水平，在本书所考察的 13 个经济发达国家中，收入差距排名高居第三位。

从收入百分比份额及据此计算的相关收入不平等指标来看，2001 年，希腊最贫困的 10% 的人口所占收入份额为 3.00%，最贫困的 20% 的人口所占收入份额为 7.00%，而最富裕的 10% 的人口所占收入份额为 24.00%，最富裕的 20% 的人口所占收入份额为 40.00%，最富裕 20% 人口的收入是最贫困 20% 人口收入的 5.71 倍（不良指数 1），最富裕 10% 人口的收入是最贫困 10% 人口收入的 8 倍（不良指数 2），各种指标显示，希腊的贫富差距尚不算太大。

从世界范围来看，希腊的居民收入差距低于部分经济转轨国家（如越南、波兰、俄罗斯），更是远远低于撒哈拉以南的非洲及拉美地区发展中国家，在整个世界范围内，其居民收入差距并不算太大，处于中等略偏下的水平。

---

① 以家庭（Household）为调查对象，考虑到家庭规模和家庭结构，具体统计单位在家庭的基础上进行了调整，即用家庭可支配收入除以（1 + 0.5 × 家庭成人人数 + 0.3 × 儿童人数）（Household eq，OECDmod）。

第三章　经济发达国家居民收入差距
变化的影响因素

上一章对经济发达国家居民收入差距的演变进行了系统分析，那么，究竟是哪些因素在影响各国居民收入差距的变化呢？这个问题将在本章得到系统阐述。在这一章，将主要针对经济发达国家居民收入差距的变化，通过理论分析与实证分析相结合，探究经济发达国家居民收入差距变化的影响因素和原因。

第一节　理论分析

一般来说，一国居民收入差距的变化，无论是收入差距扩大或是收入差距缩小，都是自然因素和制度因素共同作用的结果，在工业化过程中是如此，完成工业化以后新的发展阶段也同样是如此。自然因素的作用引起比较劳动生产率的变化、劳动力素质的相对变化、财产的结构性变化、就业机会的结构性变化、各部门资金融通条件的变化、教育资源分布的变化、政治权力的结构性变化，进而引起收入差距的变化，而一系列制度因素，比如贸易制度、金融制度、财政制度、教育制度、社会保障制度、税收制度等，则起到加速器的作用，自然因素和制度因素的共同作用推动了居民收入差距的变化。[①]

———————

① 参见曾国安：《论工业化过程中导致城乡居民收入差距扩大的自然因素与制度因素》，《经济评论》2007 年第 3 期；曾国安：《论工业化过程中导致城乡居民收入差距缩小的自然因素与制度因素》，《福建论坛（人文社会科学版）》2007 年第 4 期。

经济发达国家居民收入差距的变化，从根本上来说，也是相关自然因素和制度因素共同作用的结果，不过，经济发达国家各国之间收入不平等程度存在很大差距，各国内部在不同时期收入差距的变化也不尽相同，而且经济发达国家居民收入差距的变化与新兴工业化国家、发展中国家、经济转轨国家相比，也有不同的特点，因此，这里将不再一一列举影响居民收入差距变化的一般因素，而是从经济发达国家发展阶段的特点出发，着重分析第二次世界大战以来影响经济发达国家居民收入差距变化的主要因素，诸如经济增长、经济全球化、技术进步等自然因素，以及政府再分配政策的取向和干预力度的变化等政策因素。

从经济发达国家居民收入差距的变化趋势来看，第二次世界大战以后，大多数发达国家收入差距普遍呈现"先下降后上升"的趋势，到达波谷的时间大致都在 20 世纪 70 年代末年代到 80 年代初。20 世纪 50 年代到 70 年代经济发达国家收入差距的缩小与库兹涅茨"倒 U 假说"的后半段相吻合，即工业化后期阶段收入不平等状况得到改善、收入差距逐渐缩小，许多经济发达国家尽管早在第二次世界大战前就已经完成了工业化，不过收入差距缩小的趋势仍在延续，其原因一方面除了经济发展所带来的一系列自然因素的变化，特别是很大程度上受益于教育的普及和迅速发展，另一方面也与政府再分配政策倾向于保护穷人、干预力度较大有关，并受到政府因时制宜所采取的一系列经济政策的影响。20 世纪 80 年代到 21 世纪初经济发达国家收入差距的扩大，则主要在于新的发展阶段带来的新元素的影响，也与政府再分配政策的干预力度减弱有关。在新科技革命的推动下，20 世纪 80 年代许多经济发达国家开始进入到信息化阶段，经济全球化、技术进步等自然因素在经济发达国家的收入分配领域开始产生广泛的影响，并成为推动近期发达国家收入差距扩大的重量力量。接下来将分别讨论 20 世纪 50 年代到 70 年代导致经济发达国家收入差距缩小的主要因素和 20 世纪 80 年代到 21 世纪初导致经济发达国家收入差距扩大的主要因素。

一、20 世纪 50 年代到 70 年代导致发达国家收入差距缩小的因素

（一）伴随二元经济发展的自然因素

工业化实际上就是传统农业部门向现代工业部门转型、二元经济向现代经济发展的过程，经济发展的实质是现代部门的不断扩张和传统部门的不断萎缩。在经济发展过程中，伴随着三个主要的特征：农村劳动力的转移和二元经济结构、人口结构转型，以及教育的扩展或技能的深化（Nielsen，1994）。下面将具体从这三个方面讨论 20 世纪 50 年代到 70 年代导致经济发达国家收入差距下降的自然因素。

1. 农村劳动力的转移

工业化早期阶段，小的现代工业部门与大的传统农业部门并存，传统农业部门内部收入差距很小，因此在工业化初期各国收入差距是较小的。由于工业化早期阶段现代部门生产率高、工资高，而且呈上升趋势，而传统农业部门生产率低、工资低，随着农村剩余劳动力逐渐从低收入的农业部门向高收入的现代部门转移，各国居民收入差距逐渐扩大。随着工业化的不断推进，农业部门劳动力的数量不断减少，当农村剩余劳动力转移完毕时，农村劳动力的进一步转移将由于农业部门劳动供给减少而使农业部门劳动者收入增加，而且到工业化后期，先进的技术和管理制度也逐渐由城市向农村部门扩散，农业部门劳动力素质逐渐提高，农业部门的技术水平、管理水平也不断提高，农业劳动生产率快速上升，虽然城市部门生产率也会提高，但在工业化后期农业部门劳动生产率提高更快，结果收入差距将转为缩小。虽然经济发达国家在第二次世界大战之前就已经完成了工业化，不过第二次世界大战后至 20 世纪 70 年代末各国居民收入差距的缩小在一定程度上还是与农村劳动力的转移、二元经济的成功转型有关，只是作用可能有限。

2. 人口结构转型

人口结构转型是另一个伴随二元经济发展影响收入不平等的重要因素，它主要通过两种机制来影响收入不平等：一是劳动力年龄分布的变化，二是社会文化的二元性或异质性。

一国在经济发展并产生人口结构转型的过程中，随着人口增长率先上升后下降，劳动力年龄的分布也会发生变化。在经济发展或者说人口结构转型的早期阶段，年轻劳动力比较多，基本上为非熟练劳动力，而且数量呈上升趋势，这意味着这些国家将有许多人处于收入分配的底层，而且比例还呈不断增长的趋势。年轻劳动力供给的增加，使非熟练劳动力市场处于过剩的状态，非熟练劳动力工资收入进一步降低，导致工业化早期熟练劳动力和非熟练劳动力之间的工资差距进一步扩大（Kuznets，1955；Lindert & Williamson，1985；Williamson，1991）。一国经济发展到一定阶段以后，或者说进入工业化后期阶段后，人口增长率开始转为下降，年轻劳动力（非熟练劳动力）逐渐减少，非熟练劳动力收入上升，熟练劳动力和非熟练劳动力之间的工资差距转为缩小。

经济发展过程中人口结构转型影响收入不平等的第二种机制表现为，由于技术和文化的不平衡扩散所导致的社会文化的二元性或异质性，将对具有文化差异的不同群体的收入分配产生影响。工业化前期阶段，经济结构的二元性导致了社会文化的二元性，在城市现代部门快速发展、传统农业部门却相对发展缓慢时，经济的不平衡发展使文化的差异也越来越大，从而导致不同部门收入分配差距呈扩大趋势。工业化后期阶段，传统农业部门逐渐向现代工业部门转型，经济的一体化促进了文化的一体化，文化差异的缩小也促进了收入分配差距的缩小。

第二次世界大战之前，经济发达国家基本都已完成了工业化，第二次世界大战后至20世纪70年代，经济发达国家尚未进入新的发展阶段，可以说还是工业化后期的延续，这段时期经济发达国家年轻劳动力比重下降，文化差异也较小，推动了其居民收入差距的下降。

3. 教育的普及和迅速发展

教育的扩展是伴随二元经济发展影响收入不平等的第三个重要因素。随着经济发达国家工业化过程的逐渐完成，经济发展水平的大幅提高为教育的迅速发展和普及提供了充足的经济实力，同时，经济的进一步发展也需要教育事业的大力发展，因此，经济发达国家都十分重视教育的普及和发展。第二次世界大战以后，经济发达国家对教育的投入都大幅增加。比如，美国1950年的教育经费占国民生产总值的比重为3.3%，1969年上升为6.9%，20世纪70年代进一步增加到7%以上。[①] 由于工业化开始以后会增加对熟练劳动力的需求，从而会扩大工业部门内的收入差异，工业化后期以及完成工业化以后教育的发展，可以提高劳动者的人力资本水平或熟练程度，缓解熟练劳动力供需之间的矛盾，使更多低技术、低收入的劳动者能提高自身素质、增加获取高收入的机会，有利于促进收入分配机会的均等。比如，瑞典和德国的教育发展十分迅速，两国有着充分的熟练劳动力的供给，从而可以对工业化以及其他因素带来的新的市场需求迅速做出反应，从而避免了工资差异的扩大。发达国家教育的迅速发展和普及，对于20世纪50年代到70年代其居民收入差距的下降起到了很大的作用。

不过，也有少数学者指出，教育的扩展对收入分配差距的影响在不同的发达工业国家可能是不同的。Crenshaw & Ameen（1994）认为，当教育扩张到较高水平，进入新的后工业时代时，教育扩展和收入不平等的关系可能会转为正相关。Jacobs（1985）指出，教育程度的分布通过教育的扩散影响收入分配，而不是通过平均教育水平影响收入分配。Nielsen & Alderson（1997）利用美国教育异质性的数据对Jacobs提出的"教育结构假说"进行了检验，发现教育异质性对美国收入不平等的影响显著为正。但由于目前还无法获得其他OECD国家关于不同层次教育分布的可比数据，数据的限制使得大家无法获得更多样本去检验Jacobs提出的"教育结构假说"，不过，倒可以探讨Crenshaw & Ameen（1994）提出的关于收入不平等和教育扩散

---

① 樊亢、宋则行、池元吉：《主要资本主义国家经济简史》，人民出版社1997年版，第233页。

之间的关系。教育的扩展对经济发达国家收入差距的影响究竟如何，在理论分析的基础上，还有待于实证分析的进一步验证。

（二）政府再分配政策及其他政策因素

除了二元经济发展所伴随的农村劳动力的转移、人口结构转型、教育的扩展等自然因素发挥了缩小居民收入差距的作用，经济发达国家的税收政策、社会保障政策、政府转移支付制度等再分配措施的强力实施，也成为居民收入差距下降的重要原因。

20 世纪 30 年代美国经济大危机之后，罗斯福上台实行"新政"，制定了旨在保护穷人和劳动者的瓦格纳法、社会保障法，开展大规模社会救助，政府明确承担干预国家社会事务的责任，国家干预主义取代自由放任主义，这种政策倾向一直延续到 20 世纪 60 年代末到 70 年代初。这期间历届政府都把完善和增加社会福利作为重要的政策目标，特别是在 1964 年约翰逊总统提出"向贫困开战"的口号之后，美国联邦政府的社会福利支出迅速增加，1967 年美国的福利支出为 422 亿美元，1972 年就达到 867 亿美元，比1967 年增加了 1 倍多，社会福利支出占政府财政支出的比重达到了 40% 以上。[①] 社会保障和福利以及政府转移支付的强力实施，使部分国民收入和社会财富流入低收入家庭，提高了低收入家庭的收入，缩小了收入分配差距。同时，美国政府还用累进所得税加强对高收入家庭的调控，肯尼迪总统时期最高税率达到了 70%，不过这种高额累进税在 20 世纪 70 年代末到 80 年代初就结束了。政府的干预是 20 世纪 80 年代之前美国居民收入差距呈缩小趋势的重要推动因素。

除了美国以外，这一阶段英国居民收入差距的缩小也反映了政府干预的影响。英国居民收入差距的缩小得益于政府所采取的个人所得税和建立的社会保障制度。基于总收入计算的基尼系数与基于可支配收入计算的基尼系数的差异，充分体现了英国个人所得税政策对居民收入差距的影响或

---

① 樊亢、宋则行、池元吉：《主要资本主义国家经济简史》，人民出版社 1997 年版，第 232 页。

再分配效应。1938 年、1949 年、1955 年，英国总收入基尼系数都在 0.4 以上，而可支配收入基尼系数则降至 0.35 左右，个人所得税政策效应达到 10%—20%；1964—1976 年，英国总收入基尼系数保持在 0.33 左右，可支配收入基尼系数降至 0.23—0.26 的水平，个人所得税政策效应高达 20%—30%。[1] 另一方面，英国和美国一样，用于社会保障和福利的支出在政府财政支出中的比重也较大，而且和美国一样有逐渐增加的趋势。1951 年，英国社会保障支出占政府财政支出的比重为 12%，1979 年上升到 25%，同年，英国用于社会保障、住房津贴、国民保健等方面的总的社会福利费用占政府总支出的比重更是高达 57%。如果将居民得到的社会保障和转移支付考虑进去，则其对收入不平等下降的影响将大大超过直接税。

可以说，20 世纪 50 年代至 70 年代末，经济发达国家收入差距的普遍下降，在很大程度上与这些国家所采取的高额累进税、高额福利和社会保障支出等保护穷人的再分配政策有关。

除了以上保护穷人的再分配政策会直接缩小居民收入差距以外，经济发达国家在面临各种不同的问题时，因时制宜所采取的一些政策措施也可能会对收入差距的缩小产生积极作用。比如，日本 20 世纪 60 年代开始进入高速增长的过程中，曾面临一个比较突出的问题，就是经济过于集中在东京经济圈和大阪经济圈这两大经济圈，而其他地区经济发展相对落后，地区之间的经济发展十分不平衡，从而导致不同地区间的收入差距较大。为了改变这种状况，日本自 20 世纪 60 年代开始制定了全国土地综合开发计划，采取一系列优惠政策促使资本、劳动等经济资源向空洞化的地区流动，结果有效缓解了地区经济发展不平衡的问题，对缩小地区收入差距也起到了重要作用。

二、20 世纪 80 年代到 21 世纪初导致发达国家收入差距扩大的因素

20 世纪 80 年代到 21 世纪初经济发达国家居民收入差距的扩大，也是

---

[1] 系作者依据世界收入不平等数据库（WIID2c）计算所得。

由自然因素和政策因素两方面原因造成的。一方面，20世纪80年代以后，许多经济发达国家开始进入到信息化阶段，经济全球化和技术进步对发达国家收入差距的影响日渐显著，成为近期推动经济发达国家收入差距扩大的主要市场因素。另一方面，20世纪80年代以后，自由主义取代国家干预主义占上风，政府再分配政策的取向和干预力度发生重大变化，开始转向有利于富人的税收减免和不利于穷人的社会福利和社会保障支出消减，而且对劳动力市场的干预也有所减弱，导致工会力量极大削弱，这一阶段政府政策导向的变化成了发达国家收入差距扩大的加速器。

（一）经济全球化

随着世界经济一体化趋势的发展，资本、商品、信息逐渐在全球范围内流动，特别是20世纪90年代以后，随着经济全球化高潮的到来，资本、商品、信息在全球流动的数量和速度都比以往大大增加。大部分经济发达国家当前正经历的收入差距的扩大，主要伴随着高技术水平的劳动者获得高回报这一特征，关键则在于经济全球化带来的资本自由流动、国际贸易增加、移民增加等因素推动了高技术劳动者与低技术劳动者之间收入差距的扩大。Alderson & Nielsen（2002）也提到，其实有很多学者都非常关注经济全球化对收入分配及收入差距的影响，总的来说，他们认为经济全球化对收入分配的影响主要是通过以下三个方面产生作用：首先是对外直接投资增加。其次是"南北贸易"（发达国家和发展中国家之间的贸易）增加。有资料显示，OECD国家对外投资外流资金从1982年的200亿美元迅速增加到1990年的2280亿美元，而制造业进口则从1982年的870亿美元增加到了1990年的2980亿美元。[1]再次是移民增加。根据联合国（United Nations，1989）的统计数据，奥地利在国外出生的人口比重占到6%，美国在国外出生的人口比重占到近9%，法国的这一比重是11%。下面将具体从这

---

① OECD（Organization for Economic Co-operation and Development），*Foreign Trade by Commodities*，Paris：OECD，1984；OECD，*Foreign Trade by Commodities*，Paris：OECD，1992.

三个方面来讨论经济全球化对收入不平等的影响。

1. 经济发达国家对外直接投资增加对国内收入差距的影响

资本的跨国流动包括资本在经济发达国家之间的流动、资本在发展中国家之间的流动、资本由经济发达国家向发展中国家的流动和资本从发展中国家向经济发达国家的流动，从跨国资本流动的量来看，当前经济全球化带来的资本的自由流动主要是由经济发达国家向发展中国家流动。20世纪后期几十年来，经济发达国家的资本流出量迅速上升，同时在发展中国家的直接投资则相应大量增加。资本从经济发达国家流出的动因之一，是经济发达国家资本相对富裕，在有些国家甚至达到饱和的状态，从而不得不在海外寻求投资机会。基于这一动因的资本流出对经济发达国家的福利水平一般不会产生负面影响，甚至会由于投资利润的汇回而产生正面影响。资本由经济发达国家流向发展中国家的另一个原因则在于发达国家内部的经济结构调整。根据产品周期理论，产品生产可分为四个阶段，即"崭新产品"阶段、"成熟产品"阶段、"标准化产品"阶段和"产品老化"阶段，发达国家的一些产业在进入"产品老化"阶段以后，在本国投资已不具有竞争力因而必须进行产业转移，发展中国家由于廉价劳动力丰富而资本短缺，便成为这些产业的主要投资地，在发展中国家，这些产业可以获得更高的利润，这成为资本从经济发达国家流向发展中国家的一个重要原因。

总体来说，经济发达国家的资本流出并在发展中国家进行直接投资，主要从三个方面影响发达国家的收入分配：一是对外直接投资促进了"去工业化或非工业化"（Deindustrialization）这种现象的加剧，二是全球化条件下劳动者的谈判地位减弱了，三是直接投资外流使劳动者（特别是低技术劳动力）的报酬降低。

若考察其具体影响机制，从第一个方面来说，经济发达国家的直接投资外流，主要是将一些传统产业，如钢铁、造船、工程机械和纺织等制造业转移到发展中国家，或是将劳动密集型的加工装配环节，分散到国外工资成本相对低廉的地区，从而产生了所谓的"去工业化"现象，即经济发达国家制造业就业比重持续下降，就业人口从制造业向服务业转移的现象。"去工业化"产生的一个重要影响就是工资总量的低水平和低增长。由于制造业就业机会的减少，使工人集中到建筑、零售、贸易、休闲娱乐和交通运输等低端服务行业，这些行业的工资水平远远低于制造业；而且由于低端服务行业的进入门槛和蓝领工人的教育水平都很低，所以这些职位都不太稳定，工资增长也很缓慢。① 由于制造业部门与服务业部门相比，平均工资更高，收入分配更加平均，因此劳动力从制造业部门向服务业部门转移，将会产生更大比例的低收入群体，收入不平等将加剧。美国最早出现"去工业化"现象，其制造业劳动力占总劳动者的比例，从 1965 年最高值的 28% 下降到 1994 年的 16%，其服务业中的就业人数占劳动者总数的比重，则从 1960 年的 56% 上升至 1994 年的 73%；在日本，制造业就业比重从 1973 年最高值的 27%（比美国迟 8 年）下降到 1994 年的 23%；在欧盟 15 个国家中，制造业就业比例的最高值是 30%（1970 年），到 1994 年迅速地下降到 20%。② 各国"去工业化"趋势加剧的同时，收入不平等也加剧了。

从第二个方面来看，在全球化条件下，一国劳动者不再只是本国居民，劳动者的多民族性使其变得分散，难以有效组织起来，从而造成劳动者的谈判地位减弱。而企业的控制能力则相对加强，可以更轻易地裁员和降低工资，还可以缩短工作时间，拖欠工资或提供非正规工作，使工人的收入更加不稳定。全球化条件下劳动者相对企业的谈判地位减弱，使得劳动者收入降低，收入不平等加剧。

从第三个方面来看，直接投资外流将通过改变资本与劳动两要素的边际报酬以及对低技术劳动力的需求而对收入差距产生影响。随着经济发达国家资本的不断流出，本国资本减少将导致资本边际产出增加而劳动边际产出相对减少，结果是国民收入分配中资本收入份额相对劳动收入份额呈

---

① 《非工业化》，见 http://wiki. mbalib. com/wiki/% E9% 9D% 9E% E5% B7% A5% E4% B8% 9A% E5% 8C% 96（智库·百科网）。

② 《非工业化》，见 http://wiki. mbalib. com/wiki/% E9% 9D% 9E% E5% B7% A5% E4% B8% 9A% E5% 8C% 96（智库·百科网）。

上升趋势，从而使经济发达国家的收入差距扩大。同时，从经济发达国家向发展中国家转移的资本首先是劳动密集型产业部门的资本，因为发展中国家的廉价劳动力资源十分丰富，发展劳动密集型产业具有比较优势。随着发达国家劳动密集型产业的转移，国内劳动密集型部门的规模将缩小，对低技术劳动者的需求也会相应减少，相对于高技术劳动者来说，低技术劳动者的收入水平将会下降，从而导致高技术劳动者和低技术劳动者之间的收入差距扩大。

总之，从长期来看，经济发达国家的资本流向发展中国家进行直接投资，将会促进发达国家的就业人口从制造业向服务业转移，弱化劳动者的谈判地位，同时使收入分配从劳动向资本转移，并减少发达国家对低技术劳动力的需求，通过方方面面的影响使经济发达国家的收入不平等上升。

2. "南北贸易"增加对经济发达国家收入差距的影响

国际贸易理论中，一般用来分析收入分配的斯托尔帕—萨缪尔森（Stolper-Samuelson）定理表明：当一国开放它的贸易后，富余的要素将会受益，而稀有的要素将会受损。这是因为，由于各个国家的自然资源禀赋不同，实行贸易开放以后，各国将根据比较优势的原则进行产业结构的调整，一国相对富裕的要素由于价格相对便宜，在国际市场上就具有比较优势和竞争力，生产过程密集使用这种要素的产品由于国际价格高于国内价格将从国际贸易中获益，随着这种产品的出口增加，国内的生产规模将扩大，对该产品生产过程中密集使用的要素需求增加，从而使该要素的价格上升，即国际贸易将使一国富裕的要素受益；另一方面，一国相对稀缺的要素价格相对较高，贸易开放以后，密集使用这种要素的产品在与进口产品的竞争中具有比较劣势，国内生产将会下降，对该要素的需求减少，从而使该要素的价格下降，即国际贸易将使一国稀缺的要素受损。

经济发达国家资本富裕而劳动力短缺，"南北贸易"增加使经济发达国家资本密集型产品因具有比较优势而出口增加、国内生产规模增加，劳动密集型产品则因为在国际贸易中的比较劣势而减少国内的生产，资本密集型产品生产过程中密集使用的要素主要是资本和高技术劳动者，而劳动密集型产品生产过程中大多使用的是低技术劳动者，结果在经济发达国家资本的报酬和高素质劳动者的收入因生产和出口扩张而上升的同时，低技术劳动者的工资水平则由于进口竞争压力增大、国内生产萎缩而下降，从而导致经济发达国家资本与劳动之间的收入分配恶化、高技术劳动者与低技术劳动者的收入差距扩大。

在实际经济运行中，经济发达国家与发展中国家的自由贸易对收入分配差距的影响要更复杂、更细微，主要通过如下两种机制的传导，将"南北贸易"增加带来的收入分配效应渗透到各行各业。

一是通过价格结构的变动影响收入分配。经济发达国家和发展中国家的自由贸易，将使经济发达国家具有比较优势的产品价格上升，具有比较劣势的产品价格下降。价格结构的变动一方面可能直接影响居民的收入分配（如粮食价格的下降将直接导致粮农收入的下降，果蔬类农产品价格的上升将直接导致菜农收入的上升），另一方面将通过产业结构的调整影响居民的收入分配。"南北贸易"通过价格机制的引导，将使经济发达国家按照自己的比较优势进行产业结构调整，一些产业的规模将扩大，一些产业的规模将缩小，一些产业甚至消亡。在后两者就业的劳动力将面临失业的危险，从而将面临收入降低的威胁。

二是通过竞争动力结构的变动影响收入分配。经济发达国家与发展中国家的自由贸易加剧了市场竞争，一国企业不仅面临来自国内企业的竞争，而且还面临来自国外企业的竞争。面对竞争的加剧，企业相应会采取一些应对措施，比如，压低在职职工工资，用资本和技术替代劳动，用熟练劳动代替非熟练劳动等等，这显现不利于非熟练劳动工资的增长，而有利于熟练劳动工资的增长，从而使熟练劳动力与非熟练劳动力之间收入差距扩大。

3. 外来移民增加对经济发达国家收入差距的影响

经济全球化的推进也带动了跨国移民的增加。虽然地区和世界范围的移民自古就有，并不是近现代社会特有的产物，但在全球化时代的条件下，各国资本、产品、人员自由流动，各国资源合理配置，最大限度地发挥各国的优势，因此，经济全球化时代下各国人员的自由流动呈现出不同的新特征，并且对不同类型国家的收入差距会产生不同的影响。

美国是一个典型的移民国家，在经济全球化的背景下，进入美国的移民呈现出两大明显的特征：一是外来移民平均技能水平较低，许多是低技能工人，二是外来移民的技能水平差异很大，呈现出明显的两极分化，高收入、高技能的专业人士和低收入、低技能的工人，都占较大比例。一方面，外来移民使低技能工人供给增加，导致其收入下降。据博尔哈斯和他的同事们（Borjas，Freeman & Katz 1992；Borjas 1994，2000）估计，1980—1995 年，美国低技能工人工资水平的下降，有一半的原因可归咎于外来移民。另一方面，高技能工人和低技能工人的两级分化使两者收入也形成两极分化，与外来移民大量增加之前相比，美国的收入差距明显扩大了。

不过美国的移民状况在其他 OECD 国家并不典型。因此，笼统地说移民是造成经济发达国家收入差距扩大的其中一个原因，可能并不太准确。有的国家外来移民很少，可能移民根本不成为影响其收入差距的一个因素。因此，移民对经济发达国家收入差距的影响要视具体国家的移民状况而定。

此外，在移民对收入差距产生影响的国家中，移民对收入差距的影响也要区分不同类型的国家：在相对富裕、有外来移民的国家，如加拿大和美国，外来移民（Immigration）引起收入差距的扩大；而在相对贫困、向外移民的国家，如南欧的意大利、西班牙、葡萄牙等国家，以及挪威、瑞典、丹麦等北欧国家，向外移民（Emigration）产生了收入不平等的下降。

总的来说，经济全球化主要通过发达国家的资本流出、对外直接投资增加和"南北贸易"增加，使经济发达国家的收入不平等加剧，从而经济全球化成为 20 世纪 80 年代以后经济发达国家收入差距扩大的主要原因之一。

（二）技术进步

技术进步和技术创新意味着一定的要素投入量可以生产出更多的产品或者说一定量的产品只要较少的要素投入就可以生产出来，换句话说，技术进步就意味着生产效率的提高。技术进步通过生产效率的提高将带来生产过程中要素投入比例的变化，从而使各种生产要素的相对报酬或收入发生变化，进而影响一国的收入分配。通常来讲，技术进步一般不会在一个国家的各个部门同时发生，这样，它必然会对收入分配差距产生影响，当然，不同的技术进步对一国经济的影响可能是相当不同的。

根据英国经济学家希克斯（Hicks）的划分，技术进步有三种类型：中性技术进步、节约劳动型技术进步和节约资本型技术进步。技术进步一般不会在一个国家的各个部门同时发生，大多数的技术进步发生在资本相对密集的产业，并且技术进步的趋势一般是节约劳动型的（尹翔硕，2002）。其实无论技术进步发生在哪个部门，对收入分配的影响与斯托尔帕—萨缪尔森定理的结论是一致的：生产扩大部门中密集使用的要素收入会增加，而生产收缩部门中密集使用的要素收入会减少。

如果技术进步在某个部门发生，无论相对要素密集度如何，在不变的商品价格下，发生技术进步的部门的产出水平必然提高，技术进步后可以用相对较少的资本和劳动生产出同样多的产品。如果工资/租金比例不变，该商品的价格就必然下降或部分工人失业。要使商品价格不变或使工人全部就业，技术进步的效应必须通过要素价格的调整来消化。由于大多数的技术进步发生在资本相对密集的产业，或者换句话说，技术密集的产业往往也是资本密集或人力资本密集的产业，那么，资本密集型部门的节约劳动型技术进步，必然会提高资本使用的价格（租金）和降低劳动的价格（工资），高物质资本拥有者的收入尤其是来自资产的收入大大增加，劳动者的工资收入却大大降低，资本收入和劳动收入的差距自然会扩大。

同时，技术进步也改变了对不同层次劳动者的需求。新经济条件下迅速变化的技术，使得高技术劳动力的需求迅速增加，收入快速提高，高人力资本拥有者（高学历、技术拥有者）成了经济全球化和技术进步的最大受益者；相反，技术进步对低技术劳动力的需求则相对下降，低素质劳动者供给相对过剩，就业竞争加剧，收入水平大幅下降，结果是高素质劳动者和低素质劳动者之间的收入差距迅速扩大。例如，美国硅谷软件工人的年均收入为 9.6 万美元，在半导体行业工作的工人为 8.6 万美元，相比之下，在零售业、旅游、饭店和类似的行业工作的工人年均收入仅为 2.3 万美元。[①]

(三) 政府再分配政策干预力度减弱

政府再分配政策的取向和干预力度对居民收入差距的变化方向和大小也会产生重要的影响。横向比较来看，政府政策的社会公平取向越强，对收入分配和再分配干预强度越高的国家，一般而言居民收入差距扩大的幅度越小，居民收入差距越小，北欧国家就相当典型；而政府政策的社会公平取向越弱，对收入分配和再分配干预强度越低的国家，一般而言居民收入差距扩大的幅度越大，居民收入差距也越大，美国就相当典型。纵向比较来看，一个国家政府政策的社会公平取向越强、对收入分配和再分配干预强度越高的时期，一般而言居民收入差距扩大的幅度越小或下降趋势更明显，居民收入差距也越小，比如许多经济发达国家在第二次世界大战后至 20 世纪 70 年代末的这一阶段；而一个国家政府政策的社会公平取向越弱、对收入分配和再分配干预强度越低的时期，居民收入差距扩大的幅度就越大，居民收入差距越大，比如许多经济发达国家 20 世纪 70 年代末至 21 世纪初的这段时期。也就是说，20 世纪 70 年代末以后经济发达国家居民收入差距的扩大除了受经济全球化和技术进步的大力推动，还与政府再分配政策取向的变化密切相关，那就是各国纷纷按照自由主义的原则调整经济政策，一方面大幅减税，另一方面大幅度削减社会福利开支，结果是居民收入差距迅速扩大，政策调整力度越大的国家，居民收入差距扩大的幅度也越大。

例如，20 世纪 70 年代中期至 80 年代以后，美国的保守主义经济政策得势，政府一方面大幅度减税，另一方面大幅度削减社会保障支出，例如里根及老布什政府实施了有利于富人的税收减免和不利于穷人的社会服务

---

① 董全瑞：《美国 50 年来收入分配变化探析》，《财经科学》2003 年第 5 期。

预算消减，克林顿政府奉行消减赤字预算的经济政策，针对富人的累进税最高税率由里根政府时的 50% 降至 39.65%。这样一方面削弱了税收政策调节贫富差距的作用，另一方面社会保障支出的削减，使惠及穷人的转移性收入和其他一些政府支出大大减少，使美国在经济高速增长的同时并未给穷人和中间阶层带来更多的好处。双重作用的结果使得美国的居民收入差距迅速扩大。

英国始自 20 世纪 70 年代末的居民收入差距的扩大也与政府的政策转向密切相关。20 世纪 70 年代末开始，英国也实行"减税"和"减福利"的"双减改革模式"，政府大力削减社会福利开支，并降低累进所得税的最高边际税率，双重政策共同推动了英国居民收入差距的扩大。

不过，即使 20 世纪 70 年代末以后美国、英国等经济发达国家的居民收入差距出现了长期扩大的趋势，但是也没有达到像巴西等一些发展中国家那样高的水平。经济发达国家的收入差距不太可能扩大到失去控制的程度，这也与政府的干预政策有关。因为尽管保守主义经济政策削弱了税收和社会保障的调节作用，但美国等经济发达国家并没有取消也不可能取消已经建立起来的累进性质的所得税和高额遗产税制度，以及已经建立起来的社会保障制度，只要这些制度存在，就必然会发挥抑制居民收入差距扩大的作用。比如，英国即使收入差距在扩大，但从差距的水平来看，始终处于比较小的状态，这也得益于其已经建立起来的累进性质的个人所得税制度和社会保障制度。应该说，进入到信息化阶段以后，如果任由导致居民收入差距扩大的自然因素、市场因素发挥作用，美国、英国等经济发达国家的居民收入差距会远比现在的更大。实际上，在信息化阶段，居民收入差距的变化从一开始就受到政府的干预，居民收入差距的变化和水平一开始就是自然因素作用与政府干预的"混合现象"。信息化阶段美国政府干预政策的变化不是根本改变已经形成的政府干预制度，而主要是干预的弱化，或者说自然因素的作用得到更大程度的释放。

（四）劳动力市场制度或工会力量的削弱

劳动力市场制度包括劳动力市场机构、立法以及劳动力市场政策，劳动力市场机构包括工会、失业保险体系及公共就业服务机构等，立法则包括就业保护立法、最低工资法等。劳动力市场制度与劳动力工资水平的决定直接相关，劳动力市场制度的变化，尤其是工会力量的加强或削弱，必将通过影响劳动者的工资议价能力而对一国的收入差距产生影响。

20 世纪 70 年代末以来，随着新自由主义成为居于主导地位的国家意识形态，在许多经济发达国家，工会组织都遭到了政府和社会各界的批评，他们认为工会是导致生产效率不高的重要因素，因而各国政府对劳动力市场的干预和保护都削弱了。在这种情况下，工会作为一种集体力量出现了分散化的迹象，工会组织大大萎缩，工会的力量明显减弱，难以组织起来与强大的资本抗衡，工会的作用受到极大限制。工会力量削弱的一个重要标志就是工会的会员率急剧下降。1983—2006 年，美国的会员率由 20% 下降至 13%，其私有部门的会员率下降到只有 7.9%；澳大利亚的会员率由 1980 年的 50% 下降到 2005 年的 22.4%，尽管 1983—1996 年间是工党执政；英国的会员率由 1979 年的 55% 下降至 2004 年的 28.8%，尽管 1997 年以来英国一直是工党执政。[①] 经济发达国家劳动力市场制度的削弱使企业能更灵活地决定工资和雇用量，企业不仅能直接裁员和减少工资，还可以缩短工作时间，拖欠工资或提供非正规工作，使工人的收入更加不稳定；另一方面，工会作为平衡劳资双方力量的组织其权利削弱后，劳动者的议价能力大大减弱，结果就造成收入不平等现象的加剧。而且在工会力量较强的时期，工会还能调节、控制蓝领和白领工人之间的工资差异，20 世纪 80 年代工会力量开始减弱以后，工资的确定任由市场发挥作用，不同技能水平、不同家庭之间的收入差距都扩大了。

---

① ［美］克雷格·费伦：《全球工会复兴的趋势和前景》，2010 年 3 月 1 日，见 http://www.cctb.net/qkzz/qkk/qkarticle/201003/t20100301_20518.htm。

有一点要说明的是，20 世纪 80 年代以后，各个经济发达国家的劳动力市场制度的变化并不完全相同，这些国家按劳动关系大致可分为两类：一类是工会力量大大削弱的"自由市场经济体"，比如美国、新西兰、英国和澳大利亚，这些国家的劳动关系的特点是劳动力市场"去监管化"、工资谈判"分散化"、扩大经理特权从而削弱了工会运动①；还有一类则是仍旧确认工会的重要性的"协调型市场经济体"，比如北欧国家、荷兰、德国、日本、奥地利和比利时，这些国家的劳动关系的特点是集中协调工资谈判，工作现场劳资关系相对和谐，工会就劳工问题在工厂、经济部门和全国各级尚有话语权。不过，虽然"协调型市场经济体"的工会所处经济和政治环境较好，但也有不同程度的改变或削弱。奥地利劳动力市场的重心由制造业向服务业、由大企业向小企业转移，会员率由 1980 年的 52% 下降到 2005 年的 33%；荷兰的会员率从 1978 年的 36% 下降至 2004 年的 22%；德国虽然许多雇主不再进行全国一级集中协调的工资谈判，企业委员会又遭削弱，但劳动关系中许多变动是同受"国家扶助"的工会协商后作出的，所以德国工会仍然保持其影响力，不过会员率也从 1980 年的 34% 下降至 2004 年的 25%；瑞典的集体谈判由高度集中的全国一级改为产业一级，这在一定程度上也削弱了工会力量，但因实行"工会主管社会福利"的制度，其会员率从 1980 年至 2006 年基本都保持在 78% 左右。②

总的来说，由于各国劳动力市场制度的变化特点不完全相同，对收入差距的影响也不能一概而论。不过，有一点可以肯定的是，在工会力量大大削弱的国家，工人议价能力大大减弱，进一步助涨了收入差距的扩大。

（五）妇女角色的转变

随着经济全球化的推进，不仅资本、贸易、企业走向开放，社会文化

① ［美］克雷格·费伦：《全球工会复兴的趋势和前景》，2010 年 3 月 1 日，见 http://www.cctb.net/qkzz/qkk/qkarticle/201003/t20100301_20518.htm。

② ［美］克雷格·费伦：《全球工会复兴的趋势和前景》，2010 年 3 月 1 日，见 http://www.cctb.net/qkzz/qkk/qkarticle/201003/t20100301_20518.htm。

也日渐走向开放，并且提升了妇女在国际上的地位。经济发达国家妇女角色的转变，一方面表现为妇女劳动参与率相比以前大大提高了，另一方面则表现为妇女作为户主的家庭比例呈上升趋势，两者都对经济发达国家的收入不平等产生了一定的影响。

从第一个方面来说，由于女性的平均工资收入比较低，女性劳动参与率上升后，处于收入分配底层的人数增加，整体收入差距扩大（Thurow，1987）。不过，有学者指出，女性劳动参与率上升的净效应将使收入不平等下降，因为更多的女性参与劳动后，将使更多家庭进入收入分配的中间阶层，从而使收入差距缩小（Cancian，Danziger & Gottschalk，1993）。而且后一种观点还得到了美国的经验数据的支持：20 世纪八九十年代，美国女性参与劳动的规模对家庭收入不平等的影响显著为负，即女性参与劳动的规模扩大时，其收入不平等将下降（Nielsen & Alderson，1997）。其实，女性劳动参与率对经济发达国家收入差距的影响究竟如何，两种看似矛盾的结果并不矛盾，前者分析女性劳动参与率上升导致收入差距扩大是从个人的角度，即收入差距的衡量是以个人为统计单位，而后者分析女性劳动参与率上升使家庭间的收入差距缩小是从家庭的角度来讲，即收入差距的衡量以家庭为统计单位。事实上，各个经济发达国家来自各种统计口径和来源的基尼系数非常多，有的以个人为统计单位，有的以家庭为统计单位，采用不同的数据进行分析时一定要留意其统计单位，若从个人的角度而言，女性劳动参与率上升是会导致居民收入差距扩大的。

从第二个方面来说，以妇女作为户主的家庭的比例呈上升趋势，这种现象在美国尤为显著，也成为导致美国收入差距扩大的一个客观原因。其背后的原因很简单：由于以妇女作为户主的家庭的平均收入较低，这类家庭比例的上升将使处于收入分配底层的贫困家庭的比重上升，从而使收入差距扩大。不过，由于在许多国家还缺乏以妇女作为户主的家庭的统计数据，尚无法在更多国家利用其经验数据对理论分析进行验证。

三、小　结

从以上对经济发达国家居民收入差距变化的影响因素的理论分析可以看出，第二次世界大战后，无论是 20 世纪 50 年代到 70 年代经济发达国家居民收入差距的缩小，还是 20 世纪 80 年代到 21 世纪初发达国家收入差距的扩大，都是自然因素和政策因素共同作用的结果。20 世纪 50 年代至 70 年代末，经济发达国家教育的普及和迅速发展直接提高了底层劳动者人力资本水平和收入水平，使得他们和高收入者的收入差距有所缩小；同时，这段时期政府再分配政策倾向于保护穷人、干预力度较大，高额的累进税及日益增加的社会保障和福利支出，一方面有效调节了过高收入，另一方面使部分国民收入和社会财富流入低收入家庭，两者结合有效缩小了贫富差距。自然因素和政策因素的共同作用，使得 20 世纪 50 年代至 70 年代末的这段时期，经济发达国家的居民收入差距呈下降趋势。20 世纪 80 年代以后，在新科技革命的推动下，高人力和物质资本拥有者从经济全球化和技术进步中受益，收入快速增长；那些既不拥有很多物质资本也不拥有高人力资本的人群则成了最大的受损者，低素质劳动者一方面受到来自发展中国家的竞争收入面临降低的威胁，另一方面因技术进步、对低技术劳动力需求下降，也使得总体收入水平下降，从而使得高人力和物质资本拥有者与低人力和物质资本拥有者之间的收入差距迅速扩大了。与此同时，各国政策导向也发生了转变，自由主义取代国家干预主义后，政府对再分配的干预力度减弱，许多经济发达国家实施了有利于富人的税收减免、降低累进税率和不利于穷人的社会福利支出消减，一方面削弱了税收政策调节过高收入的作用，另一方面使穷人获得的转移性收入减少，使贫富差距的扩大未得到有效控制。同时，政府对劳动力市场的干预和保护也削弱了，工会力量的削弱使劳动者的工资议价能力大大减弱，导致收入差距扩大。此外，妇女角色的转变，比如女性劳动参与率的提高和以妇女为户主的家庭比例的上升，都使收入分配底端规模增加，结果也造成了收入差距的扩大。可以说，20 世纪 80 年代以后的这段时期，主要是经济全球化、技术进步等自然因素使经济发达国家的收入不平等加剧，加上政府干预的弱化，使促进收入差距扩大的自然因素的作用得到了充分的释放，从而造成了我们看到的 20 世纪 80 年代以后许多发达国家收入差距扩大的趋势。

第二节　实证分析

第二章分析了 13 个 OECD 国家第二次世界大战以来基尼系数的变化规律，可以发现，经济发达国家的收入差距大多呈现"先下降后上升"的趋势，从理论上来说，农村劳动力的转移、教育的迅速发展等伴随二元经济发展的自然因素和政府实施的有利于穷人的再分配政策是 20 世纪 50 年代到 70 年代经济发达国家居民收入差距缩小的主要原因，而经济全球化、技术进步和政府干预减弱等因素则是 20 世纪 80 年代到 21 世纪初经济发达国家收入差距扩大的重要推动力量。那么，经济发达国家的真实数据是否真的显示出其收入差距的变化与这些因素相关呢？为回答这一问题，本章下面将以经济发达国家的收入不平等程度（用基尼系数衡量）为被解释变量，对应本章第一节的理论分析选取一系列指标作为解释变量，利用经济发达国家的面板数据进行回归分析，对理论分析证实或证伪。

一、变量、模型与方法

（一）被解释变量——基尼系数的选取与整理

虽然衡量收入差距的指标有基尼系数、收入五等分指标等，这里考虑到各国都可获得的连续数据，被解释变量采用基尼系数，作为经济发达国家收入分配差距的衡量指标。由于各国的基尼系数存在多种不同口径、不同来源的数据，这里选取基尼系数基于以下几个标准：（1）各种口径、来源的基尼系数优先考虑连续数据较长的；（2）一国不同时期来自不同统计口径的基尼系数，根据不同口径基尼系数之间的关系调整成统一可比的连续数据，但国家之间不进行调整，因为对结果不会产生影响，关键是一国的时间序列数据要是连续可比的；（3）在本书考察的13个OECD国家中，连续、可比数据较多的大都基于可支配收入，也有个别国家是基于其他口径，因此在不同口径连续数据都较多的国家，选取基于可支配收入（Income，Disposable）的基尼系数，或将来自不同口径的连续数据调整成基于可支配收入这一口径的。在这三个标准下，分别对各个经济发达国家的基尼系数进行选取和整理，得到了表3.2.1的结果。

具体来说，美国选取表2.2.1中A、B、C三栏基尼系数，收入的定义都是基于总货币收入（Monetary Income，Gross），A栏的统计单位与B、C栏略有不同，因此根据同一年A、B两栏数据的关系（1967年A栏基尼系数比B栏高出1.8个百分点），将A栏基尼系数（1944—1967年）下调1.8个百分点，B栏基尼系数（1967—1997年）和C栏基尼系数（1998—2004年）不调整，从而得到美国1944—2004年的连续可比数据。

英国单列连续数据很长，直接选取表2.3.1中E栏基尼系数（1961—2002年），收入的定义是基于可支配收入。

德国的基尼系数由于西德的连续数据更长，这里选取表2.4.1中B、C两栏西德的基尼系数，根据同一年B、C两栏数据的关系（1984年B栏基尼系数比C栏高出4.56个百分点），将C栏基尼系数（1984—2004年）上调4.56个百分点，B栏基尼系数（1950—1984年）不调整，得到西德1950—2004年基于每户家庭可支配收入的连续可比数据。

意大利选取表2.5.1中A、D两栏基尼系数，收入的定义都是基于可支配收入，A栏以家庭为调查单位，D栏在以家庭为调查单位的基础上计算基尼系数时按家庭规模和结构进行了权重调整，根据1995年A栏基尼系数比D栏高出2.3个百分点，将D栏基尼系数（1995—2006年）上调2.3个百分点，A栏基尼系数（1967—1995年）不调整，从而得到意大利1967—2006年基于每户家庭可支配收入的连续可比数据。

表3.2.1　12个OECD国家的基尼系数（调整后）

单位：%

年份	美国	英国	西德	意大利	日本	加拿大	瑞典	挪威	芬兰	丹麦	新西兰	荷兰
1960	40.5	—	38.0	—	—	—	30.60	—	—	—	33.4	—
1961	41.4	25.5	—	—	—	—	30.40	—	—	—	32.1	—
1962	40.3	24.1	—	—	30.3	—	29.80	—	—	—	—	—
1963	40.0	26.4	38.0	—	28.7	—	29.40	—	—	—	30.6	—
1964	40.1	25.6	—	—	28.0	—	29.00	—	—	—	30.5	—
1965	39.9	24.4	—	—	27.0	—	28.50	—	—	—	30.1	—
1966	39.5	25.5	—	—	—	—	28.40	—	30.8	—	28.7	—
1967	39.8	24.4	—	40.4	28.0	—	28.30	—	—	—	28.0	—
1968	38.7	24.3	38.7	40.1	28.2	—	28.00	—	—	—	27.8	—
1969	39.1	25.1	—	39.8	29.4	—	26.90	—	—	—	27.5	—
1970	39.3	25.4	39.2	39.0	33.6	—	25.50	28.4	—	—	27.6	—
1971	39.6	26.1	—	40.0	32.5	—	24.80	—	26.7	—	27.1	—
1972	39.9	26.4	—	38.8	27.7	—	24.10	—	—	—	26.7	—
1973	39.6	25.2	37.0	42.1	27.5	27.0	23.10	32.9	—	—	27.6	—
1974	39.0	24.5	—	41.6	27.4	27.5	22.40	—	—	—	27.1	—
1975	39.1	23.7	36.6	39.2	29.1	31.2	21.30	—	—	—	25.6	—
1976	39.3	23.6	—	35.3	28.0	—	19.90	29.6	21.4	—	23.9	—

续表

年份	美国	英国	西德	意大利	日本	加拿大	瑞典	挪威	芬兰	丹麦	新西兰	荷兰
1977	39.5	23.3	—	37.0	28.6	28.5	—	—	—	—	24.7	28.1
1978	39.7	23.4	36.4	35.6	26.8	—	20.0	—	—	34.4	23.6	—
1979	40.0	24.7	—	37.4	28.2	28.4	—	29.2	—	34.9	—	—
1980	39.7	25.2	36.6	37.5	25.6	28.5	19.4	—	—	35.6	26.3	—
1981	40.0	25.7	—	33.0	26.4	28.4	19.1	—	20.5	25.3	—	29.8
1982	40.7	25.6	—	32.0	27.9	28.6	19.4	32.5	—	24.2	23.7	—
1983	40.9	26.3	33.9	—	27.6	29.4	19.4	—	—	22.3	25.6	29.3
1984	41.1	26.4	33.4	—	27.3	29.2	19.4	32.3	—	21.5	—	—
1985	41.6	27.7	34.5	34.0	28.6	28.8	20.4	31.8	—	20.9	27.4	29.6
1986	42.0	28.4	33.4	35.3	29.3	28.7	20.5	32.0	—	20.5	27.0	—
1987	42.5	30.0	33.2	—	—	28.6	20.5	—	19.6	20.1	—	30.9
1988	42.6	31.7	33.4	33.8	—	28.1	20.4	31.2	20.0	19.6	—	30.5
1989	43.1	32.1	33.9	—	31.2	27.8	21.0	—	20.4	19.1	29.0	31.1
1990	42.7	33.5	34.3	32.6	—	28.1	21.9	32.8	20.1	19.1	—	32.1
1991	42.8	33.6	34.2	—	31.1	28.7	23.0	—	20.0	19.1	—	31.8
1992	43.2	33.8	34.5	—	—	28.3	22.2	34.1	19.6	19.6	31.6	31.7
1993	45.1	33.6	35.0	36.6	—	28.6	22.7	—	20.8	—	—	31.9
1994	45.3	32.8	35.6	—	—	28.3	25.8	35.7	20.9	20.3	—	31.7

续表

年份	美国	英国	西德	意大利	日本	加拿大	瑞典	挪威	芬兰	丹麦	新西兰	荷兰
1995	44.8	32.9	36.3	36.2	31.6	28.8	22.6	—	21.7	20.0	33.1	32.2
1996	45.0	33.0	35.8	34.6	—	29.1	23.7	35.4	22.1	—	—	32.9
1997	45.5	33.6	35.7	34.0	—	29.5	25.4	35.8	23.4	20.0	—	33.1
1998	45.3	34.3	35.2	32.7	31.9	29.5	24.2	34.8	24.4	—	33.8	31.8
1999	45.5	34.1	35.3	32.7	—	29.3	26.0	34.9	25.7	21.0	—	32.0
2000	45.7	34.6	35.3	32.1	—	29.6	29.2	36.5	26.4	—	—	32.5
2001	46.3	34.4	35.5	31.5	—	—	26.1	34.5	25.5	22.0	33.9	—
2002	46.2	34.2	37.1	—	—	—	25.7	37.0	25.5	—	—	—
2003	46.4	—	36.6	—	—	—	25.22	—	25.6	25.0	—	—
2004	46.41	—	36.3	35.3	—	—	—	—	—	24.0	33.5	—
2005	—	—	—	35.3	—	—	—	—	—	24.0	—	—
2006	—	—	—	34.3	—	—	—	—	—	24.0	—	—

说明:表3.2.1系作者依据世界收入不平等数据数据库(WIID2c)整理得到,每个国家的数据是将几种不同口径的基尼系数统一成一种口径的结果,原始数据可以参见第二章中各国来自各种口径的基尼系数表。

日本选取表 2.6.1 中 C、D、E 三栏基尼系数，C 栏是基于家庭总收入，D 栏是基于非农业多成员家庭总收入，E 栏是基于家庭可支配收入且按家庭人数的平方根调整了权重，根据 1986 年 D 栏基尼系数比 E 栏高出 0.5 个百分点，将 D 栏基尼系数（1982—1987 年）下调 0.5 个百分点，根据 1982 年 C 栏基尼系数比 D 栏原始数据高出 7.3 个百分点，将 C 栏基尼系数（1962—1982 年）下调 7.8 个百分点，E 栏基尼系数（1986—1998 年）不调整，从而得到日本 1962—1998 年基于可支配收入的连续可比数据。

加拿大选取表 2.7.1 中 C、D、E 三栏基尼系数，C 栏是基于家庭（Family）总收入，D、E 两栏都是基于经济家庭（Economic Family）可支配收入且按经济家庭人数的平方根调整了权重，两者仅原始出处 2 不一样，D 栏连续数据更长故以 D 栏数据（1980—1996 年）为基准不做调整，而根据 1996 年 E 栏基尼系数比 D 栏高出 0.5 个百分点，将 E 栏基尼系数（1996—2000 年）下调 0.5 个百分点，根据 1981 年 C 栏基尼系数比 D 栏高出 2.5 个百分点，将 C 栏基尼系数（1973—1981 年）下调 2.5 个百分点，从而得到加拿大 1973—2000 年基于可支配收入的连续可比数据。

瑞典选取表 2.8.1 中 D、F、I、K 四栏基尼系数，D 栏是基于 20 岁以上纳税人口的个人应税收入（Taxable Income），F、I、K 三栏都是基于可支配收入，不过计算基尼系数时统计单位和权重调整略有不同，根据同年数据对比 F、I、K 三栏的基尼系数可以发现，1996 年 K 栏基尼系数比 F 栏高出 3 个百分点，1989 年、1990 年 K 栏基尼系数比 I 栏也高出约 3 个百分点，因此选择 F 栏（1991—2003 年）和 I 栏（1975—1990 年）为基准数据不做调整，将 K 栏基尼系数（1992—1996 年）下调 3 个百分点，而根据 1975 年 D 栏基尼系数比 I 栏高出 23.7 个百分点，将 D 栏基尼系数（1951—1976 年）下调 23.7 个百分点，从而得到瑞典 1951—2003 年基于可支配收入的连续可比数据。

挪威选取表 2.8.2 中 A、B、D 三栏基尼系数，A、B 两栏都是基于每户家庭可支配收入，而且原始出处也相同，B 栏可视为对 A 栏后期基尼系数的更新和修正，D 栏也是基于可支配收入，不过在以家庭为调查单位的基础

上计算基尼系数时按家庭规模和结构进行了权重调整，因此以 B 栏
（1986—2002 年）为基准数据不做调整，保留 A 栏 1982—1985 年数据。D
栏与 A、B 栏没有共同年份的数据，无法直接对比 A、B 栏进行调整，根据
1979 年 D 栏基尼系数比 G 栏高出 9.5 个百分点，而 1986 年 B 栏基尼系数比
G 栏高出 7.4 个百分点，将 D 栏基尼系数（1970—1979 年）下调 2.1 个百
分点，从而得到挪威 1970—2004 年基于每户家庭可支配收入的连续可比
数据。

芬兰直接选取表 2.8.3 中 A 栏基尼系数（1966—2004 年），收入的定义
是基于可支配收入，并在以家庭为调查单位的基础上按家庭规模和结构进
行了权重调整。

丹麦选取表 2.8.6 中 C、E、F、I 四栏基尼系数，I 栏是基于家庭总收
入，C、E、F 三栏都是基于可支配收入，不过计算基尼系数时统计单位和
权重调整略有不同，根据统计单位这里以 E 栏（1995—2006 年）为基准数
据不做调整，根据 1995 年 F 栏基尼系数比 E 栏高出 13.7 个百分点，将 F 栏
基尼系数（1990—1995 年）下调 13.7 个百分点，根据 1990 年 C 栏基尼系
数比 F 栏原始数据低 2.1 个百分点，将 C 栏基尼系数（1981—1990 年）下
调 11.6 个百分点，而根据 1981 年 I 栏基尼系数比 C 栏原始数据低 5.9 个百
分点，将 I 栏基尼系数（1978—1981 年）下调 5.7 个百分点，从而得到丹
麦 1978—2006 年基于可支配收入的连续可比数据。

新西兰选取表 2.9.1 中 A、C、D 三栏基尼系数，A 栏是基于 15 岁以上
纳税人口的个人应税收入（Taxable Income），C 栏是基于家庭总收入，D 栏
是基于可支配收入且按家庭人数的平方根调整了权重，这里以 D 栏
（1986—2004 年）为基准数据不做调整，根据 1986 年 C 栏基尼系数比 D 栏
高出 8.4 个百分点，将 C 栏基尼系数（1977—1986 年）下调 8.4 个百分点，
而根据 1977 年 A 栏基尼系数比 C 栏原始数据高出 19.2 个百分点，将 A 栏
基尼系数（1954—1977 年）下调 27.6 个百分点，从而得到新西兰 1954—
2004 年基于可支配收入的连续可比数据。

荷兰选取表 2.9.2 中 C、E 两栏基尼系数，C、E 两栏都是基于每户家

庭可支配收入，两者仅原始出处不一样，由于 C 栏连续数据更长，这里以 C 栏（1977—2000 年）为基准数据不做调整，根据 1981 年 E 栏基尼系数比 C 栏低 1.5 个百分点，将 E 栏基尼系数（1981—1989 年）上调 1.5 个百分点①，从而得到荷兰 1977—2000 年基于每户家庭可支配收入的连续可比数据。

希腊各栏基尼系数由于没有共同年份的交叉数据，无法直接对比进行调整，如果参照其他国家不同口径间基尼系数的差距进行调整，可能带来较大误差，而且希腊个别统计口径的基尼系数还无法在其他国家找到同口径可对比调整的数据，因此实证研究中的样本去掉希腊这个国家，只包括美国等 12 个 OECD 国家，这样对结果并不会有太大影响。

（二）解释变量及相关指标的选取

实证模型中解释变量的选取除了以本章第一节的理论分析为基础，还将考虑 Nielsen（1994）、Levy 和 Murnane（1992）、Alderson 和 Nielsen（2002）等已有的一些经典实证研究中对模型变量的选取和设定，期望在已有研究的基础上，采用更多经济发达国家的完善的可比数据，以得到一个更具一般性的结论。

验证库兹涅茨"倒 U 假说"的核心模型（Nielsen，1994）对应经济发展过程中的三个主要特征（农村劳动力的转移和二元经济结构、人口结构转型、教育的扩展或技能的深化），分别选取了四个解释变量：二元经济结构（Sector Dualism）、农业部门劳动力所占百分比（% Labor Force in Agriculture）、人口自然增长率（Natural Rate of Population Increase）、中学入学率（Secondary School Enrollment Ratio），考察这些变量是否能解释经济发达国家收入差距的变化，并以此来验证经济发达国家是否在工业化前期收入差距扩大、进入工业化后期收入差距缩小。

---

① C 栏数据中间缺失较多，通过 E 栏数据调整进行补充，考虑到短期内数据的连续性，1985 年基尼系数取 E 栏调整后得到的 29.6，与 C 栏 1985 年的基尼系数 29.2 也相差不大，误差可以忽略。

Levy 和 Murnane（1992）指出，当前经济发达国家收入差距的扩大，是因为 20 世纪八九十年代开始 OECD 国家制造业就业人口下降的缘故，由于制造业部门与服务业部门相比，平均工资要高，收入分配更加平均，因此劳动力从制造业部门向服务业部门转移，将会产生更大比例的低收入人群，收入不平等将加剧。在模型中若引入制造业部门劳动力所占百分比（％ Labor Force in Manufacturing）作为解释变量，可以预测其和收入不平等呈负相关关系。

Alderson 和 Nielsen（2002）认为，经济全球化与当前 OECD 国家收入分配差距扩大直接相关，经济全球化通过直接投资外流、进口使竞争加剧来影响不同要素、不同层次劳动者之间的收入分配，由此预测，在模型中如果引入直接投资人均外流量（Direct Investment Outflow/Labor Force）和进口占国内生产总值比重（Southern import penetration/GDP）两个解释变量，将和收入不平等呈现正相关关系。

本书在前人研究的基础上，结合本章第一节的理论分析，同时考虑到指标的代表性和数据的可获得性，解释变量选取了表征经济发展水平的因素、二元经济结构的相关因素、经济全球化的相关因素、技术进步因素、政府政策因素、劳动力市场制度因素、其他因素七大类变量或指标，具体包括：

1. 经济发展水平因素

选取"实际人均 GDP（Real GDP/Capita，取对数）"及其平方项作为表征经济发展水平的变量，考察收入差距和经济发展水平之间的二次关系，检验库兹涅茨的"倒 U 假说"和近期学者提出的"U 型曲线"。变量"实际人均 GDP"的数据来源于 UC Atlas Database[①]，采用 GDP per Capita（constant 1995 USMYM）这一指标，对其取对数。由于该数据库只提供了 1960—2000 年世界各国的部分经济、社会发展指标，考虑到本书分析的经济发达国家收入差距变化的历史时段为第二次世界大战后至今，而大多数国家的

---

① 见 http：//ucatlas. ucsc. edu/query. php。

基尼系数只更新到 2004 年，同时考虑到基尼系数和其他指标数据的可获得性，因此就以 1960—2004 年作为实证分析的样本期也是合适的，仍然覆盖了以 1980 年前后为界的两个阶段。结合库兹涅茨的"倒 U 假说"和近期学者提出的"U 型曲线"，这里预期变量"实际人均 GDP（取对数）"的系数符号为负，而其平方项的系数符号则为正。

2. 二元经济结构相关因素

采用"农业部门劳动力所占比重"（Labor in Agriculture,% of Total Employment）考察二元经济结构中农村劳动力的转移对居民收入差距的影响。该变量的数据来源于 UC Atlas Database[①]。由于传统农业部门内部虽然收入水平较低，但收入分配比较平均，故农业部门劳动力所占比重越高的话，则收入差距越小，预期该变量的系数符号为负。

选取"人口的自然增长率"（Natural Rate of Population Increase）反映二元经济发展中人口结构转型对居民收入差距的影响，即粗出生率与粗死亡率之差[②]。粗出生率和粗死亡率的数据来源于 UC Atlas Database[③]，参见 Birth Rate Crude（per 1000 people）和 Death Rate Crude（per 1000 people）两个指标。由于人口的自然增长率较低时，表示随后的年轻劳动力（非熟练劳动力）较低，从而非熟练劳动力供给减少，工资收入相对提高，熟练劳动力和非熟练劳动力之间的工资差距有所缩小，这通常发生在工业化后期阶段，因此预期"人口的自然增长率"这一变量的系数符号为正。

采用"中学入学率"考察教育的扩展对缩小收入差距的积极作用，预期其系数的符号为负。该变量的数据来源于 UC Atlas Database[④]，参见 School Enrollment Secondary（% net）这一指标。

---

① 见 http://ucatlas. ucsc. edu/query. php。

② 粗出生率与粗死亡率之差就是人口的自然增长率，与人口增长率不同的是，人口的自然增长率不包括移民的人口增长率。参见世界银行：《2006 年世界发展指标》，中国财政经济出版社 2006 年版，第 49 页。

③ 见 http://ucatlas. ucsc. edu/query. php。

④ 见 http://ucatlas. ucsc. edu/query. php。

3. 经济全球化相关因素

选取"对外直接投资（Dircet Investment Outflow，取对数）"这一变量，考察经济全球化的环境下经济发达国家的资本外流对收入分配的影响。直接投资外流通过改变国内的资本—劳动比，将改变资本和劳动两要素的相对边际报酬，使国内资本边际报酬相对增加，而劳动边际报酬相对减少，从而收入分配由劳动向资本转移，收入不平等加剧。因此，预期这一变量的系数符号为正。其数据来源于联合国贸易和发展会议数据库①，参见 WIR2009 FDI Outflows（Outward FDI Flows, Millions of dollars）这个指标。

选取"工业部门劳动力所占比重"这一变量，考察直接投资外流伴随的"去工业化"现象对经济发达国家收入差距的影响。经济发达国家直接投资外流的背后，是将劳动密集型制造业转移到发展中国家，国内的就业人口大量从制造业向低端服务业转移，由于制造业部门与服务业部门相比，平均工资更高，收入分配更加平均，因此劳动力从制造业部门向服务业部门转移，将会产生更大比例的低收入人群，收入不平等将加剧。因此，预期经济发达国家制造业部门劳动力所占比重与其收入不平等基尼系数呈负相关关系。但由于没有细分的制造业部门的连续数据，而工业部门大部分是制造业，因此采用"工业部门劳动力所占比重"作为替代变量，具体来源于 UC Atlas Database②，参见 Labor in Industry（% of Total Employment）这一指标。

选取"贸易占 GDP 的比重"来考察"南北贸易"对经济发达国家居民收入差距的影响。由于发展中国家有大量廉价劳动力，因此经济全球化以后，经济发达国家从发展中国家大量进口劳动密集型产品，国内劳动密集型产业走向萎缩，其劳动者特别是非熟练劳动者的工资收入下降，造成经济发达国家贫富差距扩大。因此，预期经济发达国家来自发展中国家的进口占 GDP 的比重与其收入不平等基尼系数呈正相关关系。但由于未找到这

---

① 见 http://www. unctad. org/Templates/Page. asp？intItemID = 3277&lang = 1。

② 见 http：//ucatlas. ucsc. edu/query. php。

一指标的连续数据，此处采用"贸易占 GDP 的比重"作为替代变量，具体来源于 UC Atlas Database①，参见 Trade（% of GDP PPP）这一指标。

采用"净移民率"（Net Migration Rate②）考察经济全球化带来的跨国移民的增加对经济发达国家居民收入差距的影响。通常外来移民的增加，会促使一国收入差距扩大，因此预期这一变量的系数符号为正。数据来源于 OECD 统计数据库③。

4. 技术进步因素

选取"国内研发支出占 GDP 的比重"作为表征技术进步的替代变量，由于技术进步通常会导致对高素质劳动者的需求增加，使高素质劳动者和低素质劳动者之间的收入差距迅速扩大，从而预期这一变量的系数符号为正。数据来源于 OECD 统计数据库④，参见 Gross Domestic Expenditure on R&D，as a percentage of GDP 这一指标。

5. 政府干预政策因素

政府的干预政策对收入分配影响较大的应该是税收政策和社会保障政策，前面的理论分析也指出，20 世纪 80 年代以后经济发达国家实行的减税和大幅削减福利支出的政策，应该是不利于收入差距缩小的，但由于无法获得有关 OECD 国家的福利支出和社会保障的连续、高质量数据，而考虑到政府对教育的关注也会影响收入分配，因此这里暂且考察政府对教育的支持和税收政策的变化对收入差距的影响，选取了如下两个变量：

选取"公共教育总支出占国民总收入的比重"这一变量反映政府的公共教育政策对经济发达国家收入差距的影响。由于政府对教育支持力度越大时，即公共教育支出在国民收入中所占比重越大时，越有利于教育事业的发展，有利于低素质劳动者教育水平及工资水平的提高，从而有利于缩

---

① 见 http：//ucatlas. ucsc. edu/query. php。

② 用每 1000 名居民中的净移民数表示。净移民是指每年移入移民的数量减去每年移出移民的数量。参见世界银行：《2006 年世界发展指标》，中国财政经济出版社 2006 年版，第 363 页。

③ 见 http://stats. oecd. org/viewhtml. aspx？ queryname = 18148&querytype = view&lang = en。

④ 见 http://stats. oecd. org/viewhtml. aspx？ queryname = 18148&querytype = view&lang = en。

小收入差距，因此预期这一变量的系数符号为负。数据来源于 UC Atlas Database①，参见 Public Spending on Education Total（% of GNI UNESCO②）这一指标。

选取"个人所得税占 GDP 的比重"作为表征政府税收政策的变量，考察政府个人所得税政策的变化对收入差距的影响。一国提高累进税率、实行增税的政策，可以有效调节过高收入，对缩小收入差距起到积极的作用；若实行减税的政策，则不能有效抑制收入差距的扩大。因此，预期这一变量的系数符号为负。数据来源于 OECD 统计数据库（OECD Stat.，National Accounts at a Glance-2009 edition③），参见 Current Taxes on Income，Wealth，etc.，percentage of GDP 这一指标。

6. 劳动力市场制度因素

选取"工会密度"（Trade Union Density）这一变量，来考察劳动力市场制度因素（突出表现为工会力量的削弱）对经济发达国家收入差距的影响。工会密度是指工会会员占整个工人人数的比重，即工会会员率，是衡量工会发展的一个重要指标。从理论上来说，经济发达国家劳动力市场制度的削弱，一方面使企业能更灵活地决定工资和雇用量，使工人的收入被削减、变得不稳定；另一方面，工会作为平衡劳资双方力量的组织其权利削弱后，劳动者的议价能力大大减弱，劳资双方收入不平等加剧，同时工会对蓝领与白领工人之间工资差异的调节能力也会减弱，不同技能水平、不同家庭之间的收入差距都会扩大。因此，预期这一变量的系数符号为负。数据来源于 OECD 统计数据库④。

7. 其他因素

女性角色的转变对经济发达国家收入差距的影响，主要通过"女性劳

---

① 见 http：//ucatlas. ucsc. edu/query. php。

② 联合国科教文组织（United Nations Educational，Scientific and Cultural Organization）缩写为 UNESCO。

③ 见 http：//stats. oecd. org/Index. aspx？DatasetCode = CSP2009。

④ 见 http://stats. oecd. org/Index. aspx？DataSetCode = UN_DEN。

动参与率"（Female Labor Force Participation Rate）这一变量来反映。从个人
角度而言，女性的平均工资收入比较低，女性劳动参与率上升将使处于收
入分配底层的人数增加，整体收入差距扩大，因此预期这一变量的系数符
号为正。数据来源于 OECD 统计数据库[①]，参见 Employment Rates，Women：
Share of Women of Working Age（15 to 64 years）in Employment[②] 这一指标。

（三）回归模型

下面将以基尼系数为被解释变量，以上述七类指标为解释变量，采用
12 个 OECD 国家 1960—2004 年的非平衡面板数据，建立模型如下：

$$gini_{it} = \alpha_i + \beta_1 lgdp_{it} + \beta_2 lgdp2_{it} + \beta_3 agr_{it} + \beta_4 pop_{it} + \beta_5 sec_{it}$$
$$+ \beta_6 lfdi_{it} + \beta_7 indus_{it} + \beta_8 trade_{it} + \beta_9 mig_{it} + \beta_{10} rd_{it}$$
$$+ \beta_{11} edu_{it} + \beta_{12} tax_{it} + \beta_{13} union_{it} + \beta_{14} female_{it} + u_{it}$$

其中，下标 i 表示国家，下标 t 表示年份。对于特定的个体（国家）i
而言，α_i 表示那些不随时间改变的影响因素，而这些因素在多数情况下都是
无法直接观测或难以量化的，如一国的经济结构、法律和产权制度等，一
般称其为"个体效应"（Individual Effects）。$gini$ 表示基尼系数，$lgdp$ 表示
实际人均 GDP 取对数，$lgdp2$ 表示实际人均 GDP 取对数后的平方项，agr 表
示农业部门劳动力所占比重，pop 表示人口的自然增长率，sce 表示中学入学
率，$lfdi$ 表示对外直接投资或直接投资外流取对数，$indus$ 表示工业部门劳动
力所占比重，$trade$ 表示贸易占 GDP 的比重，mig 表示净移民率，rd 表示国
内研发支出占 GDP 的比重，edu 表示公共教育总支出占国民总收入的比重，
tax 表示个人所得税占 GDP 的比重，$union$ 表示工会密度，$female$ 表示女性劳
动参与率。

由于本书获得的是非平衡面板数据，若在一个模型中同时考虑所有解
释变量，存在损失观测值过多的问题，因此，将分别分析七类指标对基尼

---

① 见 http://stats. oecd. org/viewhtml. aspx? queryname = 18148&querytype = view&lang = en。
② 年龄在 15—64 岁的女性中从事经济活动或就业的人口比率，即女性劳动参与率。

系数的影响。

（四）估计方法

对面板数据模型进行估计，涉及模型设定形式的选择，即如何处理模型中的个体效应 α_i。一种是视其为不随时间改变的固定性因素，相应的模型称为固定效应模型；另一种是视其为随机因素，相应的模型称为随机效应模型。一般来说，当数据中所包含的个体成员是所研究总体的所有单位时，即个体成员单位之间的差异可以被看作回归系数的参数变动时，固定效应模型是一个合适的选择；当个体成员单位是随机地抽自一个大的总体时，固定效应模型就只适用于所抽到的个体成员单位，而不适用于样本之外的其他单位，在这种情况下，如果仅仅对样本自身进行分析，选用固定效应模型仍然是合适的，而如果想以样本结果对总体进行分析，则应该选用随机效应模型，即把反映个体差异的特定常数项看作是跨个体成员的随机分布。[①] 这个一般的判断标准随分析的目的不同存在一定的随意性，本书分析的 12 个 OECD 国家并没有包括所有的经济发达国家，但又具有一定的代表性，不好武断选择固定效应或随机效应。特别是选择固定效应模型或随机效应模型准确的说还与各个变量的数据结构有关，因此这里采用一般经验研究中更常用的一种做法，即通过 Hausman 检验来判断选择固定效应模型还是随机效应模型。Hausman 检验的基本思想是：由于随机效应模型把个体效应设定为随机扰动项的一部分，所以就要求解释变量与个体效应不相关，而固定效应模型并不需要这个假设条件，从而在固定效应和其他解释变量不相关的原假设下，用 OLS 估计的固定效应模型和用 GLS 估计的随机效应模型的参数估计都是一致的，反之，OLS 是一致的，但 GLS 则不是，因此可以基于二者参数估计的差异构造统计检验量，如果拒绝了原假设，我们就认为选择固定效应模型是比较合适的，不能拒绝原假设则选择随机

---

① 高铁梅：《计量经济分析方法与建模：EViews 应用及实例》，清华大学出版社 2006 年版，第 316 页。

效应模型。

考虑到可能存在跨国异方差的问题，在估计时选择跨截面加权（Cross-section Weights）进行 GLS 估计。系数的协方差形式（Coef Covariance Method）则选择怀特截面方法（White Cross-section），可以得到稳健的估计结果。

二、实证结果及分析

相关估计结果如表 3.2.2 所示，下面将具体分析各个模型的含义及各类指标对基尼系数的影响。

（一）收入差距与经济发展——对"U 型曲线"和"倒 U 假说"的检验

表 3.2.2 中的模型 1 考察了实际人均 GDP 及其平方项与基尼系数的关系。估计结果显示，实际人均 GDP 的符号显著为负，而其平方项的符号显著为正，即以实际人均 GDP 表示的经济发展水平与收入分配基尼系数的关系显著呈现一个开口向上的二次曲线，换句话说，就是呈现类似 U 型的曲线。本书所考察的时期为 1960—2004 年，覆盖了经济发达国家完成工业化以后的一段时期和新的信息化阶段，这一结果正好验证了 20 世纪八九十年代 Pedro Conceicao 和 James K. Galbraith 等学者提出的"U 型曲线"，也支持了库兹涅茨的"倒 U 假说"，也就是说，"U 型曲线"和"倒 U 假说"其实并不矛盾。之所以这么说，是因为"U 型曲线"和"倒 U 假说"这两种理论考察的时期并不一样，库兹涅茨研究的是发达国家工业化过程中的收入差距变化趋势，而 Pedro Conceicao 和 James K. Galbraith 等人考察的则是发达国家工业化后期和知识经济时代的收入差距变化，"倒 U 假说"中收入差距后期下降的阶段正好与"U 形曲线"中收入差距前期下降的阶段基本吻合，阐述的都是经济发达国家工业化后期收入差距呈下降趋势。

表 3.2.2 收入分配基尼系数的影响因素的回归结果（12 个 OECD 国家）

变　量	模型 1 (RE)	模型 2 (RE)	模型 3 (RE)	模型 4 (RE)	模型 5 (RE)	模型 6 (RE)	模型 7 (FE)
实际人均 GDP[a]	−57.09 (−2.489)**						
(实际人均 GDP[a])[2]	2.932 (2.513)**						
农业部门劳动力占比		−1.184 (−4.380)***					
人口自然增长率		0.096 (0.730)					
中学入学率		0.018 (0.794)					
对外直接投资[a]			0.500 (4.094)***				
工业部门劳动力占比			−0.265 (−5.127)***				
贸易占 GDP 的比重			0.023 (1.398)				
净移民率			0.084 (1.723)*				
研发支出占 GDP 比重				2.367 (8.641)***			

续表

变　量	模型 1 (RE)	模型 2 (RE)	模型 3 (RE)	模型 4 (RE)	模型 5 (RE)	模型 6 (RE)	模型 7 (FE)
公共教育总支出占国民总收入的比重	307.378 (2.73)**						
个人所得税占 GDP 的比重							
工会密度					-0.436 (-1.954)*		0.090 (7.487)***
女性劳动参与率					-0.681 (-4.865)***	-0.237 (-15.92)***	
常数项		34.535 (14.16)***	32.195 (14.45)***	25.853 (7.48)***	44.645 (11.88)***	41.177 (37.76)***	25.996 (39.91)***
Hausman 检验 (p. value)	0.8281	0.2606	0.1359	0.3055	0.9395	0.7852	0.0420
观察值 obs	321	70	153	167	93	337	273
R^2	0.016	0.208	0.453	0.163	0.159	0.285	0.911

说明：①变量右上角标记 a 表示取对数。②括号中的数值为 t 值。*** 表示在 1% 的水平上显著，** 表示在 5% 的水平上显著，* 表示在 10% 的水平上显著。

（二）收入差距与二元经济结构

表3.2.2中的模型2考察了代表二元经济结构的三个指标与基尼系数的关系。估计结果显示：（1）农业部门劳动力所占比重对收入分配基尼系数的影响显著为负，符合理论预期，表示农业部门劳动力所占比重越高时，收入差距越小；（2）人口自然增长率对收入分配基尼系数的影响为正，符号也与理论预期相符，但不显著，表明虽然人口自然增长率下降会使收入差距趋向缩小，但这种影响较弱，人口因素不能成为经济发达国家在工业化后期及完成工业化以后的一段时期收入差距缩小的主要解释因素；（3）中学入学率对收入分配基尼系数的影响也不显著，一方面可能在于中学入学率作为教育发展程度的一个指标存在滞后性的问题，当期中学入学率的变化要影响到收入分配需要一段时期，致使直接用该变量进行回归时系数不显著，另一方面，从表3.2.2可以看到模型2的有效观测值个数只有70个，在所有模型的估计中是观测值个数最少的，这主要在于中学入学率这一指标的样本数据很少，因此，对于教育扩展和收入差距的关系的考察，还有待对数据的进一步完善以及对选取指标、估计方法进行调整。

（三）收入差距与经济全球化

表3.2.2中的模型3考察了与经济全球化相关的四个指标与基尼系数的关系。估计结果显示：（1）对外直接投资对经济发达国家收入分配基尼系数的影响显著为正，符合理论预期，表明随着资本从经济发达国家的自由流出，会刺激收入差距的扩大；（2）工业部门劳动力所占比重的符号显著为负，符合理论预期，虽然这里是用工业部门劳动力所占比重作为替代变量，考察制造业部门劳动力所占比重下降标志的"去工业化"现象对收入差距的影响，结果仍然十分显著，表明选用工业部门劳动力所占比重这一指标作为制造业部门劳动力所占比重的替代变量是合理的；（3）贸易占GDP的比重这一指标的符号为正，与理论预期相符，但是并不显著，这会让我们怀疑以贸易占GDP的比重作为替代变量考察"南北贸易"对经济发

达国家收入差距的影响是否合适,因为经济发达国家除了与发展中国家进行贸易往来,还与其他经济发达国家的贸易往来,这一点还有待于选择更合适的指标来进行分析;(4)净移民率对发达国家收入分配基尼系数的影响显著为正,符合理论预期,表明伴随经济全球化浪潮而来的外来移民的增加,会促使经济发达国家收入差距扩大。

(四) 收入差距与技术进步

表3.2.2 中的模型 4 考察了技术进步与收入分配基尼系数的关系。估计结果显示,国内研发支出占 GDP 的比重对经济发达国家收入差距的影响显著为正,符合理论预期,意味着一国对研发支出的投入比例越大,可能带来的技术进步越大,相应地,一国的收入差距会呈扩大趋势。虽然技术进步会引发收入差距扩大,特别是使高素质劳动者和低素质劳动者之间的收入差距迅速扩大,但并不能为了抑制收入差距的缩小而减少对研发的支出、减慢技术进步的速度,收入差距的扩大是多方面因素造成的,应从其他方面着手调节收入差距,对技术进步还是应持鼓励的态度。

(五) 收入差距与政府干预政策

表3.2.2 中的模型 5 考察了与政府政策或政府干预导向相关的两个指标与基尼系数的关系。估计结果显示:(1)公共教育总支出占国民总收入的比重对收入分配基尼系数的影响显著为负,与理论预期,表明政府关注教育的发展、加大对教育的投入对收入差距的缩小能产生显著的、积极的作用;(2)个人所得税占 GDP 的比重对收入分配基尼系数的影响显著为负,符合理论预期相符,表明征收个人所得税对调节居民收入差距确实有积极的作用,也验证了 20 世纪 80 年代以后经济发达国家实行减税的政策,是居民收入差距扩大的一个重要原因。

(六) 收入差距与劳动力市场制度

表3.2.2 中的模型 6 考察了劳动力市场制度特别是工会力量的强弱与收

入分配基尼系数的关系。估计结果显示，工会密度的符号显著为负，符合理论预期，意味着当加入工会的人越多、工会力量越强大时，一国的居民收入差距越小，而当加入工会的人越少、工会力量越小时，一国的居民收入差距越大。这一点表明，经济发达国家在 20 世纪 80 年代后居民收入差距的扩大，工会密度的下降、工会力量的削弱是一个很重要的因素。

（七）收入差距与女性角色的转变

表 3.2.2 中的模型 7 考察了女性角色的转变特别是女性劳动参与率上升对收入分配基尼系数的影响。估计结果显示，女性劳动参与率的符号显著为正，与理论预期相符，表明当女性劳动参与率上升时，一国的居民收入差距有扩大的趋势。这也验证了女性参与经济活动的日渐活跃，女性逐渐获得与男性同等的地位、更多的加入到劳动大军，是 20 世纪 80 年代后经济发达国家居民收入差距扩大的一个重要因素。

三、结 论

利用 12 个 OECD 国家 1960—2004 年的非平衡面板数据对经济发达国家收入差距的影响因素进行实证检验的结果可以发现，一国经济发展水平与收入差距密切相关，经济发达国家在 20 世纪 60 年代以来，居民收入差距随着经济发展水平的提高呈现先下降、后上升的 U 型变化，这一结果不仅验证了 20 世纪八九十年代一些学者提出的"U 形曲线"，也支持了库兹涅茨的"倒 U 假说"，因为"U 形曲线"与"倒 U 假说"考察的时期不一样，两者并不矛盾，"倒 U 假说"中收入差距在工业化后期下降的阶段正好与"U 形曲线"中收入差距前期下降的阶段相吻合。

在考察的七类影响经济发达国家收入差距变化的因素中，除了人口自然增长率、贸易占 GDP 的比重等极个别变量不显著外，大部分影响因素在实证检验中都显著符合理论分析的结果，理论分析通过实证检验基本都得到了验证。比如，实证结果发现，经济全球化带来的资本从经济发达国家的自由流出、工业部门劳动力比重的下降、外来移民的增加，都会推动经济发达国家收入差距的扩大；技术进步也会拉大收入差距，一国对研发支出的投入比例越大，可能带来的技术进步越大，相应地，一国的收入差距会呈扩大趋势；工会力量的削弱和女性劳动参与率的上升，也成为 20 世纪 80 年代后经济发达国家居民收入差距扩大的重要推动因素。

第四章　经济发达国家解决居民收入差距的政策

经济发达国家尽管在20世纪80年代以后收入差距呈扩大趋势，但当前其居民收入差距在世界范围内仍处于中等偏下水平，贫富阶层对立状况并不十分明显，社会相对稳定。这是经济发达国家重视通过制度化建设来调节收入分配、缩小贫富差距、努力实现社会公正的结果。

第二次世界大战以来，经济发达国家越来越认识到收入分配差距扩大对社会稳定、经济持续发展的巨大影响，因而各国普遍选择了一系列调节收入分配差距的政策，并加以制度化，旨在纠正收入分配不平等和财富占有不平等，使社会福利损失最小。

经济发达国家调节收入分配的制度化建设主要体现为以下几个方面：一是通过建立合理完善的税收制度（包括个人所得税制度、财产税制度等），加强对高收入阶层的税收征管，调节过高收入；二是建立完善的社会保障和转移支付体系，有力保护了社会弱势群体；三是重视教育，通过实施免费义务教育政策，给贫困家庭的孩子以较为平等的受教育机会；四是建立最低工资制度、保障最低收入者的基本生活，通过各种就业政策增加就业机会、缓解贫富差距，以及实施区域开发政策促进落后地区的经济发展、缩小地区间的收入差距，等等。本章将具体考察经济发达国家解决居民收入差距问题的一系列政策措施及其效应、成功的经验和局限性。

第一节　经济发达国家解决居民收入差距政策体系的构成

一、经济发达国家解决居民收入差距政策体系的建立

经济发达国家解决居民收入差距的政策体系是逐渐形成建立起来的，有些政策的初衷甚至并非为了调节居民收入差距，不过由于具有收入调节功能，而最终形成一项稳定的政策，被纳入解决居民收入差距的政策体系。

1799年英法战争期间，英国开征了个人所得税，成为最早开征所得税的国家，开征该税的直接原因是英法战争带来的巨大财政压力，因而也被称为战争税。在以后的几十年中，个人所得税多次随着战争结束而废止，又随着战争的爆发重新开征。1874年，个人所得税终于成为英国一个稳定的税种，逐渐固定并流行。继英国开征个人所得税之后，美国于1861年首次成功实行了个人所得税制度，日本在1887年开征了个人所得税，其他经济发达国家也相继开征了个人所得税。由于征收个人所得税不仅具有聚集财富的功能，更重要的是还能调节收入分配，缩小贫富差距，实现社会公平，第二次世界大战以后，个人所得税逐渐成为经济发达国家实现收入再分配、调节居民收入差距的重要宏观调控手段，由于其具有调节收入分配的功能而被喻为"社会稳定器"。

在决定人们收入的诸因素中，财产状况也起着决定性的作用，因此，财产税也具有重要的调节收入分配差距的功能。现代意义上的财产税始于1892年的荷兰，随后，德国、丹麦、瑞典、挪威等国也陆续开征财产税。随着社会经济的发展，社会财富不断增加，财产税的征收范围逐渐由不动产扩展到动产，并一度成为一些国家税法体系中的主体税种之一。由于财产税本身存在着难以克服的弱点，加上当代各国纳税人的经济负担能力主要表现在其所得的多少而不完全表现在其拥有财产的多少上，因此，19世

纪末以来，随着商品税和所得税的兴起，财产税逐渐从各国税法体系中的主体地位退居从属地位。现今各国的财产税主要是房产税、遗产税、赠与税、土地税或地产税等。其中，遗产税由于对收入差距更具调控功能，在财产税中占据着重要的地位。从遗产税的起源来看，其最早起源于 4000 多年前的古埃及，出于筹措军费的需要，埃及法老胡夫开征了遗产税。而近代意义上的遗产税则始于 1598 年的荷兰，继荷兰之后，英国于 1694 年、法国于 1703 年、意大利于 1862 年、日本于 1905 年、德国于 1906 年、美国于 1916 年相继开征遗产税。目前，世界上已有 100 多个国家和地区征收遗产税。[①] 财产税作为个人所得税的补充，对调节社会成员间的贫富差距起着重要的作用。

随着科学技术的迅猛发展及其在社会发展中的作用日益突显，人力资本对财富占有的影响越来越大，受教育水平成为获取高收入的关键，社会成员受教育程度的高低与其收入的多少高度正相关，教育成为影响社会成员收入差距的一个重要因素。诺贝尔经济学奖得主、英国经济学家米德指出，教育是影响人们获得收入的能力的一种重要投资，它可以间接地对财产的分配产生意义深远的影响。由税收收入资助的公立教育，基本上体现了向穷人子女进行教育投资的倾向，是有利于公平的。[②] 另一位诺贝尔经济学奖获得者、美国经济学家萨缪尔森也说："在走向平等的道路上，没有比免费提供公共教育更为伟大的步骤了。这是一种古老的破坏特权的社会主义。"[③] 1619 年，德意志魏玛共和国公布学校法令，规定父母应送 6—12 岁儿童入学，否则政府强迫其履行义务。这被后人认作是义务教育的开端。不过，早期的义务教育只是 16 世纪欧洲宗教改革的产物，其原意并非是为

---

① 左宁：《发达国家遗产税的改革及启示》，《中共浙江省委党校学报》2005 年第 6 期。

② 张馨等：《当代财政与财政学主流》，东北财经大学出版社 2000 年版，第 215 页。转引自刘乐山、覃曼：《英国调节收入分配差距的财政措施及启示》，《湖南文理学院学报（社会科学版）》2006 年第 3 期。

③ 保罗·A. 萨缪尔森、威廉·D. 诺德豪斯：《经济学》，高鸿业等译，中国发展出版社 1992 年版，第 1253 页。转引自刘乐山、覃曼：《英国调节收入分配差距的财政措施及启示》，《湖南文理学院学报（社会科学版）》2006 年第 3 期。

广大平民进行普及教育服务，而仅仅是为了使更多的人能顺利阅读圣经，目的是为了推行宗教教育，在广大民众中宣传教义。而后来以德国新教领袖马丁·路德为宗教改革代表所提倡的"义务教育"则是教育史上的一大进步。其最大贡献在于强调了受教育是作为一个自然人应当拥有的天赋及不可人为剥夺的权利，强调了教育的公共性、世俗性，主张广设学校并强迫父母送子女接受教育。随后在1763—1819年间，德国先后三次修订法令推行义务教育，因此一般认为德国是实施义务教育最早的国家。[①] 在欧美各国，免费教育的最早实践是学校免除孤儿和家庭贫苦学生的学费。早在1763年，《普鲁士学校总则》就规定，孤儿和家庭困难学生的学费由教会和行政当局解决。1795年法国规定可以有四分之一的免费生。1834年美国宾夕法尼亚州通过了废除公立学校学费的制度（从此到20世纪初美国各州先后实行了免费义务教育）。英国于1891年开始在大部分初等学校实行免费教育。各国免费教育从部分实施到全面实行都经历了较长的时间，法国于1881年、德国于1885年、日本于1900年、英国于1918年、美国于20世纪初才完全实行了免费初等教育。也就是在完全实行了免费教育后，初等教育得以真正普及。[②]

面对因失业、疾病、年老及各种天灾等因素所带来的贫富不均问题，经济发达国家又相继建立了社会保障制度。追溯社会保障制度的起源，早在1572年，英国的伊丽莎白女王决定在全国征收济贫税，1601年颁布《济贫法》，该法规定政府有责任对没有工作能力的贫困者提供帮助，保障穷人的最低生活水平。《济贫法》对英国资本主义的发展起了重要的作用。随着社会经济的发展，英国为适应社会经济发展的需要，于1834年颁布了新《济贫法》，这部新《济贫法》被认为是代表社会保障制度萌芽的标志。但《济贫法》毕竟只是社会保障制度的萌芽，因为它尚未涉及社会保障的核

---

① 睦依凡：《关于全民教育的背景讨论和内涵分析》，2006年6月6日，见 http://218.5.6.190/qz/d100/else/lunwen02/13242.htm。

② 王承绪等：《普及初等教育的主要措施》，2004年7月9日，见 http://www.pep.com.cn/xgjy/jyyj/jykx/fzxk/jyjbyl/200407/t20040709_103313.htm。

心——社会保险制度。现代意义上的社会保障制度，产生于 19 世纪 80 年代的德国。1881 年，德国开始建立医疗保险，成为西方国家最早实行社会保险制度的国家，1884 年德国建立工伤保险，1889 年建立伤残和养老保险，1911 年医疗保险的范围扩大到农业劳动者，1923 年又建立采矿业保险，在魏玛共和国时期又建立了失业保险、社会救助、青少年资助和战争损失补偿。这样，德国率先形成了一套较为完整的社会保险体系。美国在社会保障立法方面，起步较晚，但它在 1935 年通过的第一部社会保障法典——《社会保障法》，吸收了英、德等国家的经验，并有所发展。20 世纪中叶以后，社会保障制度进入了新的发展阶段，其标志是通过立法推动"福利国家"即更高层次的社会保障体系的建设。英国于 1946 年、1948 年先后颁布了一系列重要法规：国民保险法（1946 年）、国民医疗保健法（1946 年）、住房法和房租管制法（1946 年）、国民救济法（1948 年）。这些法案施行后加上历年来的补充修改，使英国建立起一套名副其实的"从摇篮到坟墓"的社会保障体系。继英国之后，其他西欧国家、北欧国家、北美洲和大洋洲发达国家，亚洲发达国家也都先后宣布实施以"普遍福利"为标准的社会保障法规。[①] 经济发达国家社会保障制度的建立，为调节居民收入差距起到了有力的作用。

此外，经济发达国家还陆续实施了就业政策、工资政策和区域政策等，通过各种不同的渠道来调节居民收入差距。以区域政策为例，美国在 20 世纪 30 年代经济危机以后建立以南部地区为重心的区域援助政策，英国也在 20 世纪 30 年代开始实施鼓励厂商到高失业率地区投资的区域开发政策，德国统一后实行西部向东部资金转移和政策倾斜的区域发展政策，经济发达国家逐渐建立了一套促进落后地区经济发展、缩小地区间收入差距的区域政策。

---

① 各国税制比较研究课题组：《社会保障税制国际比较》，中国财政经济出版社 1996 年版，第 17—25 页。转引自丁建中、高峰、董湘岩：《略论我国社会保障制度改革》，《经济问题》1998 年第 7 期。

二、经济发达国家解决居民收入差距政策体系的构成

目前，经济发达国家解决居民收入差距的政策体系主要包括个人所得税政策、财产税政策、教育政策、社会保障政策、就业政策、工资政策、区域政策等。

（一）个人所得税政策

个人所得税是指国家对个人的各项应税所得征收的一种税，它从根本上体现了对高收入者多课税，对低收入者少课税或者不课税的量能课税原则，因而能有效地缩小收入分配差距，达到调节居民收入差距的目的。一般来说，经济发达国家普遍综合使用三种税制，即：累退税、比例税和累进税，大部分 OECD 国家通过累进所得税制度，来缩小富人和穷人之间的收入差距，不同国家的具体税率设置和应税项目略有不同，各个国家在不同时期的税率也有所调整。

英国是完成经济现代化和社会现代化较早的国家，税收制度比较完善，在调节收入分配方面发挥了十分重要的作用。英国自 1799 年开征个人所得税后，税率曾一度有所调整，1874 年，个人所得税在英国成为一个稳定的税种，并进行了大幅度的减免，个人所得税的最高边际税率由过去的 83%降为 40%。[①] 1973 年英国加入欧洲经济共同体之后，开始实行累进税率，年薪在 4800 多英镑的低收入者不用纳税，超过的部分分三个等级按不同比例纳税，最高收入的所得税税率为 40%，即在政府设定的高收入标准以上的收入必须按照 40%的税率交纳个人所得税，这个标准随每年的通货膨胀率调整，个人所得税制度进一步完善。[②] 1994—1995 年度，英国对应税收入实行三级超额累进税率：1—3900 英镑征 20%的税，3901—25500 英镑征

---

①　刘乐山、覃曼：《英国调节收入分配差距的财政措施及启示》，《湖南文理学院学报（社会科学版）》2006 年第 3 期。

②　林小春：《国外调节收入分配政策辑览》，《中国党政干部论坛》2005 年第 3 期。

24%的税，25501英镑以上征40%的税。① 通过征收个人所得税，英国不仅有效抑制了高收入阶层的财富膨胀和巨额积累，并使政府有能力实施社会保障和社会福利。

美国政府一直注重建立一套较完善的税收制度，采用较合理的个人所得税的累进税率政策，采取多收入、多交税，少收入、少交税的原则。目前个人所得税已从一个次要税种成为美国联邦财政收入的最主要来源。近年来，个人所得税一直占美国联邦税收的40%以上。② 美国的个人所得税包括联邦税、州税和地方税，还包括社会安全税和州残疾税，但80%以上的个人所得税归联邦政府所有，对于州和地方政府来说，个人所得税是辅助税种。③ 美国个人所得税实行统一的超额累进税率，经过几次税制改革，至1995年，税率分为三个基本税率档次15%、28%、31%和两个高税率档次36%、39%。2000年布什上台后，又进行了税率调整，从2001年7月1日起，除15%这一档税率保持不变外，其他税率档次下调1百分点，到2006年，最高税率下降到35%，其他税率也比减税前降低3个百分点。④ 相对欧洲发达国家来说，美国的个人所得税累进税率要低一些，其"劫富济贫"的功能也不如欧洲发达国家那么明显。特别值得指出的是，美国缴纳个人所得税不仅考虑个人的收入，而且十分重视家庭其他成员尤其儿童的数量情况，同样收入的两对夫妇，有儿童和没有儿童所缴纳的税收相差很大。

在德国，个人所得税是征收最广泛的税种，征收范围包括所有取得应税所得的人（包括私人企业和个体企业、自由职业者等）。个人所得税也是德国收入比重最大的税种，占整个税收收入的40%以上。其中的工资税，其最高边际税率曾经为56%，后降为53%。根据2000年1月1日出台的税改方案，最高边际税率从1999年的53%调到2000年的51%，2001年为

① 刘乐山、覃曼：《英国调节收入分配差距的财政措施及启示》，《湖南文理学院学报（社会科学版）》2006年第3期。
② 林小春：《国外调节收入分配政策辑览》，《中国党政干部论坛》2005年第3期。
③ 林小春：《国外调节收入分配政策辑览》，《中国党政干部论坛》2005年第3期。
④ 叶晓斌：《美国个人所得税简介》，2005年4月22日，见 http://www.taxchina.com/gwsz/2005-04/22/cms348835article.shtml。

48.5％，2003 年为 48％，直至 2005 年为 45％。工资税是个人所得税中的主要税种，约占全部税收总额的 43％。[①]工资税的计税范围包括工资及工资以外的收入，以及医生、会计师、律师、作家等的收入。工资税实行累进税制，1990 年起采用线性累进税率制，更加有利于公平。

瑞典与德国相近，一直坚持高税收政策。个人所得税的起征点为年收入 12 万克朗，最低税率为 30％，最高税率在 70％左右。近年来，瑞典税率下调，但最高税率仍高达 68％。[②]值得一提的是，瑞典的税收法律十分完备，并且实行严格的税收监管制度，个人所得税完税率接近 100％。

日本的个人所得税采取源泉征收制度，就是由支付个人所得的企业或机构在支付所得时代为扣除。如果收入过低，年收入达不到一定的金额，或者需要抚养的人口较多，到了年底可以按照规定申请退税。[③]另一方面，日本还实施"所得税控除制度"，将纳税者本人生活所需的最低费用、抚养家属所需的最低费用以及社会保险费用等免征所得税。[④]日本税制的特点在于课税最低限收入相当高，而且累进度呈陡势上升，是一种对所得税的收入再分配效果寄与了很大期望的作法。就个人所得税而言，政府基于不同的税收承受能力设置了不同的税率，对于低收入阶层视其家庭结构、家庭人数设立最低征税额，收入在一定金额之下可以免税，而对高收入阶层实行累进制税率。第二次世界大战以后，日本实施的个人所得税最高税率达 65％，为了激励社会成员的创业和工作热情，促进经济发展，日本政府在 1999 年修改了日本的税收制度，将所得税的最高税率由 65％下降到 50％。[⑤]

芬兰是世界上实行高税收和高福利制度的国家之一，在各种税收中，

① 邹伯平、刘乐山：《德国调节收入分配差距的财政措施及启示》，《湖南商学院学报》2006年第 2 期。

② 顾俊礼：《世纪之交的德国、欧盟与中国》，社会科学文献出版社 1998 年版，第 269 页。转引自杨玲、胡连生：《论当代资本主义发展的不平衡性》，《学习与探索》2004 年第 5 期。

③ 林小春：《国外调节收入分配政策辑览》，《中国党政干部论坛》2005 年第 3 期。

④ 《透视六国个税制度演进历程》，《国际金融报》2005 年 9 月 2 日，见 http://finance.people.com.cn/GB/42773/3662660.html。

⑤ 林小春：《国外调节收入分配政策辑览》，《中国党政干部论坛》2005 年第 3 期。

个人所得税涉及的范围最广。个人缴纳的所得税不仅是芬兰政府筹集财政收入的重要来源，同时也成为调节社会成员收入水平、缩小贫富差距的有效手段。在芬兰，个人缴纳的所得税包括向国家缴纳的所得税、向地方缴纳的地方税和向教会缴纳的教堂税。个人所得分为劳动所得和资本所得两部分，个人劳动所得包括工资收入、养老金收入等，按累进税率向国家缴纳劳动所得税。根据 2004 年芬兰政府制定的国家所得税档次，年收入在 1.17 万欧元以下者不向国家纳税，年收入在 1.17 万欧元以上的税率从 11% 到 34% 不等。个人劳动所得除了向国家缴纳所得税之外，还需向地方缴纳所得税，即地方税。芬兰全国各地区地方税的税率略有不同，在 16% 至 20% 之间。此外，路德教或东正教教徒还需向教会缴纳 1%—2.25% 的教堂税。个人资本所得包括利息、红利、股息、房租收入、森林拥有者出售木材所得收入等，要向国家缴纳资本所得税，其税率为 29%。[①] 在芬兰，低收入者和高收入者的所得税税率差别很大。在 20 世纪 90 年代，高收入者的最高税率（包括国家所得税和地方所得税）曾达到 65%，目前最高税率仍高达 60%，这样，高收入者真正拿到手的收入只有 40%。而芬兰 360 万纳税人中的近 100 万低收入者则无需向国家缴纳所得税，仅需缴纳地方税。据统计，2002 年，在芬兰全国纳税人中，年收入在 1.5 万欧元以下者占纳税人的 48%，其缴纳的所得税仅为 20 亿欧元，所占比率还不到当年所有纳税人缴纳的 207 亿欧元所得税的 10%；而年收入在 3.5 万欧元以上者仅占纳税人的 11%，缴纳的所得税却超过 88 亿欧元，占当年所有纳税人缴纳的所得税的近 43%。[②] 可见，在芬兰，个人所得税大部分是由富人缴纳的，所得税政策的实施使贫富差距大大缩小了。

总的来说，虽然各个发达国家个人所得税政策的具体税率设置和应税项目有所不同，但都起到了调节居民收入差距的作用，特别是欧洲发达国家，在个人所得税政策上，收入分配均等化倾向非常明显。

---

① 林小春：《国外调节收入分配政策辑览》，《中国党政干部论坛》2005 年第 3 期。
② 林小春：《国外调节收入分配政策辑览》，《中国党政干部论坛》2005 年第 3 期。

（二）财产税政策

财产课税历史悠久，经济发达国家目前都已开征了财产税，并着手建立了一套种类齐全、功能完整、与本国国情相适应的财产课税制度。

由于不同国家现实经济条件的差异，以及历史因素的影响，各国的财产税种类繁多，课税制度也不尽相同。财产税按不同的标准有不同的类别，根据应税财产的形态不同，可分为动态财产税和静态财产税。动态财产税是对转移或变动中的财产课征的财产税，主要包括遗产税和赠与税。静态财产税是对纳税人在一定时间内拥有的财产进行课税，是财产课税的主要组成部分。同时，静态财产税依据其征收方式不同，分为综合财产税和特种财产税。综合财产税，又称为一般财产税，是对纳税人拥有的全部财产实行的综合课征，这种财产税的应税范围较广，原则上包括纳税人所有或支配的全部财产。特种财产税，又称个别财产税，是对特定类型财产课征的财产税，主要包括土地税、房屋税、车辆税等。综合财产税和特种财产税虽同属财产税系，具有一定的共性，但在税制设计、征管方式、课税对象和作用侧重点等方面存在明显的差别，前者课税范围较广、公平性较强、筹集的收入相对较多，但计征方法比较复杂，容易出现偷逃税问题；后者以土地、房屋和其他特定的财产作为课税对象，课税范围相对较窄，但不宜隐匿虚报，计征方法相对简便。经济发达国家由于居民的纳税意识较强，征管手段比较先进，征管制度比较严密，多选择综合财产税制度并普遍开征遗产税和赠与税。[①] 例如，在美国，财产税的纳税义务人为在美国境内拥有居民住宅、工商业房地产、车辆、设备等财产的自然人和法人，课税对象是纳税人所拥有的不动产（主要包括土地和房屋建筑物）和动产（有形动产：农业机械及工具、家具、商业货物、汽车等运输工具；无形资产：股票、债券、抵押、存款等）。

由于财产课税具有税源分布广泛、区域性等特点，许多实行分税制的

---

① 戴诗友：《重构我国财产课税制度的设想》，《中央财经大学学报》2000 年第 1 期。

国家将大多数财产课税归为地方税。在经济发达国家中，无论是美国、德国等联邦制国家，还是日本、英国等单一制国家，大多数财产课税的税种归地方政府，据 OECD 组织 1990 年的资料，在地方税收中，美国财产税占80%，加拿大占 84.5%，英国占 93%[①]。

在财产税中，房产税、车船税、遗产税（或继承税）和赠予税都具有重要的调节收入分配差距的功能，但遗产税（或继承税）和赠予税实行累进税率，规定了必要的扣除额，对获得遗产或赠予财产多者多征税，对获得遗产或赠予财产少者少征税或者不征税，因而对缩小收入分配差距无疑更具调控功能。[②] 而且，遗产税作为个人所得税的补充，征收起点较高，征收对象主要是高收入者，是抑制"富人"代际转移的一个非常有效的手段，有利于减小社会成员间贫富差距，不仅有经济意义，而且有政治意义。

从遗产税制的类型来看，可分为总遗产税制、分遗产税制和混和遗产税制。第一种是总遗产税制，即对死亡者遗留的所有财产课税，并以遗嘱管理人或遗嘱的执行人为纳税义务人。这种模式最大的特点是实行"先税后分"，表现为先缴完税后再分遗产，税制简单，纳税对象明确，因而征收成本比较低。缺点是各个继承人所得的具体情况没有充分考虑，不能体现社会的公正原则。目前，实行这一税制的经济发达国家有美国、英国、新西兰等。第二种是分遗产税制，即对各继承人所得的财产课税，以继承人为纳税义务人。这种模式最大的特点是"先分后税"，表现为先把遗产分给各继承人，然后对每一继承人所得财产征税。优点是较能体现税负公平的原则，缺点是税制比较复杂。目前，实行这一税制的有日本、法国、德国等经济发达国家。第三种是混和遗产税制，即对所有遗产征税后再对各继承人继承的遗产征税的一种模式。这种制度的特点是"先总税，后分税"，表现为先对总遗产征税，然后根据实际情况对各继承人征税，这样就既保证了税源，又体现了社会公正，税负公正。缺点是征收过程比较复杂、技术难度

---

① 戴诗友：《重构我国财产课税制度的设想》，《中央财经大学学报》2000 年第 1 期。

② 刘乐山、覃曼：《英国调节收入分配差距的财政措施及启示》，《湖南文理学院学报（社会科学版）》2006 年第 3 期。

大，税收成本偏高。目前，只有加拿大、意大利等国采用了这一税制。[①]

美国遗产税制属于总遗产税制，从 1976 年开始，美国将遗产税和赠予税合并；采用统一的累进税率，最低税率为 18%，最高税率为 50%，后者适用于遗产额达到 2500 万美元以上的纳税人。另外，遗产额在 60 万美元以下者免征遗产税；而对于非居民，也要缴纳遗产税，但税率比居民优惠，最低税率为 6%，最高税率为 30%。[②]

在英国，遗产税和赠与税成为调节居民收入差距的一个重要手段。按英国税法规定，遗产税和赠与税合并一起征收，为防止富人通过提前转移财产逃避遗产税，继承人除了要对死者遗留的财产缴纳遗产税外，还要对死者 7 年内赠与的财产，根据赠与及死亡的年限，按不同的税率缴纳赠与税。但很多富人在死亡 7 年之前就赠送财产，使得这些资产能在家庭内部循环，却永不被征收遗产税。为堵住这一漏洞，2004 年 12 月，英国财政部在公布 2004 财年预算报告时，提出了一个新方案，政府将对那些打算或已经预先将资产赠与出去、之后仍继续享用这些资产的人，就其部分收益征收一项所得税。[③]

日本对遗产的课税，采取继承税制，即根据各个继承遗产数额的多少课税，是典型的分遗产税制。对居民而言，不论其继承的遗产是在境内还是在境外，都要对其遗产征税；对非居民，仅就其在日本继承的遗产承担纳税义务。[④] 在日本，以继承、赠与等方式取得财产适用 10%—75% 的累进制税率，1988 年以前继承税最高税率达 75%，此后，同所得税一样，日本在逐步降低继承税最高税率，同时提高继承税的征税起点。1988 年以来，日本对税制进行了三次改革，到 2003 年 4 月，继承税的最高税率已经从

①　《开征遗产税能否缩小贫富差距?》，中国经济论坛，2004 年 11 月 4 日，见 http://news. xin-huanet. com/fortune/2004 – 11/04/content_2175845. htm。

②　《开征遗产税能否缩小贫富差距?》，中国经济论坛，2004 年 11 月 4 日，见 http://news. xin-huanet. com/fortune/2004 – 11/04/content_2175845. htm。

③　林小春：《国外调节收入分配政策辑览》，《中国党政干部论坛》2005 年第 3 期。

④　《开征遗产税能否缩小贫富差距?》，中国经济论坛，2004 年 11 月 4 日，见 http://news. xin-huanet. com/fortune/2004 – 11/04/content_2175845. htm。

75%降到了50%，继承税征税起点也从原来的200万日元提高到现行的1000万日元，并减少了计算税率的档次，从最早的分14档计算税率减少到现行的6档。① 日本居民住宅用地的取得方法中通过"继承、赠与"获得土地的不在少数，由此即使收入较少但受益于继承、赠与等也能形成实物资产，特别是拥有住房。从财产继承、赠与的种类来看，在日本被继承、赠与房产的最多，其次是有价证券、现金、储蓄存款。1977年在日本继承了5千万至1亿日元财产的占继承财产总数的42.6%，继承1亿元以上的占28.8%。② 对于这一收入分配差距的调节则有赖于继承税。在日本，通过高额的继承税（遗产税）或是赠与税，起到了很好的资产再分配的作用。

意大利是实行混合遗产税制的国家，其征税方法是先按遗产总额征收遗产税，然后再按不同亲属关系征收比例不一的继承税。纳税人分为两类：一类是遗嘱执行人和遗产管理人，另一类是继承人或受赠人。对第一类纳税人统一采用第一种累进税率，对第二类纳税人则根据其与死者的亲疏关系采用不同累进税率。③

德国遗产税的最高边际税率在20世纪90年代末期高达67%④。通过征收高额的财产税和遗产税，调节居民的过高收入，虽然不能完全消除德国收入差距和财富占有不均等现象，但在防止财产分配不公平状况继续扩大上起到了较为有效的作用。

总的来说，经济发达国家普遍采取了促进机会均等的财产税政策，以达到改善获取收入机会不均等的目的。

（三）教育支持政策

经济发达国家都非常重视基础教育，已相继实施了免费义务教育制度。

---

① 林小春：《国外调节收入分配政策辑览》，《中国党政干部论坛》2005年第3期。

② 张珺：《日本收入分配制度分析》，《当代亚太》2005年第4期。

③ 《开征遗产税能否缩小贫富差距?》，中国经济论坛，2004年11月4日，见http://news.xin-huanet.com/fortune/2004 - 11/04/content_2175845.htm。

④ 邹伯平、刘乐山：《德国调节收入分配差距的财政措施及启示》，《湖南商学院学报》2006年第2期。

当然，由于各国的历史发展不同，义务教育所规定的时间、年龄以及教育内容也有所不同，不过免费一般是先免学费，然后逐步扩大到免费提供教科书和其他学习用品，有的还包括免费午餐、医疗和交通等。经济发达国家都已实施了义务教育完全免费制，并且成效非常显著。

美国非常重视基础教育。目前，美国在全国范围内实行了12年制的义务教育（对应中国的小学、初中和高中阶段教育），这种12年制的义务教育是伴随着美国经济实力的增长应运而生的。第二次世界大战以后，美国超越英、法成为经济最发达的国家，政府开始关注教育的质量和受教育的总量。美国前总统肯尼迪在1963年1月向国会提交的国情咨文中指出："提高教育质量，增加教育机会，对我国国家的安全和国内的福利是至关重要的。"拥有了雄厚经济实力的美国实现了真正意义上的12年制"义务教育"——公立学校的学生不用交学费、书费、杂费，免费送午餐，免费搭校车等。[①] 美国的义务教育同其他一些公共事业一样，并不是由联邦政府集中管理，而是由地方政府负责。因此这就决定了美国义务教育的经费来自三个不同水平的政府机构：联邦政府、州政府与县或市政府，主要来自州和地方。以明尼苏达州为例，2005学年学校教育经费中，州政府投入占69.5%，地方政府投入占9.1%，联邦政府投入占6.8%，还有14.6%来自个人财产税。[②] 美国义务教育的一大特点是长期以来保持高水平的教育投入。美国义务教育的投入额，不仅一般发展中国家望尘莫及，大多数OECD成员国也都无法相比。如2001—2002学年，美国义务教育的总投入为4120亿美元，占GDP的4%。当年公立中小学在校生4740万人（私立中小学在校生520万人），生均教育经费达8685美元。同期，OECD成员国公立中小学的生均经费为4850美元，平均占其GDP的3.6%。[③]

---

① 高云虎、肖汶：《义务教育在美国》，《北京教育（普通版）》2004年第6期。
② "公共服务均等化"课题赴美加考察团：《加拿大和美国基本公共服务均等化情况的考察》，《宏观经济研究》2008年第2期。
③ 钱一呈：《美国政府义务教育的经费投入体制》，2005年8月16日，见 http://www.xdxx.com.cn/show.aspx? id=460&cid=19。

英国实施 11 年免费义务教育制度（不包括独立学校），适龄学生必须接受小学和中学的基础教育。英国的义务教育包括两个阶段，小学教育（5—11 岁）和中学教育（11—16 岁），学生可以选择任何国家公立学校（免费）或私立学校（自费）学习。英国有 93% 的学生在国家公立学校学习，有 7% 的学生在私立学校学习。① 在英国，义务教育通常是地方行政当局的职责，但中央政府在义务教育总开支中占 50% 左右的份额，其余的由地方政府用税收来弥补，学费与捐赠仅占 8% 左右。这是 1902 年教育法确立后，英国教育行政管理的独特之处——中央和地方共同合作的"伙伴关系"。1965 年以后，中央政府的负担升至 60%，地方税收与捐赠所占的份额分别降至 36% 和 4%。② 在中央与地方的共同合作下，英国的免费义务教育制度得以顺利实施。当前，英国政府的教育经费还呈现出不断增加的迹象。用于基础教育（包括学龄前）的费用占英国国民生产总值的比例逐年稳步上升，2001—2002 年度为 5.0%，2003—2004 年度为 5.3%，2004—2005 年度为 5.5%，2006—2007 年度上升为 6%。学生人均教育经费从 1997 年到 2005—2006 年度增长了近 1000 英镑。2005—2006 年度纯学校费用支出为 250.98 亿英镑；2006—2007 年度纯学校费用预算为 266.61 亿英镑；2007—2008 年度为 281.98 亿英镑。③

德国历来重视教育，其教育历史悠久，是世界上实施义务教育最早的国家。在 1619 年德意志魏玛共和国颁布的《义务教育规定》中，就要求父母送 6—12 岁的儿童上学。对违背者，政府将强迫其履行义务。现代意义上的德国义务教育则始于 1763 年，1919 年的魏玛宪法中明确规定实行 8 年制义务教育，联邦德国现行的义务教育制度，就是在这个基础上发展起来的。20 世纪 50 年代联邦德国义务教育时间为 8 年，20 世纪 60 年代中期延长到 9

---

① 东方国际教育交流中心：《英国教育体制》，2005 年 6 月 2 日，见 http://goabroad. sohu. com/20050602/n225801231. shtml。

② 刘乐山、覃曼：《英国调节收入分配差距的财政措施及启示》，《湖南文理学院学报（社会科学版）》2006 年第 3 期。

③ 刘春、D. N. Gardner：《特别报道：聚焦国外义务教育经费保障机制》，2006 年 3 月 10 日，见 http://news. xinhuanet. com/edu/2006 – 03/10/content_4286043. htm。

年，20 世纪 80 年代在少数州又延长到 10 年。在完成普通学校的义务教育之后，如果不继续升入高一级学校深造，准备就业，而年龄不满 18 周岁者，必须要接受 3 年职业义务教育，因此整个义务教育时间可以说是 12 年或 13 年。德国的教育普及程度非常高，据历年的统计数据，6—16 岁的人口中入学率平均达到 99%。1990 年，全国普通教育的中小学、各类职业教育学校和高等学校的在校学生已占总人口的 15%。德国义务教育经费主要由州政府承担，它将教师工资直接划拨到教师个人账户，约占义务教育经费的大约 75%，另有少量经费由州转移给市镇政府。[1] 时至今日，德国各州都具有完备的义务教育法律，形成了完善的义务教育制度。

法国在 1881—1882 年出台《费里教育法》后，开始实行义务教育，规定义务教育年限为 10 年，即 6—16 岁，分为三阶段完成，6—11 岁为五年基础教育，即初等教育，11—13 岁为中学的最初两年，为"观察期"，教师将对学生的能力倾向和爱好进行观察，并指导他们分别接受不同的中等教育，13—16 岁为义务教育的"完结期"。

日本也是一个非常重视教育的国家，注重提高国民的素质。在 1873 年，日本义务教育阶段的入学率就达到了 28%（中国解放初才达到 20%），1907 年入学率就高达 97%。[2] 日本实行九年义务教育，其中小学六年，初中三年，大约 95% 的学生完成义务教育后，进入全日制高中。日本的义务教育是较为彻底的免费、公平教育，政府保证了充足的义务教育经费，学生在学校内不会花一分钱购买学习材料，基本实现了免费教育；各校教学条件、教学设施都达到了规范化，各个学校的教学条件、教学设施都执行同一标准而无太大的差异。

总的来说，经济发达国家都非常重视教育，普遍形成了一套完善的教育政策，通过进行免费义务教育，给贫困家庭的孩子以较为平等的受教育机会，解决贫困者因无力进行人力投资而进一步造成收入差距扩大的问题，

---

[1]　邹伯平、刘乐山：《德国调节收入分配差距的财政措施及启示》，《湖南商学院学报》2006 年第 2 期。

[2]　李贞：《义务制教育的公共产品定位》，《中央财经大学学报》2005 年第 4 期。

为遏制贫富差距的代际转移提供了有效的政策手段。

(四) 社会保障政策

第二次世界大战以后，经济发达国家在国民收入再分配方面的又一个重要调节手段是建立和完善社会保障制度。社会保障制度是以国家或政府为主体，依据法律规定，通过国民收入再分配，对公民在暂时或永久失去劳动能力以及由于各种原因生活发生困难时给予物资帮助，保障其基本生活的制度。[1] 社会保障制度要保障的内容涉及到人的生、老、病、伤、残、失业等各种情况，其功能在于解决因失业、疾病和年老及各种天灾等因素所带来的贫富不均问题，具有相对缩小居民收入差距、减少社会不稳定因素的作用。

尽管各国社会保障内容及项目构成各不相同，但大体上可以归纳成社会救助、社会保险和社会福利三类。社会救助是社会保障体系的最低目标。在美国，救助的对象一般是生活在"贫困线"以下的穷人或家庭，由政府提供救济金额、医疗补助、食品券等。社会保险是社会保障体系的基本目标。劳动者一旦发生生育、失业、疾病、工伤、年老、死亡等风险时，社会保险给予一定的补偿，以保证其基本生活。其中最主要的是老年、失业、医疗保险三个项目。各国用于社会保险的支出一般占社会保障总支出的一半左右。其中，用于老年保险的支出所占的比重最大，一般在50%以上。社会福利是社会保障体系的最高目标。在人均收入较高的国家，用于社会福利开支的比重一般较大。特别是用于公共教育支出的比重较大，美国1978年公共教育支出在国民生产总值中的比重为7.1%；日本1973年为4.3%；联邦德国为4.1%；意大利为5.4%；瑞典在20世纪70年代以来已超过9%。[2]

---

① 刘乐山、覃曼：《英国调节收入分配差距的财政措施及启示》，《湖南文理学院学报（社会科学版）》2006年第3期。

② 蒋雪玲、苏维新：《当代资本主义国家国民收入再分配的新特点》，《鞍山钢铁学院学报》1999年第6期。

　　第二次世界大战以后，发达国家政府通过举办名目繁多的社会保险及其福利项目，使社会保障开支不断增加。目前，在西方主要发达国家的财政支出中，社会保障支出已超过军事开支，成为政府最大的开支项目。例如美国的这一比重1950年为37.4%，1960年为38.4%，1970年为48.2%，1980年为57.6%。1980年其他经济发达国家用于社会保障和福利方面的开支所占的比重（含教育、卫生）分别为：西德65.9%，英国45.9%，法国70.2%，加拿大45.6%。[①] 社会保障支出的增长是第二次世界大战以后经济发达国家加强对国民收入再分配调节的又一重要表现。

　　英国作为福利型社会保障制度的代表国家，其社会保障体系主要包括国民保险、国民医疗保健服务、社会救济和社会福利四个部分。（1）国民保险。由国民保险计划提供各种保障待遇，包括养老保险、失业保险、疾病保险、工伤保险、生育保险以及家庭收入补助等。国民保险计划由政府有关部门及分布在各地的五百多个办事机构管理和实施，其对象是十六岁以上公民，前提条件是事先缴纳一定数量的保险费。（2）国民医疗保健服务。英国是世界是最早实行全民医疗保健的国家，在1948在就建立了国民医疗保健制度，其费用来自个人雇主和政府，其服务对象是英国公民以及在英国居住一年以上的外籍人。（3）社会救济。1948年英国颁布了国民救济法，建立了社会救济制度，1976年颁布了补充津贴法，完善了社会救济体系。（4）社会福利。包括两个层次：一是政府有关部门和社会志愿者有关组织对有特殊困难者提供的各种福利设施和有关服务；二是指向全体公民提供的各种公共设施和津贴补助。英国的社会保障体系具有四个特点：一是全民保障。保障范围几乎无所不包。二是各种保障待遇都以法律形式固定下来，强调了社会保障的平等性与普遍性。三是由政府统一管理，全国最高领导机构是卫生和社会保障部。四是社会保障资金主要来源于国家

---

　　① 章嘉琳、姚廷纲：《现代美国经济问题简编》，上海人民出版社1981年版，第370页。转引自蒋雪玲、苏维新：《当代资本主义国家国民收入再分配的新特点》，《鞍山钢铁学院学报》1999年第6期。

一般性税收。①

在美国,中产阶级占主体地位,其较大的收入分配差距是在社会生产力高度发达、物质基础雄厚和成熟的资本主义市场经济条件下形成的。换句话讲,虽然美国收入分配差距较大,同时,其社会保障水平也较高。1935年美国创建社会安全福利制度后,通过70年的不断修改和完善,已建成为一个由社会保险、社会救济和社会福利三部分组成的完善的社会保障体系。② 其中,社会保险主要包括养老保险、残疾保险、健康保险等;社会救济项目主要是由政府拨款对低收入家庭提供救济;社会福利项目主要是住房保障,为穷人提供低租的公共住房、房租补贴,提供低利建房贷款等。1950年美国政府用于社会保障支出的开支为105美元,1980年增加到3033亿美元,这一支出水平占美国国民生产总值的11%,占联邦预算的54.4%③。可见,美国社会保障的涉及范围非常广泛,包括提供医疗服务、残疾保险、住房补贴、失业救助、社会安全福利金、退休金、低收入家庭子女津贴和学童营养补助等,涉及生、老、病、死、伤、残、退休、教育、就业等,被称作是"从摇篮到坟墓"的保障。这些福利尤其对退休的老年人和残疾人提供了有力的生活保障。④

日本的社会保障体系中包括医疗保险、社会福利、公众卫生、养老金等多种形式。1961年,随着国民健康保险制度和国民养老金制度的全面实行,日本在社会保障方面实现了"国民皆保险、国民皆年金",社会保障走向制度化。从养老金的支付来看,1950年仅有4.9万件,1970年一跃增加到118.8万件,是1950年的24倍多,1994年进一步增加到1327.3万件,为1950年的约271倍。在养老金的支付金额方面,1970年的支付金额是1950年的215倍多,而1994年在1970年支付金额的基础上提高了99倍。

---

① 全国社保基金理事会:《英国的社会保障制度》,2006年10月26日,见 http://www.cnss.cn/xyzx/hqsy/200610/t20061026_83639.html。
② 林小春:《国外调节收入分配政策辑览》,《中国党政干部论坛》2005年第3期。
③ 王福宏、夏安宁、罗光勇:《西方国家宏观经济政策简介》,2002年5月30日,见 http://www.drcnet.com/。
④ 林小春:《国外调节收入分配政策辑览》,《中国党政干部论坛》2005年第3期。

从整体的趋势来看，1970—1994 年与 1950—1970 年这两个阶段相比，就养老金支付的件数和金额而言，前一阶段的增加额分别是后一阶段增加额的8.19 倍和 72.21 倍。日本国民健康保险加入者的数目从 1955 年开始逐年增加，经过 20 年后所加入的家庭数增长了 2.5 倍，被保险者人数增长了 1.5倍，1994 年加入的家庭数又比 1975 年增加了 557.6 万户，为 1975 年的 139倍。① 在日本，社会保障缴纳的金额视不同的收入阶层而有差别，高收入阶层缴纳的金额相对要高一些，低收入阶层则相对缴纳得较少。在支付时，由于社会保障属于公有保障的一部分，只支付给处于一定生活水平之下的阶层，从而起到收入再分配的作用。

德国是"社会市场经济体制"国家，注重效率与社会公平，其社会保障制度更为完善，它的高效率得到了世界各国的公认。德国建立社会保障制度和社会保障体系的目标主要是为社会成员提供福利，防止经济自由和社会公正之间出现矛盾和冲突。社会保障涉及社会成员基本生活的各个环节，包括了生、老、病、死、伤、残以及教育、失业、就业等各方面，也实施从"摇篮到坟墓"的保障。其社会保障体系主要由社会保障和社会救济以及其他一些社会福利项目构成，其中社会保险是最主要的部分。德国的社会保险主要包括失业保险、养老保险、事故保险和医疗保险四大部分。失业保险金由雇主和雇员平均分摊，领取失业保险金的数额大体相当于失业者最后工作净收入的 60%，多数失业者领取失业保险金的时间在一年内，最长的领取时间也不超过两年。如果超过了领取失业保险金的期限，仍找不到工作，失业者就只能申请失业救济了。失业救济当然是低于失业保险金的。养老保险费、医疗保险费一般也是由雇员和雇主各交一半。但德国法律规定，如果脑力劳动者和独立劳动者的年收入高于全国平均水平的 1.8倍，就可以自愿参加养老保险，如果收入较高（比如年收入 5 万马克以上），也可自愿参加医疗保险。② 德国社会救济的负责单位是市或县，而不

---

① 张珺：《日本收入分配制度分析》，《当代亚太》2005 年第 4 期。
② 邹伯平、刘乐山：《德国调节收入分配差距的财政措施及启示》，《湖南商学院学报》2006年第 2 期。

是联邦政府和州，因为基层的政府和社区组织更了解本地具体情况，不必贫困者申请，他们就能知道该去救济谁。社会救济的形式有许多种，如提供咨询和照顾，给予物质或金钱上的帮助等。德国的社会救济不但强调要帮助贫困者能够维持一种符合人尊严的生活，更要求通过社会救济使贫困者能借此得到一种生存的本领或提供一个让其能自食其力并过上正常生活的机会。

瑞典、芬兰等北欧发达国家更是以高福利的社会保障制度著称，其居民在享有福利权利和政府尽力提供社会服务方面的广泛性和综合性居于世界前列。完备的社会保障体系为居民在养老、医疗、教育、居住、子女抚养、就业援助甚至休假等方面提供的各种保障措施名目繁多，其覆盖范围极其广泛，服务内容非常详细。在高福利的政策下，瑞典、芬兰等北欧发达国家社会保障费用支出的绝对数不断攀升，如芬兰 2003 年和 2004 年社会保障的支出费用总额就分别达到 3870 亿欧元和 4030 亿欧元，占 GDP 的比重分别为 27% 和 26.9%，其中，养老金的支出规模达到 1670 亿欧元和 1730亿欧元。[①] 这种高福利的社会保障对缩小分配差距、缓解社会对立情绪、减少社会不公等方面起到了十分明显的作用。

（五）就业政策

经济发达国家缓解居民收入差距的另一项政策措施就是通过各种就业政策来增加就业，保障低收入者的收入。

美国非常注重运用多种政策手段来刺激经济的增长，扩大就业机会。首先，美国通过增加对公共事业的投资和增加职工收入，减少个人所得税，提高职工的消费能力，刺激生产的发展，扩大就业机会；其次，美国运用货币、信贷政策大力推动信息经济，鼓励高科技创新和兴办中小企业，为自营创业者提供创新计划、从失业人员中培训新的企业家等金融手段促进就业；再者，美国各州设立小企业开办中心，向失业人员提供停工培训和

---

① 刘强：《北欧国家的收入分配状况及政策借鉴》，《中国经贸导刊》2006 年第 10 期。

咨询，增强小企业吸纳失业人员的能力；此外，美国还很重视再就业培训和提供就业信息，近年来美国政府拨款资助的再就业培训计划每年就培训100 多万失业人员，1997—1998 年约有 70% 的失业者经培训后找到了新的工作。[1] 美国这一系列促进就业的政策手段，对调节其居民收入差距起到了十分重要的作用。

法国政府也非常重视就业问题，采取各种措施增加就业，努力降低失业率，消除失业对经济发展带来的负面影响，把强化职业培训、扩大就业范围作为调节居民之间收入分配的政策理念，以年轻人和低收入者为重点，实施积极的就业政策，促进国民收入的整体分享。[2]

日本政府实施下岗职工补贴制度，设立了针对"夕阳产业"的就业安定补助金、职业转换补助金和职业训练补助金等，对于离岗人员采取特别优待措施，对录用此类人员的企业提供就业开发补助金。

德国为增加就业，缓解贫富差距，采取了促进私人投资和扶持中小企业发展的措施。为促进私人投资，德国政府简化了计划和审批手续，大力降低住房建筑费用，放宽零售业商店营业时间的规定，大力推进国有控股企业私有化进程等。另外，德国还大力扶持中小企业的发展。德国企业中99% 是中小企业，在 20 世纪末 21 世纪初的许多年份，新的就业岗位几乎全部是中小企业创造的。德国政府鼓励人们自主自强，鼓励高等学府和其他机构为人们提供这方面的技能，鼓励毕业生独立自主地从事经济活动。[3] 在这样的就业政策下，德国的贫富差距得到了有效控制。

（六）工资政策

大多数经济发达国家还建立了最低工资制度及其他工资政策，以保障低收入者的基本生活，并尽力提高其最低收入，缓解贫富差距。所谓最低

---

① 李永民：《国外就业政策及对我国的启示》，《理论参考》2006 年第 11 期。

② 龚磊：《专稿：缩小收入差距　英日法瑞制度启示中国》，2007 年 7 月 3 日，见 http://intl. ce. cn/specials/zxxx/200705/11/t20070511_11322755. shtml。

③ 李永民：《国外就业政策及对我国的启示》，《理论参考》2006 年第 11 期。

工资是指劳动者在法定工作时间或依法签订的劳动合同约定的工作时间内，提供了正常劳动的前提下，用人单位依法应支付的最低劳动报酬。最低工资制度实施方式在欧美等发达国家并不相同，大致有四种方式。一是全国性模式，即全国采取统一的最低工资标准；二是地区性模式，即不同地区制定不同的最低工资标准；三是行业性模式，即不同行业订立不同的最低工资标准；四是工程性模式，即不同工种制定不同的最低工资标准。①

美国通过劳资谈判与最低工资制度，来提高低收入者的收入，调节居民收入差距。第二次世界大战以后，美国颁布了《国家劳资关系法》，确立了工会集体谈判的地位，削弱和限制了雇主权力，工会的力量逐渐得到加强，其主体地位也日益明确。1935年全国劳工关系法通过后，给予工会活动的发展以法律的支持，劳工参加工会的比例从1934年的12%提高到1946年的35%。1938年，美国第一个公平劳动标准法生效，从此有了最低工资标准。1935—1945年，由于保护劳工利益的这些制度，造成了一个前所未有的工资差距缩小的时代。杜鲁门总统在1946年7月的国情咨文中要求把最低工资立即提高到每小时65美分，1年内提高到每小时70美分，2年内提高到每小时75美分。1966年9月，美国国会再次修订了《公平劳工标准法》，在把最低工资从每小时1.25美元提高到1.40美元后，又提高到1.60美元，并对750万非农场工人和40万农场工人规定了最低工资标准。步入20世纪70年代，美国联邦政府根据当时的通货膨胀率以及经济增长率，又对《公平劳工标准法》修订了两次，最低工资标准又有所提高。20世纪80年代，最低工资由1980年的每小时3.10美元提高到1984年的3.25美元。②

英国有关最低工资制度的法律体系非常完善，政府颁布了《国民最低工资法》，法律效力高，约束力大。最低工资标准的确定及调整都必须通过立法程序由国会批准同意。英国最低工资标准采取工种性模式，其优点在于将保障范围集中于最需要保障的一群劳动者，而且能够由熟悉行业情况

---

① 罗小兰：《英国最低工资制度及其借鉴》，《上海企业家》2007年第5期。
② 胡莹：《战后美国收入分配政策及启示》，《理论界》2006年第3期。

的劳资双方代表共同商议，有弹性地为不同行业及工种订立不同的最低工资标准，这样制定的最低工资标准既易达成共识，实施效果也好。英国最低工资制度由税务海关总署执行，对于企业克扣最低工资工人的工资、不保存最低工资记录、制造及保存虚假最低工资记录等情况的，政府按最低工资的两倍进行罚款，罚款额最高可达 5880 英镑。情节严重的追究刑事责任。英国定于每年 10 月调整最低工资标准。调整最低工资标准时，主要考虑经济状况、工资差别、经营成本、经济竞争力、通货膨胀率及就业率等方面的因素。自实施最低工资制度以来，英国的最低工资标准逐年上升（1995—1999 年除外）。从最低工资标准绝对数来说，1991 年英国小时最低工资标准为 2.46 英镑/小时，到 2004 年增加为 4.85 英镑/小时，增加了97.2%；就最低工资标准相对数来说，1999 年英国最低工资标准年增长6.1%，而平均工资、收入中位数、消费物价指数增长分别只为 4.2%、3.9% 和 1.2%。[①] 上述情况说明，近年来英国最低工资收入者的生活水平不断改善，贫富差距在逐步缩小。

　　法国实行分类管理、规范稳定的全社会工资指导制度。法国政府对居民工资的管理主要通过两种体制分别确定：私人部门和公共部门（包括国有企业），并在两种部门之间建立横向联系和对比。对于私人部门，政府主要通过控制和指导最低工资和行业工资水平两个标准，来体现对整个私人部门工资及收入的间接管理调控。对于公共部门，政府通过制定层次明晰的薪酬等级和福利制度，有效保证和规范公务员工资水平的正常增长。最低工资制度是法国政府进行宏观工资管理的另一个重要方面。法国政府非常重视最低工资制度的修改和完善，最低工资标准根据物价指数、经济发展、就业状况、低收入人群的生活支出水平等因素确定，每年根据情况做适当调整，以保障劳动者的基本生活。[②]

　　日本于 1960 年宣布实施"国民收入倍增计划"，也引入了"最低工资

---

　　① 罗小兰：《英国最低工资制度及其借鉴》，《上海企业家》2007 年第 5 期。
　　② 龚磊：《专稿：缩小收入差距　英日法瑞制度启示中国》，2007 年 7 月 3 日，见 http://intl.ce.cn/specials/zxxx/200705/11/t20070511_11322755.shtml。

制"，希望以此消除生产力水平和人民生活水平之间的差距。1961 年，池田内阁制定了目的为"增加从事农业者的收入，使其达到从事其他产业者的生活水平"的《农业基本法》。1963 年，政府又制定了《中小企业基本法》，通过各种措施推动中小企业的设备现代化和专业化生产，以便提高它们的劳动生产率。①

（七）区域政策

对于地区间的收入差距，经济发达国家普遍采取区域经济政策，对落后地区的发展提供各种优惠措施和政策倾斜，旨在缩小地区间的收入差距。根据国情不同，各国所采取的区域政策模式也不尽相同。

英国在整个 20 世纪一直不断地实行区域开发和移民政策，对落后地区给予政策扶持。确定扶持地区的标准是失业率，把失业率高于全国平均水平的地区确定为需要援助的地区，然后采取各种措施促进这些地区的开发和发展。比如，鼓励工人从失业多的地区转移到发达地区，1928 年，英国政府专门成立了"工业迁移委员会"，资助失业工人到其他地区工作。到1938 年，20 多万工人得到资助。但这并没有从根本上解决总数超过 300 万的失业人员的问题。为此，英国政府在 1934 年和 1937 年制定特别地区法（又称特区法案），开始按照把"工作带给工人"的原则解决区域问题，并将英格兰东北部、西坎特伯兰郡、威尔士南部和英格兰中西部定为特区，对这 4 个失业率高的特区进行财政援助，援助资金主要用于基础设施建设，鼓励厂商到特区投资，并通过建立商业区来援助企业。这是英国区域开发政策的开端。其政策倾向开始由对外迁移向加快高失业地区内部发展转变，即把失业者迁移到发达地区转变为在高失业率地区创造就业机会。此后，英国又通过多个法律来增加就业机会，扶持落后地区经济发展。1984 年，英国政府把区域开发政策调整为：一是将援助分为两类，即发展补助和选

---

① 龚磊：《专稿：缩小收入差距　英日法瑞制度启示中国》，2007 年 7 月 3 日，见 http://intl. ce.cn/specials/zxxx/200705/11/t20070511_11322755.shtml。

择性援助；二是资金补贴，按就业成本和就业规模为企业提供补贴，鼓励劳动密集型企业的发展；三是迁入企业可得到资金补贴；四是给服务业以地区性补贴。[①] 英国通过区域开发政策改善了不发达地区的经济环境，增强了对资本和熟练劳动力的吸引力以及边缘地区制造业的优势，对英国区域失业差异和地区收入差距的缩小，产生了积极的作用。

美国对落后地区的开发，最早可以追溯到美国建国后持续百余年的"西进"运动，但真正意义上的对落后地区的开发则是从 20 世纪 30 年代经济危机以后以南部地区为重心的区域援助政策开始的。1993 年美国政府根据"新政"中的有关法案，成立了著名的"田纳西河流域管理委员会"（TVA），负责田纳西河流域和密西西比河中下游一带的开发。此后，美国政府还陆续采取了一些政策措施。比如，1961 年 5 月，美国政府第一次宣布将失业和经济落后问题列为全国性问题，并建立了相关法案——《地区再开发法》。1993 年 8 月，美国国会通过了第一个比较系统解决不发达地区发展问题的法案——《联邦受援区和受援社区法案》。[②] 为了促进落后地区的开发，自 20 世纪五六十年代以来，联邦对州和地方政府的财政补助不断增加，据美国行政管理预算局估计，1997 年联邦财政补贴达到 2752 亿美元，占联邦支出的比重达到 16.3%，占 GDP 的比重达到 3.5%。[③] 此外，联邦政府还设定补贴的基本形式，一项是专项补助，它是为了支持那些特别专门化的项目而设计的一种有条件的补助，一般由联邦政府规定用途、金额、使用期限和各种具体要求，州和各级地方政府不得挪作他用。专项补助中约有 70% 是按照人口、人均收入或者财政能力等作为衡量需要程度的标准，合格者均可自动获得这种补助。另一项补助是分类补助。和专项补助相比，它的约束性不强，联邦政府也只规定作用范围，没有资金配置的

---

① 刘乐山、覃曼：《英国调节收入分配差距的财政措施及启示》，《湖南文理学院学报（社会科学版）》2006 年第 3 期。

② 刘乐山、鲁昕：《美国调节收入分配差距的财政措施及启示》，《喀什师范学院学报》2007 年第 1 期。

③ 叶普万：《贫困经济学研究》，中国社会科学出版社 2001 年版，第 79—80 页。

相应要求。分类补助的作用主要是通过给州和地方政府提供一种更为有效的收入来源来消除地区之间的差别。①

德国统一后，为了缩小东、西德在经济发展上的差距，德国新政府接连实施了一系列的援助措施，在合并初期以及合并后多年间一直实行西部向东部的资金转移和政策倾斜，德国每年把国内生产总值的 3%（大约 600亿欧元）用于德国东部的建设。②

日本为了促进落后地区的经济发展，缩小地区间的收入差距，也采取了一系列的政策措施。比如，1960 年，日本提出在北海道、东北等落后地区进行大规模的产业基础设施建设，将这一带发展成为可与京滨、阪神等工业地带相匹敌的大规模重化工业地带。又如，日本政府将奶牛饲养业作为北海道农村经济的主导产业，专门制定"奶牛饲养振兴法"，到 1980 年，北海道的农业获得了长足的进步，城乡收入差距大大缩小。③ 从 20 世纪 60年代至 80 年代，日本还先后制定和执行了《山村振兴法》、《过疏地域振兴特别措施法》、《欠发达地工业开发促进法》、《新产业城市建设促进法》和《北海道开发法》等一系列政策法案，通过这些法律和相匹配的一系列财政、金融政策，达到了促进不发达地区的工业开发、增加就业和缩小地区之间收入差距的目的。④

第二节　经济发达国家解决居民收入差距政策的效应

不同政策对居民收入差距的调节力度不同，因而也产生了不同的调节

---

① 刘乐山、鲁昕：《美国调节收入分配差距的财政措施及启示》，《喀什师范学院学报》2007年第 1 期。

② 邹伯平、刘乐山：《德国调节收入分配差距的财政措施及启示》，《湖南商学院学报》2006年第 2 期。

③ 梁建武：《看外国如何缩小收入差距》，《瞭望》2006 年第 13 期。

④ 刘乐山、鲁昕：《日本调节收入分配差距的财政措施及启示》，《经济纵横》2007 年第 3 期。

效果。由于有些政策效应的量化存在计算的困难或统计数据资料的缺乏，本节将着重分析个人所得税政策和社会保障政策的效应。根据英国政府公布的报告，可以通过不同收入层次基尼系数的变动来评价不同政策措施的实际效果，例如，通过初次分配后总收入与可支配收入基尼系数的变动来衡量个人所得税政策效应，或通过实行社会保障后基尼系数的变动来衡量社会保障政策效应，等等。

一、个人所得税政策效应

个人所得税的累进特征从根本上体现了对高收入者多课税、对低收入者少课税或不课税的量能课税原则，因而能有效地缩小居民收入差距。

有资料显示，美国近年来个人所得税政策的实施对缩小居民收入差距起到了明显的作用，其税前收入基尼系数自 1993 年以来一直稳定在 0.45 的水平上，处在 20 世纪 80 年代以来的最高点，税后基尼系数保持在 0.42 左右，个人所得税对收入差距的缩小基本保持在 7% 左右（见表 4.2.1）。

表 4.2.1　美国近年来税收（个人所得税）政策效应

年份	税前基尼系数	税后基尼系数	税收政策效应（%）
1993	0.454	0.421	7.27
1994	0.456	0.422	7.46
1995	0.450	0.417	7.33
1996	0.455	0.423	7.03
1997	0.459	0.429	6.54
1998	0.456	0.430	5.70

说明：①税收政策效应 =（税前基尼系数 － 税后基尼系数）/税前基尼系数。
②资料来源：美国统计局网站 http：//www.census.gov，转引自陈卫东：《从国际比较看中国个人所得税发挥再分配功能的改革思路》，《涉外税务》2004 年第 5 期。

英国通过个人所得税、遗产税、社会保障税等税收来调节收入分配差距，其调节效果也比较明显。以个人所得税为例，1994—1995 年度，1% 的最低收入者税前收入在 3690 英镑以下，税后收入在 3640 英镑以下；10% 的最低收入者税前收入在 5270 英镑以下，税后收入在 4980 英镑以下；10% 的最高收入者税前收入在 26100 英镑以上，税后收入在 21100 英镑以上；1% 的最高收入者税前收入在 68400 英镑以上，税后收入在 48100 英镑以上。[①] 这说明收入越高，税前收入与税后收入的差额就越大，税收累进调节的力度也越大。

从基尼系数来看，英国个人所得税对收入差距减小的作用比美国更加明显。从表 4.2.2 可以看出，1964—1976 年，英国总收入基尼系数保持在 0.33 左右，可支配收入基尼系数降至 0.23—0.26 的水平，个人所得税政策效应达到了 20%—30%。还有资料显示，1994—1999 年，英国不列颠从总收入基尼系数到可支配收入基尼系数平均每年减小 10% 以上，苏格兰则减小 11% 以上，而 1999—2000 年不列颠和苏格兰基尼系数的缩小达到了 13% 左右。[②] 对于英国 20 世纪 60 年代至 70 年代和 20 世纪 90 年代个人所得税的政策效应，由于数据来源和研究范围不一样，在这里不作纵向比较。不过，从两组数据都可以看出，个人所得税在英国调节收入差距的作用是比较行之有效的。

表 4.2.2 英国 1964—1976 年税收（个人所得税）政策效应

年份	总收入基尼系数	可支配收入基尼系数	个人所得税政策效应（％）
1964	33.6	25.6	23.81
1965	32.7	24.4	25.38
1966	32.7	25.5	22.02
1967	32.2	24.4	24.22
1968	32.8	24.3	25.91

---

① 郭才：《国外税收对个人收入差距的调节》，《改革与理论》1997 年第 5 期。转引自刘乐山、覃曼：《英国调节收入分配差距的财政措施及启示》，《湖南文理学院学报（社会科学版）》2006 年第 3 期。

② 陈卫东：《从国际比较看中国个人所得税发挥再分配功能的改革思路》，《涉外税务》2004 年第 5 期。

续表

年份	总收入基尼系数	可支配收入基尼系数	个人所得税政策效应（%）
1969	33.8	25.1	25.74
1970	33.9	25.4	25.07
1971	34.7	26.1	24.78
1972	33.7	26.4	21.66
1973	35.0	25.2	28.00
1974	35.2	24.5	30.40
1975	37.6	23.7	36.97
1976	33.9	23.6	30.38

说明：①表 4.2.2 系作者依据世界收入不平等数据库（WIID2c）整理得到，其中，总收入基尼系数和可支配收入基尼系数直接来自世界收入不平等数据库的原始数据，而个人所得税政策效应系作者依公式计算得到（个人所得税政策效应 =（总收入基尼系数 - 可支配收入基尼系数）/总收入基尼系数）。

②总收入基尼系数数据说明同表 2.3.1 中基尼系数 C 栏数据，即调查范围覆盖英国所有地区和所有人口，以家庭（Household）为统计单位，收入的定义是基于总收入（Income，Gross），数据原出自 Wiedemann 1984 和 Family Expenditure Survey，数据质量等级为 2 等；可支配收入基尼系数数据说明同表 2.3.1 中基尼系数 E 栏数据，即调查范围覆盖英国所有地区和所有人口，以家庭（Household）为统计单位，收入的定义是基于可支配收入（Income，Disposable），数据原出自 IFS，Inequality Spreadsheet March 9 2004（Goodman & Spephard，2002）和 Family Expenditure Survey，数据质量等级为 1 等。

表 4.2.3 英国 1994—2000 年税收（个人所得税）政策效应

年份	总收入基尼系数		可支配收入基尼系数		个人所得税政策效应（%）	
	不列颠	苏格兰	不列颠	苏格兰	不列颠	苏格兰
1994—1995	0.37	0.35	0.33	0.31	10.81	11.43
1995—1996	0.37	0.34	0.33	0.30	10.81	11.76
1996—1997	0.37	0.34	0.33	0.30	10.81	11.76
1997—1998	0.38	0.35	0.34	0.31	10.53	11.43
1998—1999	0.39	0.35	0.35	0.31	10.26	11.43
1999—2000	0.39	0.38	0.34	0.33	12.82	13.16

资料来源：参见 http://www.scotland.uk/stats/ses2002/ses2-08.asp，转引自陈卫东：《从国际比较看中国个人所得税发挥再分配功能的改革思路》，《涉外税务》2004 年第 5 期。

芬兰的个人所得税政策对缩小居民收入差距也起到了明显的作用。从表4.2.4可以看出，1966年，芬兰从总收入基尼系数到可支配收入基尼系数减小了7.78%；1971年，个人所得税政策效应超过13%；1987—1996年，个人所得税对基尼系数的缩小平均保持在20%左右；1997—2003年，个人所得税政策效应虽有所下降，但至少也保持在15%以上。可见，芬兰的个人所得税政策也是效果很明显的。

表4.2.4　芬兰1966—2003年税收（个人所得税）政策效应

年份	总收入基尼系数	可支配收入基尼系数	个人所得税政策效应（%）
1966	33.4	30.8	7.78
1971	30.9	26.7	13.59
1976	26.3	21.4	18.63
1981	25.2	20.5	18.65
1987	25.1	19.6	21.91
1988	25.8	20.0	22.48
1989	26.1	20.4	21.84
1990	25.6	20.1	21.48
1991	25.1	20.0	20.32
1992	25.0	19.6	21.60
1993	26.1	20.8	20.31
1994	26.1	20.9	19.92
1995	26.8	21.7	19.03
1996	27.4	22.1	19.34
1997	28.5	23.4	17.89
1998	29.5	24.4	17.29
1999	30.6	25.7	16.01
2000	31.2	26.4	15.38
2001	30.4	25.5	16.12
2002	30.2	25.5	15.56

续表

年份	总收入基尼系数	可支配收入基尼系数	个人所得税政策效应（％）
2003	30.3	25.6	15.51

说明：①表4.2.4系作者依据世界收入不平等数据库（WIID2c）整理得到，其中，总收入基尼系数和可支配收入基尼系数直接来自WIID2c的原始数据，而个人所得税政策效应系作者依公式（个人所得税政策效应＝（总收入基尼系数－可支配收入基尼系数）/总收入基尼系数）计算得到。

②总收入基尼系数数据说明同表2.8.3中基尼系数F栏数据，即调查范围均覆盖芬兰所有地区和所有人口，以个人为统计单位，收入的定义是基于总收入（Income，Gross），1966—1981年数据原出自Statistics Finland 2005和Household Budget Survey，1987—2003年数据原出自Statistics Finland 2005和Income Distribution Survey，数据质量等级为1等；可支配收入基尼系数数据说明同表2.8.3中基尼系数A栏数据，即调查范围均覆盖芬兰所有地区和所有人口，以个人为统计单位，收入的定义是基于可支配收入（Income，Disposable），1966—1981年数据原出自Statistics Finland 2005和Household Budget Survey，1987—2003年数据原出自Statistics Finland 2005和Income Distribution Survey，数据质量等级为1等。

丹麦和芬兰一样，其个人所得税政策对缩小居民收入差距也起到了明显的作用。从表4.2.5可以看出，1997—2002年，丹麦总收入基尼系数保持在0.38—0.39的水平，可支配收入基尼系数降至0.34左右，个人所得税政策效应每年都保持在10％以上，2002年超过11％。可见，丹麦的个人所得税政策也是比较行之有效的。

表4.2.5　丹麦1997—2002年税收（个人所得税）政策效应

年份	总收入基尼系数	可支配收入基尼系数	个人所得税政策效应（％）
1997	38.2	34.3	10.21
1998	38.6	34.6	10.36
1999	38.8	34.7	10.57
2000	39.2	35.0	10.71
2001	39.0	—	—
2002	39.0	34.6	11.28

说明：①表4.2.5系作者依据世界收入不平等数据库（WIID2c）整理得到，其中，总收入基尼系数和可支配收入基尼系数直接来自WIID2c的原始数据，而个人所得税政策效应系作者依公式（个人所得税政策效应＝（总收入基尼系数－可支配收入基尼系数）/总收入基尼系数）计算得到。

②总收入基尼系数和可支配收入基尼系数数据说明分别同表2.8.6中基尼系数H栏和G栏数据，调查范围均覆盖丹麦所有地区和所有人口，以家庭（Family）为统计单位，数据原出自Danmarks Statistik 1999—2004和Administrative Registers，数据质量等级为1等，可支配收入基尼系数的收入定义基于可支配收入，总收入基尼系数的收入定义基于总收入。

加拿大在税收调节措施下，收入差距也明显缩小了。1974 年加拿大税前基尼系数为 0.38，税后基尼系数降低为 0.34；到 1993 年，纳税人的税前基尼系数为 0.37，税后基尼系数降为 0.33。[1] 1974—1993 年的大部分年份，纳税后的基尼系数比最初所得的基尼系数都下降了 0.04 左右，税收政策效应达到 10%，加拿大的税收政策也明显起到了调节收入分配差距的作用。

可见，经济发达国家实施的个人所得税政策效应是比较明显的，美国 1993—1998 年个人所得税政策效应在 7% 左右，英国 1964—1976 年个人所得税政策效应达到了 20%—30%，芬兰 1987—1996 年个人所得税对基尼系数的缩小平均保持在 20% 左右，1997—2003 年略有下降但也保持在 15% 以上，丹麦 1997—2002 年个人所得税政策效应每年都保持在 10% 以上，加拿大 1974—1993 年的大部分年份税收政策效应也达到 10% 左右。

二、社会保障政策效应

经济发达国家通过税收政策来调低过高收入，通过社会保障政策来调高过低收入，虽然社会保障政策对居民收入的调节方式与税收政策不同，但同样对居民收入差距产生了显著的调节效果。

根据英国政府公布的报告，通过分析 2004 年英国居民收入的基尼系数和政策影响分解发现，各种直接的社会保障措施对收入差距的调节效果最大，这些措施使居民收入的基尼系数下降了 0.15，远大于各种直接税和间接税的调节效果。[2]

据日本厚生省对于收入再分配所做的调查，20 世纪六七十年代，日本居民经过社会保障调节后的基尼系数大体上比最初所得的基尼系数低 0.02，

---

[1]　范剑平、高辉清、胡少维：《收入分配体制改革：一场"静悄悄的"革命》，2006 年 8 月 10 日，见 http://www.amr.gov.cn/macro_economic/showxm.jsp? informationid = 2916&subframeid = 1085。

[2]　中国国家发改委就业和收入分配司收入分配处：《英国再分配调节措施的基本情况和效果评估》，2006 年 6 月 19 日，见 http://www.ndrc.gov.cn/jyysr/jb/default.htm。

再分配率或者说社会保障政策效应在 4% 以上；到 1992 年，经过社会保障调节后，日本居民基尼系数从 0.435 下降到 0.365，下降了 0.07，社会保障政策效应达到 16.1%（见表 4.2.6）。另外，从年龄差别来看，70 岁以上的人加上社会保障所得后的收入与原始收入相比要大得多。从收入阶层来看，最初所得的年收入在 40 万日元以下的收入阶层接受养老金、医疗费、生活保障费等之后，再分配所得收入达到 65 万日元，而最初所得达到 200 万日元的阶层经过社会保障再分配之后收入则不会提高。[1] 由此，社会保障制度的收入再分配功能缓解了不同收入阶层之间过大的差距。

表 4.2.6　日本部分年份社会保障政策效应

年份	最初所得基尼系数	社会保障后的基尼系数	社会保障政策效应（%）
1967	0.3749	0.3423	8.7
1972	0.353	0.333	5.7
1975	0.374	0.357	4.5
1992 *	0.435	0.365	16.1

说明：①社会保障后 = 最初所得 + 社会保障支付 – 社会保险费用。

②1967—1975 数据来自日本厚生省《1975 年的收入再分配》。转引自张珺：《日本收入分配制度分析》，《当代亚太》2005 年第 4 期。

③1992 * 数据来自：俞建国：《转型期个人初次分配中存在的问题》，《信息与研究》2007 年第 3 期。

三、基本结论

上述政策实践效应分析表明：税收、社会保障等一系列收入分配政策在发达国家经济社会中对调节居民收入差距都起了重要作用。由于各国政策调节力度和实施背景不一样，如果要对各种政策效应作对比分析，找出哪种政策效应最明显或者说对收入差距的调节效果最好，很难得出一致的

---

[1]　张珺：《日本收入分配制度分析》，《当代亚太》2005 年第 4 期。

结论。不过，一般来说，社会保障和福利政策由于具有直接的济贫功能，比税收、教育等其他收入分配政策效果要更直接、更明显一些。

有资料显示，英国 1994—1995 年全部家庭中平均每个家庭的初始年收入是 16720 英镑，按五等分划分，收入最高的 20% 家庭平均初始年收入为 40330 英镑，收入最低的 20% 家庭为 2040 英镑，二者收入差距是 19.8 倍。[①] 在英国现行的税收和福利政策下，这种差距则大幅度缩小。综合英国的各种收入分配政策来看：（1）在加上家庭的货币福利收入后，二者的税前毛收入的差距便降低为 6.2 倍；（2）在减去个人所得税、保险税后，二者可支配收入的差距又降低到 5.4 倍；（3）如果加上教育、医疗、住房、交通等各种实物津贴和补助后，二者的最终收入差距只有 3.7 倍，[②] 其收入的基尼系数也仅在 0.34 左右。[③] 2004 年英国全部家庭中平均每个家庭的初始年收入是 26130 英镑，按五等分划分，收入最高的 20% 家庭平均初始年收入为 63152 英镑，收入最低的 20% 家庭为 3748 英镑，二者收入差距是 16.8 倍（见表 4.2.7）。在实施各种收入调节政策后，其收入差距也大幅缩小：（1）实施社会保障政策后，英国居民收入最高 20% 与最低 20% 收入户的收入差距倍数由 16.8 倍降低到 6.7 倍；（2）实施个人所得税等直接税政策后，两者差距降到 5.6 倍；（3）再加上教育、医疗、住房、交通等各种专项补贴后，二者的最终收入差距只有 3.8 倍。[④] 从 2004 年英国的各种收入分配政策效果来看，社会保障措施使居民收入的基尼系数缩小了 0.15，而各种直接税措施仅使居民收入的基尼系数缩小了 0.03，其调节效果仅为前者的 20%，[⑤] 社会保障政策效果要更明显一些。

总的说来，经济发达国家通过税收、社会保障、教育等收入分配政策，一方面调节了高收入阶层的过高收入，一方面增加了贫困阶层的收入，为

---

① 胡连生：《美欧收入分配政策的差异及其成因》，《科学社会主义》2003 年第 6 期。
・② 裴长洪：《世界问题报告：经济发展与社会变革》，经济管理出版社 1999 年版，第 370 页。
③ 胡连生：《美欧收入分配政策的差异及其成因》，《科学社会主义》2003 年第 6 期。
④ 系作者依据表 4.2.7 的数据计算得到。
⑤ 中国国家发改委就业和收入分配司收入分配处：《英国再分配调节措施的基本情况和效果评估》，2006 年 6 月 19 日，见 http://www.ndrc.gov.cn/jyysr/jb/default.htm。

其创造了尽可能平等的机会，缩小了贫富之间的差距，各项政策措施都起到了明显的作用，其中，社会保障政策效应可能要更明显一些。

表4.2.7　2004年英国居民家庭五等份分组收入构成

单位：英镑

居民收入和调节措施类别	全体住户	最低20%收入组	次低20%收入组	中间20%收入组	次高20%收入组	最高20%收入组
初始收入	26130	3748	10406	20714	32631	63152
社会保障措施	4096	5916	6095	4360	2695	1416
总收入	30226	9663	16501	25074	35325	64568
直接税	6158	929	2054	4376	7543	15886
可支配收入	24069	8734	14447	20698	27782	48682
间接税	4573	2710	3346	4456	5322	7030
税后收入	19496	6025	11101	16242	22460	41652
专项补贴	4728	5725	5282	5024	4275	3336
最终收入	24224	11749	16283	21266	26735	44988

资料来源：英国国家统计局。转引自中国发改委就业和收入分配司收入分配处：《英国再分配调节措施的基本情况和效果评估》，2006年6月19日，见 http://www.ndrc.gov.cn/jyysr/jb/default.htm。

第三节　经济发达国家解决居民收入差距政策的经验及其局限性

一、经济发达国家解决居民收入差距政策的经验

从经济发达国家解决居民收入差距的政策体系构成中，我们可以总结出如下可借鉴的经验。

（一） 政府调节居民收入差距的必要性

政府作为公共权力机构，在市场经济中应履行多方面的经济职能，其中包括：提供公共物品（包括公共安全等）、促进经济长期稳定地增长、实现居民的权利平等、维持社会稳定等。如果居民之间存在着较大的收入差距，并且政府采取听之任之的政策，就会产生一系列严重的经济与社会后果，比如，损害社会稳定，损害经济长期稳定地增长，损害居民的权利平等，等等。从根本上来说，这损害的是公众利益、社会的长期利益。这就意味着，如果居民之间的收入差距得不到有效地调节，政府就无法履行好其应履行的经济职能。因此，政府作为代表公共利益的机构，应尽其责，努力采取各种措施消减居民收入差距，调节居民收入差距因而成为政府的重要职责。[①] 美、英、日、德等经济发达国家也是因为采取了一系列调节居民收入差距的政策措施，充分发挥了政府的积极作用，其收入差距才有效控制在合理的范围。

（二） 建立完善的解决居民收入差距的政策体系

经济发达国家的居民收入差距在世界上处于中等水平，贫富阶层对立状况并不十分明显，社会相对稳定。这是发达国家建立了完善的解决居民收入差距的政策体系，重视通过制度化建设来调节收入分配，缩小贫富差距，努力实现社会公正的结果。

经济发达国家调节居民收入差距的完善的政策体系主要体现在以下几个方面：一是通过建立合理完善的税收制度（包括个人所得税制度、财产税制度等），加强对高收入阶层的税收征管，调节过高收入；二是建立完善的社会保障和转移支付体系，有力保护了社会弱势群体；三是重视教育，通过实施免费义务教育政策，给贫困家庭的孩子以较为平等的受教育机会，解决贫困者因无力进行人力投资而进一步造成收入差距扩大的问题；四是

---

① 曾国安：《论市场经济中政府调节居民收入差距的必要性》，《经济评论》2000 年第 2 期。

建立最低工资制度、保障最低收入者的基本生活，通过各种就业政策增加就业机会、缓解贫富差距，以及实施区域开发政策促进落后地区的经济发展、缩小地区间的收入差距，等等。在这一套完善的政策体系之下，经济发达国家的居民收入差距才得到了有效控制。

（三）建立健全的税制，发挥税收调节收入差距的作用

无论是调节高收入者，还是资助低收入者，都离不开税收。因为对高收入者而言，自愿捐赠是难以对他们形成有效约束的，只有具有强制性的税收才能调节其过高收入；对低收入者而言，政府资助的资金主要来自于税收。因此，要充分发挥税收调节居民收入差距的作用，就需要建立健全的税制。

在税收调节收入分配差距方面，经济发达国家充分发挥了个人所得税、财产税等不同税种相互协调配合的调节功能。之所以成效显著，关键在于他们有一套健全的税收体系和征管制度，以完备的税收法律为支撑，实行严格的税收稽查制度，税收政策调节收入差距的作用才得以充分显现。

例如，美国的税收法律十分完备，自 1913 年联邦税法编成后，经过多次反复修改，日臻完善。美国税法十分复杂，也非常细致。在征收方面，美国个人税收采取代扣制度，预先由公司从薪金里代扣。每年 4 月 15 日前，个人根据自己一年收入和开支情况填写纳税表格，列明扣减项目，税务部门核实后会比照代扣税额，多退少补。更值得一提的是美国实行严格的税收稽查制度。美国人一出生就获得一个社会安全号码，他一生所有经济活动和个人财务资料都与此挂钩，美国税务部门就利用该号码查证个人的财务收入状况，核实其纳税情况。在强大的计算机系统支持下，通过这个高效的信息稽核系统，税收部门可以通过对纳税人的各种信息进行交叉审核，有效打击偷漏税的不法行为。美国税务部门每年还对 1 亿多张纳税表格进行抽查，比率为 2%，重点放在高收入人群。美国法律严惩偷税漏税的行为，美国国内收入总局通常对小的案件不会提出起诉，而只是对当事人处以 5%—25% 的罚款。但对大案，美国国内收入总局就会对当事人采取严厉的

惩罚，将他们送上法庭。① 美国比较完善的法律制度可基本确保违法者必究，从而有力地遏制了偷漏税现象的发生。而稳定的税收也在很大程度上确保了国家建立社会保障和转移支付体系的资金来源，为救助社会弱势群体提供了有力的财政保障。

因此，要充分发挥税收调节收入分配差距的功能，就需要建立、健全税收体系和征管制度，完善税制。

（四）社会保障制度的相对完善，保证了收入再分配的顺利进行

大多数发达国家都很关心国民的健康和福利，将保护弱势群体作为政府的首要任务，将巨额经费用在社会保障、国民生活的安全与稳定上，建立了比较完善的社会保障和社会福利制度，从而保证了收入再分配的顺利进行，保障了社会的稳定。比如，加拿大政府用于社会保障和健康方面的支出占财政总支出比重多年一直在44%以上，2005年达到45.2%；用于教育方面的支出占财政总支出比重多年一直在15%以上，且显现不断上升的趋势，2005年达到16.1%。②

经济发达国家的社会保障制度明显向低收入群体倾斜，对低收入群体实施保护，给低收入者及发生生活困难的家庭以资金补助，解决这些家庭在抚养子女、教育、住房、婴儿照管等方面的实际困难，社会保障重点非常突出。如日本在社会保障公有保障部分支出中，只支付给处于一定生活水平之下的阶层。③ 这一点在社会保障水平尚不高，还无法实现全民保障时更加重要。此外，经济发达国家还注重社会保障的公正性，将广大民众都纳入其社会保障体系。在这样完善的社会保障制度之下，经济发达国家低收入群体的生活质量大大提高，贫富差距有所下降。

① 林小春：《国外调节收入分配政策辑览》，《中国党政干部论坛》2005年第3期。
② 高亳洲：《加拿大收入分配和社会保障机制给我们的启示》，《安徽省情省力》2007年第3期。
③ 刘乐山：《财政调节收入分配差距的现状分析》，经济科学出版社2006年版，第115页。

（五）重视运用法律手段对居民收入差距进行调节

经济发达国家在调节居民收入差距的过程中非常重视立法工作，颁布了许多有利于缩小收入差距的法律条令，这实际上是在收入分配过程中实行以公平竞争为核心的干预政策。在收入分配过程中，由于劳资双方所拥有的要素性质的不同，直接决定了其收入的差别。经济发达国家为了有效控制这种差别的扩大，实施以公平竞争为核心的法律干预政策，主要的立法措施有：

一是通过最低工资立法，保证在缔结劳工合同时劳动和资本获得较为均等的选择机会。作为劳动要素的所有者劳动力和资本要素的所有者资本家，他们的竞争是极为不平等的，这种不平等的状况，我们可以引用马克思在《资本论》中的话进行描述："原来的货币所有者成了资本家，昂首前行，劳动力所有者成了他们的工人，尾随于后。一个笑容满面，雄心勃勃；一个战战兢兢，畏缩不前；像在市场上出卖了自己的皮一样，只有一个前途——让人家来鞣。"① 针对这种不平等状况，政府通过最低工资立法，可以在一定程度上保证每一个工人得到较为合理的报酬，减少劳工阶级的贫困，平衡资本和劳动的竞争权利和机会。

二是通过立法进行义务初等教育、普及高等教育，给居民提供均等的教育机会。基于对教育重要性的认识，在发达国家，用于教育的投资量都非常巨大，并通过法律手段保证了教育的普及。

三是政府制定《劳动法》、《就业法》等各种法令，消除各种各样的歧视，减少职业差别。

其实，纵观经济发达国家调节收入分配差距的各项政策选择，基本都贯穿了法律手段，以立法的形式确立各项收入差距调节措施并保证其执行，实现了个人收入分配法制化。

---

① 马克思：《资本论》第一卷，人民出版社1975年版，第200页。

（六）调节收入分配差距的同时注重效率

英国等经济发达国家在调节收入分配差距的实践中逐渐认识到：过高的边际税率有碍于市场效率，过宽过高的社会福利容易出现"大锅饭"、"养懒汉"的现象，公费义务教育的质量难以得到保证，扶贫开发的补助需要引用市场原则，等等。因此，近几十年来，各国对收入分配差距的调节措施进行了一些调整。比如，降低累进所得税的最高边际税率，适当削减社会福利开支，对义务教育资金加强监控，等等。经济发达国家的经验是在调节收入分配差距的同时还重视效率，即在公平中兼顾效率。

二、经济发达国家解决居民收入差距政策的局限性

虽然经济发达国家的一系列政策措施对调节居民收入差距取得了一定成效，有其可资借鉴的成功经验，但也有很大的局限性，并产生了一些弊端，主要表现在以下几个方面。

（一）资本主义制度内在的局限性决定了收入差距调节政策的局限性

早在资本主义占有形式从个人业主制、合伙业主制发展到股份制的时候，马克思就正确指出："这是作为私人财产的资本在资本主义生产方式本身范围内的扬弃。"[①] 经济发达国家采取一系列政策措施对居民收入差距的调节，也是这样一种消极的"扬弃"。这种"扬弃"表现为双重"妥协"，即市场与国家的"妥协"、资本与劳动的"妥协"。在国家与市场的关系上，由于市场的缺陷，不得不借助国家，实现市场无法自动实现的利益平衡；从资本与劳动的关系来说，由于资本以劳动为存在的前提，资本不能不在一定程度上顾及雇佣劳动者的情绪。但是，不管进行怎样的"妥协"，都不可能超出资本主义生产方式本身的范围。它没有也不可能改变私有制、改

---

① 《马克思恩格斯选集》第 2 卷，人民出版社 1995 年版，第 516 页。

变资本与雇佣劳动的关系、改变基本的不平等分配关系。究其实质，经济
发达国家对居民收入差距的政策调节，是在以私有制为基本经济制度、以
市场机制为经济运行的基本方式的前提下，做出的某些局部调整。正是因
为资本主义制度的这种内在局限性，其政策调节尽管有一定成效，但也相
当有限。

1. 税收调节不可能从根本上改变分配不公的现状

一方面，累进税率更主要的是对税前的影响，使税前分配差距更大。
由于税收的归宿效果，高税率只是限制了进入高税行业的经济活动。而手
脚被捆得最紧的，则是广大劳动者。另一方面，由于国家对资本收益实行
政策优惠，资本家们便趋之若鹜。于是，资本收益以及逃税、漏税等等成
了其一般收入的主要渠道。经济发达国家的高税率并未改变既定的收入分
配格局，穷人依旧是穷人，富翁依旧是富翁。更进一步的问题是，资本主
义国家的真正主人是垄断资本集团，垄断资本集团往往通过各种手段迫使
政府在税收优惠方面向它们做出让步。其结果自然是大亨寡头们锦上添花，
而贫富差距依旧很大。

2. 社会福利政策不但没有改变资本与雇佣劳动的关系，反而加以强化

经济发达资本主义国家的社会福利有三项资金来源：一是劳动者（投
保人）上交的保险捐，二是雇主为雇佣人员交的捐，三是政府拨的财政补
贴。工人的保险捐，是直接从工资中扣除的。一个工人一生要交多少保险
捐，才能领到保险费呢？法国工人要上交 37 年半，年满 60 岁退休之时才能
领到相当于原来工资 25% 的保险费（年金）；上交不足 37 年半，保险年金
就要打折扣。英国工人须交 156 次捐，年老退休时才能领到基本年金。欧美
各主要资本主义国家劳动者每年所交的社会保险捐和个人所得税，平均高
达家庭收入的 1/3。[1] 业主按工资比例为工人交捐，是资本家对必要劳动的
直接扣除。政府财政补贴则是从增税开支的，而税收又是劳动者创造的剩

---

[1]《资本主义的自我调节及其局限性——三论资本主义发展的历史进程》，《求是》2001 年第
5 期。

余价值的一部分。由此可以看出，资本主义发达国家的社会福利，既不是出自个人资本家，也不是出自资产阶级国家，这些福利完全由工人自己创造。即使如此，享受起来也没有那么容易。普通劳动者领取失业救济、养老保险和医疗补贴，有着极为严格的条件：一是在业时本人必须按月交捐，二是必须查明失业原因，三是必须接受就业安排。如果因"劳资纠纷"、"擅自离岗"、"行为不端"而失业，或者拒绝接受就业安排，就不得享受津贴或推迟领取津贴。至于申请津贴，更是关卡重重、手续繁多，令人望而生畏。虽然我们不能否认发达资本主义国家社会保障和社会福利政策对两极分化的抑制作用，但毕竟非常有限。

（二）抛开制度因素的收入差距调节政策也存在诸多弊端

经济发达国家的资本主义制度决定了其收入差距调节政策不可能在根本上改变收入分配不公的现象，对贫富差距的调节作用十分有限，其实，就算我们抛开制度因素不谈，各种收入差距调节政策要充分发挥效益、缩小居民收入差距，也存在诸多约束，并且，各种政策本身也像一把"双刃剑"，除了有利于调节居民收入差距，也会产生一些不利效应。

1. 税收政策调节收入差距存在客观约束

税收政策调节收入分配差距本身具有一定客观限度，主要表现在两个方面：

一是税收能够调节的只是合法收入。在实际经济生活中，往往还存在着非法的"红"色收入（政府官员的"寻租"收入）、"白"色收入（贩毒收入）、"黄"色收入（卖淫、制售淫秽书刊和音像制品收入）、"兰"色收入（走私收入）、"黑"色收入（制售假冒伪劣商品收入、暴利收入）等，税收能调节的只是合法收入，对这些非法收入，税收政策无能为力。

二是税收调节成效取决于税制的完善程度和税收征管水平。税收调节个人收入是通过以个人所得税为主体、以消费税、财产税为主要辅助体系在多个环节上实现的。每个环节上税种是否健全、税基税率是否合理，税收征管质量高低都影响税收调节个人收入的力度。

2. 高税收、高福利和福利平均化有损效率

加拿大、瑞典、芬兰、德国都是典型的高福利国家，政府致力于保护社会弱势群体，为老人、退休人员、无工作的人员、单亲家庭、生活在贫困线以下的儿童以及由于残疾或慢性病例导致就业障碍的人士提供了大量社会保障，对调节收入分配差距起到了显著作用。但是，相伴而来的，高税收、高福利政策也产生了严重的社会问题。

一是成本昂贵。社会福利保障事业是社会的减震器，但也是花钱的事业，北欧各国的高福利是靠征收高额累进税来支撑的。根据加拿大统计资料计算，财政支出中用于健康和社会服务方面的支出份额不断提高，2006年达到了45.3%，比2002年提高了1.5个百分点[1]。高福利政策导致了加拿大收入税率、商品和服务消费税率等不断提高。一方面加重了现期就业人员的负担，而他们退休后并不能完全从工作时缴纳的退休金中受益；另一方面加重了企业的负担，尤其是在世界经济一体化的情况下，也使得加拿大许多企业、特别是一般加工工业失去了竞争能力，从而带来新的就业压力。

二是有损效率，也未达到真正的公平。就业保险制度设计的初衷是保证失业者在短时间内还能维持比较体面的生活，以促使失业者能尽快顺利就业，但这种制度往往并不能完全达到原有的目的。由于社会福利政策给予无业者和失业者的社会保险同普通在职人员的收入差不多，依靠社会保障可以维持基本生活，而且还不用纳税，而一旦去工作，有了收入就要缴纳所得税，两者相比之下，很多人觉得还不如靠救济生活。因此，造成的结果是不愿意工作的懒汉越来越多，逐渐形成了一批寄生于社会福利制度下的"食利者"阶层，这批"食利者"的存在，不仅违背了社会福利制度建设的初衷，而且产生了许多新的社会问题。瑞典经济学家林德贝克则把上述现象称为福利国家中的"工作泄劲"，他指出，在高税收和高福利的情况下，产生出一种所谓"替代效应"，即人们宁愿以多缺勤来取代过去的多

---

① 高亳洲：《加拿大收入分配和社会保障机制给我们的启示》，《安徽省情省力》2007年第3期。

工作，以便在家里从事某种服务性生产，有的甚至干私活，搞黑市交易，或者以"失业"替代"就业"，以便靠失业救济金生活而等待更好的工作。他认为高税收和高福利所造成的人们"工作泄劲"问题，是造成生产率下降的一个深刻原因。[①] 因此，简单的高福利和福利平均化政策，不仅会损害经济效率，也未能实现真正意义上的公平。

---

① 袁群、安晓敏：《北欧福利国家的改革及对我国的启示》，《经济问题探索》2006 年第 11 期。

第五章　经济发达国家居民收入差距研究对中国的启示

目前，中国的居民收入差距问题已经非常突出，为社会各界所广泛关注。但居民收入差距问题并不是中国独有的现象，随着经济的发展和工业化进程的加快，在任何国家都会存在，这一点从本书第二章对经济发达国家收入差距的演变和现状的研究已经得到了充分证明。本章将在前面系统研究了经济发达国家居民收入差距的历史变迁、影响因素及解决政策的基础上，讨论如何正确认识中国的居民收入差距问题，并借鉴发达国家解决居民收入差距问题的成功经验，构建一套符合中国实际的解决居民收入差距问题的政策体系。

第一节　正确认识中国的居民收入差距问题

一、中国居民收入差距长期呈扩大趋势

要正确认识中国的居民收入差距问题，首先就需要对收入差距的变化特征及现状有所了解。中国改革开放以来，一方面是居民收入有了明显提高，自1978年以来，无论是城镇居民人均可支配收入还是农村居民人均纯收入都保持较高速度增长，这一点是应当肯定的；但另一方面，居民收入差距明显扩大，主要表现在居民总体性收入差距、城乡收入差距、地区收入差距、行业收入差距等几个方面。

（一）居民总体性收入差距在扩大

表 5.1.1   1953—2003 年中国的基尼系数

单位:%

年份	全国			来源 1		来源 2		来源 3	
				城市	农村	城市	农村	城市	农村
	A	B	C	D	E	F	G	H	I
1953	56.1	—		—	—	—	—	—	—
…	—	—	—	—	—	—	—	—	—
1964	32.8	—	—	—	—	—	—	—	—
1966	30.7	—	—	—	—	—	—	—	—
1968	33.2	—	—	—	—	—	—	—	—
1970	29.9	—	—	—	—	—	—	—	—
1972	29.7	—	—	—	—	—	—	—	—
1974	27.3	—	—	—	—	—	—	—	—
1975	28.6	—	—	—	—	—	—	—	—
1976	—	—	—	—	—	—	—	—	—
1977	—	—	—	—	—	—	—	—	—
1978	—	—	—	16.0	21.2	—	21.2	—	28.9
1979	—	—	—	16.0	23.7	—	—	—	—
1980	—	29.5	—	—	—	—	23.4	—	—
1981	—	—	—	15.0	23.9	—	23.9	16.7	25.1
1982	—	28.7	—	15.0	23.2	—	23.2	—	—
1983	—	26.9	—	15.0	24.6	—	24.6	—	—
1984	—	24.4	—	16.0	25.8	—	25.8	—	—
1985	—	30.0	22.4	19.0	26.4	15.8	26.4	16.7	29.9
1986	—	31.8	—	19.0	28.8	15.8	—	—	—
1987	—	33.1	—	20.0	29.2	15.8	—	—	—
1988	—	33.7	—	23.0	30.1	16.9	—	—	—
1989	—	35.6	—	23.0	30.0	17.8	—	—	—

年份	全国			来源1		来源2		来源3	
				城市	农村	城市	农村	城市	农村
	A	B	C	D	E	F	G	H	I
1990	—	34.0	—	23.0	31.0	18.0	29.4	—	—
1991	—	37.3	34.1	24.0	30.7	17.5		17.0	32.5
1992	—	36.3	—	25.0	31.4	—	—	—	—
1993	—	—	—	27.0	32.0	—	—	—	—
1994	—	—	—	30.0	33.0	—	—	—	—
1995	—	—	29.0	28.0	34.0	—	—	21.1	33.9
…									
2000	—	—	39.0	—	—	—	—	25.3	33.0
2003	—	—	44.9	—	—	—	—	32.9	33.4

说明：①所有数据均直接来源于世界收入不平等数据库最新修订版 WIID2c。

②各列基尼系数来源于不同的收入定义、统计口径和原始出处：A、B、C 三栏是中国全国基尼系数，A 栏以每户家庭总收入（Household，Income，Gross）为调查内容，数据原出自 Dowling & Soo 1983，数据质量等级为 3 等；B 栏以个人总收入（Person，Income，Gross）为调查内容，数据原出自 Ying 1995 和 Statistical Yearbook，数据质量等级为 3 等；C 栏以家庭人均可支配收入（Household per capita，Income，Disposable）为调查内容，数据原出自 Chotikapanich et al 2005 和 Rural/Urban Household Survey，1985 年、1991 年数据质量等级为 3 等，1995—2003 年数据质量等级为 2 等；D、E 两栏数据收入定义相同，均以家庭人均可支配收入（Household per capita，Income，Disposable）为调查内容，D 栏为城市基尼系数，数据原出自 Zhang Ping 和 Urban Household Income Survey，1978—1989 年数据质量等级为 3 等，1990—1995 年数据质量等级为 2 等，E 栏为农村基尼系数，数据原出自 Zhang Ping 和 Rural Household Income Survey，1978—1993 年数据质量等级为 3 等，1994—1995 年数据质量等级为 2 等；F、G 两栏数据收入定义相同，均以家庭人均可支配收入（Household per capita，Income，Disposable）为调查内容，F 栏为城市基尼系数，数据原出自 Chai & Chai 1994 和 Urban Household Income Survey，1985—1989 年数据质量等级为 3 等，1990—1991 年数据质量等级为 2 等，G 栏为农村基尼系数，数据原出自 Chai & Chai 1994 和 Rural Household Income Survey，数据质量等级为 3 等；H、I 两栏数据收入定义相同，均以家庭人均可支配收入（Household per capita，Income，Disposable）为调查内容，H 栏为城市基尼系数，数据原出自 Chotikapanich et al 2005 和 Urban Household Income Survey，1981 年、1985 年数据质量等级为 3 等，1991—2003 年数据质量等级为 2 等，I 栏为农村基尼系数，数据原出自 Chotikapanich et al 2005 和 Rural Household Income Survey，1978—1991 年数据质量等级为 3 等，1995—2003 年数据质量等级为 2 等。

根据从世界收入不平等数据库（WIID2c）整理的数据来看，以家庭人均可支配收入为调查内容，中国 1985 年的基尼系数为 0.224，1991 年上升到 0.341，2000 年继续上升至 0.39，2003 年达到了 0.449（见表 5.1.1 基尼系数 C 栏）。其他各种统计口径和来源的基尼系数也显示出，中国的收入差距呈现出长期持续扩大的趋势。

（二）城乡收入差距拉大

改革开放以来，城镇居民人均可支配收入与农村居民人均纯收入稳步提高，但在城乡居民人均收入水平稳步提高的同时，城乡居民收入差距也迅速扩大。

首先，从城乡之间收入差距的绝对数来看。城乡收入绝对差距一般用城镇居民人均可支配收入与农村居民人均纯收入之差来衡量。从表 5.1.2 可以看出，虽然中国城乡收入都在不断增加，但城乡收入的绝对差额一直在不断拉大。1978 年的绝对差额为 209.80 元，1990 年为 823.90 元，以后每年都在不断增加，2012 年城镇居民人均可支配收入为 24565 元，农村居民纯收入为 7917 元，城乡收入绝对差额达 16648 元。

其次，从城乡之间收入差距的相对数来看。城乡收入相对差距一般用城镇居民人均可支配收入与农村居民人均纯收入之比来衡量。显然，中国城乡之间的相对收入差距是先有所缩小，接着持续扩大。1978 年，由于历史原因，中国城乡之间的相对差距就高达 2.57∶1。1978—1985 年，农村实行家庭联产承包责任制，农民的收入大幅度提高，这时城市经济体制改革尚未全面展开，城镇居民收入增长幅度不大，结果城乡居民收入差距迅速缩小，1985 年达到最低点 1.86∶1。此后，随着城市经济体制改革全面展开，农村经济体制改革却几度陷于停滞，城乡收入差距急剧扩大，由 1985 年的 1.86∶1 上升至 1994 年的 2.86∶1。随后国家意识到城乡收入差距过大的严重性，采取了一些积极措施提高农村收入水平，使得城乡收入差距有所降低，由 1995 年的 2.71∶1 下降至 1997 年的 2.47∶1。从 1997 年开始，城乡收入差距又进一步拉大，2001 年比值达到 2.90∶1，2002 年比值达到 3.11∶1，2003 年比值则高达 3.23∶1，虽然 2004 年比值略有下降，但仍居于高位，2005—2009 年进一步扩大，2009 年城乡收入比高达 3.33∶1，此后，城乡收入差距有所缩小，2010 年城乡收入比下降为 3.23∶1，2011年与 2012 年城乡收入比分别继续下降至 3.13∶1 与 3.10∶1（见表5.1.2）。可以看出，城乡之间的相对收入差距在波动中总体呈长期扩大的趋势，不过从 2004 年开始城乡相对收入差距扩大的趋势已基本得到控制，2010 年开始城乡相对收入差距有下降趋势。

表 5.1.2　1978—2012 年中国城乡居民收入差距的变化

年份	城镇居民人均可支配收入（元）	农村居民人均纯收入（元）	城乡收入比（以农村为1）	城乡居民收入绝对差额（元）
1978	343.4	133.6	2.57∶1	209.80
1980	477.6	191.3	2.50∶1	286.30
1985	739.1	397.6	1.86∶1	341.50
1986	899.6	423.8	2.12∶1	475.80
1987	1002.2	462.6	2.17∶1	539.60
1988	1181.4	544.9	2.17∶1	636.50
1989	1375.7	601.5	2.29∶1	774.20
1990	1510.2	686.3	2.20∶1	823.90
1991	1700.6	708.6	2.40∶1	992.00
1992	2026.6	784.0	2.58∶1	1242.60
1993	2577.4	921.6	2.80∶1	1655.78
1994	3496.2	1221.0	2.86∶1	2275.22
1995	4283.0	1577.7	2.71∶1	2705.30
1996	4838.9	1926.1	2.51∶1	2912.80
1997	5160.3	2090.1	2.47∶1	3070.20
1998	5425.1	2162.0	2.51∶1	3263.10
1999	5854.0	2210.3	2.65∶1	3643.70
2000	6280.0	2253.4	2.79∶1	4026.60
2001	6859.6	2366.4	2.90∶1	4493.20
2002	7702.8	2475.6	3.11∶1	5227.20
2003	8472.2	2622.2	3.23∶1	5850.00
2004	9421.6	2936.4	3.21∶1	6485.20
2005	10493.0	3254.9	3.22∶1	7238.10

续表

年份	城镇居民人均可支配收入（元）	农村居民人均纯收入（元）	城乡收入比（以农村为1）	城乡居民收入绝对差额（元）
2006	11759.5	3587.0	3.28：1	8172.50
2007	13785.8	4140.4	3.33：1	9645.40
2008	15780.8	4760.6	3.31：1	11020.20
2009	17174.7	5153.2	3.33：1	12021.50
2010	19109.4	5919.0	3.23：1	13190.43
2011	21809.8	6977.3	3.13：1	14832.49
2012	24565	7917	3.10：1	16648.00

　　说明：①城镇居民人均可支配收入和农村居民人均纯收入来自国家统计局：《中国统计年鉴2000》，中国统计出版社2000年版；国家统计局：《中国统计年鉴2012》，中国统计出版社2012年版；国家统计局：《2012年国民经济和社会发展统计公报》，2013年2月22日，见 http://www.stats.gov.cn/tjgb/ndtjgb/qgndtjgb/t20130221_402874525.htm。

　　②城乡收入比和城乡居民收入绝对差额系作者根据计算得到。

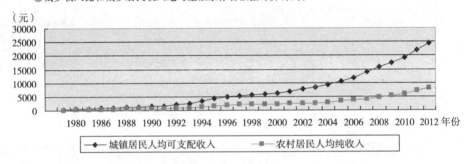

图5.1.1　中国城乡居民人均收入（1978—2012年）

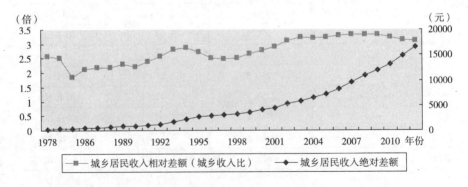

图5.1.2　中国城乡收入差距（1978—2012年）

（三）地区收入差距扩大

众所周知，由于地区经济发展的不均衡，居民收入分配的地区差距在各国都是一种比较普遍的现象，在中国加上特殊的政策导向，这种现象表现的尤其明显。中国东部地区经济发展明显快于中西部地区，东部地区经济的快速增长带动了收入的大幅度提高，与中西部地区形成鲜明对照，地区收入差距非常明显。

就单个城市的经济总量来说，在 2003 年，陕西、甘肃、青海、宁夏、新疆西北五省区人口总量 9340.89 万人，GDP 总量为 6356.34 亿元，仅与 1711 万人的上海市 GDP 总量大体相当，不及 7954 万人的广东省的一半；重庆、四川、贵州、云南、西藏西南五省区市人口总量超过 2 亿，GDP 总额 11712.78 亿元，仅与山东省相当，距 7954 万人口、13625.87 亿元 GDP 总量的广东省尚有一定差距（见表 5.1.3）。在人均 GDP 上，2003 年东部最高的上海市（46718 元）相当于西部贵州（3603 元）的 12.97 倍，东、中、西部地区的收入差距由此可见一斑（见表 5.1.3）。

表 5.1.3　2003 年中国部分省区 GDP 和人均 GDP 比较

	全国	陕西	宁夏	贵州	甘肃	山西
GDP（亿元）	117251.9	2398.58	385.34	1356.11	1304.60	2456.59
人均 GDP（元）	9101	6480	6691	3603	5021	7435
	全国	北京	上海	浙江	广东	西藏
GDP（亿元）	117251.9	3663.10	6250.81	9395.00	13625.87	184.50
人均 GDP（元）	9101	32061	46718	20147	17213	6871

资料来源：国家统计局：《中国统计年鉴 2004》，中国统计出版社 2004 年版。

从东、中、西部地区居民收入的变化来看，1985 年东、中、西部地区人均收入比率为 1.15：0.88：1，到 1995 年这一比率扩大到 1.42：0.97：1，东部地区居民人均收入增长明显快于中西部，收入差距在逐渐拉大。就城镇来看，1986—1999 年，中国城镇居民人均可支配收入增长了 5.5 倍，其中东部地区增长了 5.9 倍，而西部地区只增长了 4.7 倍，城镇居民收入增长的差距是十分明显的。就农村来看，1985 年西部和中部地区农村居民人均纯收入分别相当于东部地区的 62.88% 和 74.14%，到 1995 年这两个比率分别下降为 57.02% 和 67.11%，到 1999 年又进一步下降到 46.96% 和 63.60%，可见，东、中、西部地区农村居民的收入差距也在明显扩大。①

（四）行业收入差距拉大

中国改革开放以来，由于市场经济发展的渐进性，国家对一些行业还未全部放开，对一些行业准入进行了严格的限制（如电力、邮电、金融保险业、房地产业等），致使这部分行业在社会竞争中处于垄断地位，并依靠这种垄断地位获取了大量的垄断利润和垄断收入，不同行业部门之间的收入差距越来越明显。1978 年以来，平均工资最高的行业除了地质、水利和采掘业等艰苦行业外，其余无一例外都是处于垄断地位的电力、煤气、铁路运输、房地产业、金融保险业及技术服务行业，而处于最低工资水平的行业则为社会服务业和农林牧渔业。从不同行业收入的绝对额来看，1998 年收入最高的行业为金融、保险业，该行业的职工平均工资为 10633 元，收入最低的行业为农、林、牧、渔业，职工平均工资仅 4528 元，② 两者相差 6105 元；2007 年平均收入最高的行业为信息传输、计算机服务和软件业，职工平均工资为 47700 元，金融业平均收入居第二，职工平均工资为 44011 元，接下来分别是科学研究、技术服务和地质勘查业与电力、燃气及水的生产和供应业，若从进一步细分的行业来看，则收入最高的行业为金融业中的证券业，其职工平均工资高达 140501 元，收入最低的行业仍然是农、林、牧、渔业，职工平均工资为 10847 元，其中收入最低的畜牧业其就业人

---

① 丁任重、陈志舟、顾文军：《"倒 U 假说"与我国转型期收入差距》，《经济学家》2003 年第 6 期。

② 国家统计局：《中国统计年鉴 1999》，中国统计出版社 1999 年版。

员平均劳动报酬仅 9616 元，[1] 2007 年大的行业分类下最高收入行业与最低收入行业平均工资的绝对差额达到了 36853 元，进一步行业细分下最高收入行业与最低收入行业平均工资的绝对差额更是高达 130885 元。1998—2007 年的十年间，大的分类下最高收入行业与最低收入行业平均工资的绝对差额扩大了 6 倍多。从行业收入比来看，1998 年最高收入行业与最低收入行业的收入比为 2.35：1，到 2007 年达到 4.40：1。[2] 显而易见，行业差距在迅速扩大。

二、中国居民收入差距扩大的特殊背景及成因

造成中国现阶段居民收入差距扩大的原因是多方面的，有国际共同因素，也有国内特殊成因。从国际共同因素来看，中国居民收入差距的扩大受经济全球化和技术进步的影响。简单来说，中国加入世贸组织后，更积极地参与世界范围的人才交流与合作，大量引进外资，从理论上来说，中国资本短缺而劳动力资源丰富，外资的引入应该可以提高劳动的边际报酬，进而改善资本与劳动间的收入分配，但在实际经济运行中，外商直接投资主要流向中国经济较发达的地区，明显加剧了中国地区间的发展不平衡和收入差距的扩大；另外，伴随着科技竞争的加剧和对高素质人才需求的增长，高科技人才和高级管理人才的收入势必大幅度提高，从而与一般企业职工的收入拉开距离。但是，中国居民收入差距的扩大，除了与世界各国一样受经济全球化和技术进步的影响外，还有其特殊的背景及成因，这是很重要的一个方面，主要表现在以下一些方面。

（一）工业化初期阶段与二元经济结构相关的自然因素

中国在工业化初期阶段与城乡二元经济结构相关的自然因素，是中国自改革开放以来居民收入差距持续扩大的一个重要原因。

---

① 国家统计局：《中国统计年鉴 2008》，中国统计出版社 2008 年版。
② 系作者依据相关数据计算得到。

中国是一个农业大国，在工业化初期阶段，随着农村劳动力向现代城市部门的转移，许多与二元经济结构相关的自然因素逐渐发生变化，并对居民收入差距产生影响，主要表现在以下几个方面：一是相对劳动生产率的变化。工业化初期，城市部门劳动生产率与农业部门相比更高，而且呈上升趋势，使得居民收入差距拉大。二是劳动力素质的相对变化。中国在工业化初期阶段，由于城市部门劳动力素质相对农业部门不断提高，面对的不再是完全竞争的劳动力市场，城市部门劳动者从而可以获得更高的收入，城市部门与农业部门收入差距逐渐拉大。三是财产的结构性变化。工业化初期，中国城市居民的财产积累、资产收入超过农村居民，由此不断拉大城乡居民之间的资产收入差距。四是资金分布的结构性变化。在工业化开始以后，中国的城市部门生产率更高，资金逐利的本性使其向城市集中，从而城市部门获得了更快的发展，城市部门与农业部门收入差距扩大。此外，还有农产品贸易条件的变化、政治权力的结构性变化等伴随工业化过程的因素也对中国居民收入差距的扩大产生了或大或小的影响。

（二）工业化初期阶段偏向城市的制度因素

中国在工业化初期阶段不仅是由于与二元经济结构相关的自然因素拉大了居民收入差距，还在于中国实施了偏向城市的一系列制度，成为促进中国居民收入差距扩大的加速器。在工业化刚起步时，中国为了迅速发展经济、实现工业化，实行了城市偏向的直接资源调配制度、贸易制度、金融制度、财政制度、教育制度、社会保障制度等，这些城市偏向的制度有力促进了城市优先农村的迅速发展，但也直接导致了城乡居民在获取收入方面的起点的严重不平等，推动了城乡居民收入差距的扩大。城乡收入差距的扩大又进一步使农村居民在接受教育与其他方面机会的不平等，这些不平等更进一步导致了农村居民在以后获取收入能力与机会方面与城镇居民的差距。

（三）中国现阶段的收入分配制度

中国当前实行的是"以按劳分配为主、允许生产要素按贡献参与分配"的多种分配方式并存的分配制度。按劳分配是一种以公有制为基础的分配方式，由于劳动者的体力智力不同、勤奋程度不同，因而劳动贡献有大有小，每个人得到的劳动报酬有多有少。当然，在按劳分配方式下，个人劳动的质和量差距不会很大，因而收入差距相对较小。而在生产要素参与分配后，人们的收入差距就开始扩大了。因为人们对劳动、资本、技术和管理等生产要素的占有状况存在很大差异，在创造社会财富方面的贡献也有很大不同。在这一新的收入分配制度下，劳动者的收入不仅来自于劳动的质和量，而且来自于他们所拥有的生产要素的质和量，因而收入差距不可避免地会进一步拉大。

（四）经济体制改革与对外开放的非均衡性①

中国经济体制改革和对外经济开放在地区间的非均衡性，是地区收入差距扩大的重要原因。在邓小平同志"让一部分地区先富起来"这一思想的指导下，经济特区和东部沿海地区最先进行经济体制改革和实行对外经济开放。政府为了鼓励和推进改革开放，采取了给最先进行经济体制改革和实行对外经济开放的部门和地区以其他部门和地区所没有的经济优惠政策（核心是放权让利），在市场经济体制下，大量经济资源都流向了收益率较高的东部沿海地区，东部沿海地区经济获得了迅速发展，远远超过了中西部地区，地区差距逐渐拉大。东部沿海地区的居民因此能够获得更多的收入。收入的资本化又使他们能够获得越来越多的资产收入，从而使他们的收入获得比中西部地区居民更快的增长，更加拉大地区收入差距。

---

① 曾国安、胡振国：《20 世纪 90 年代以来中国居民收入差距的变化趋势、原因、影响与调节政策（下）》，《税务与经济》2003 年第 3 期。

（五）行业之间的不公平交易[①]

行业收入差距的存在，是因为部分行业凭借其在市场竞争中的垄断地位，获得高额垄断收入。长期居于高收入行列的电力、煤气、铁路运输、房地产业、金融保险业及技术服务行业等都是垄断程度很高的部门，其中供电、供水、供气、电信、邮政等长期处于独家垄断的状态。垄断部门的垄断地位使其能够凭借其垄断势力实现同其他部门的非公平交易，最典型的就是制定高额垄断价格。垄断部门的高定价行为为垄断部门带来了高收入，垄断部门职工因此可以得到较其他部门更高的收入和更好的福利。因此，由于政府严格的市场准入管制及部分行业的自然垄断性质，使得这些垄断性部门能够长期维持其垄断地位，通过制定较高的垄断价格，使这些部门的职工能够长期获得较其他部门更高的收入，从而拉大与其他行业职工的收入差距。

（六）收入分配的调节制度不完善

收入差距的出现不可避免，如果对居民收入差距不以促进公平为目标进行调节，即使是由公平分配造成的收入差距，最后也会造成机会不平等，这样最终势必通过分配权利的不平等带来分配不公，使收入差距扩大。当前的收入分配调节制度主要存在两个方面的问题：一是调节制度的缺位，调节对象不全，例如对高收入者的"转形"收入、对利用公共资源获取的收入，都未进行有效地调节；二是调节制度错位，调节重点不合理，调节制度存在结构性缺陷，对不合理差距特别是分配不公影响最大的却不是调节重点。结果，就不能有效地通过收入分配的调节缓解收入差距的扩大。

---

① 曾国安、胡振国：《20 世纪 90 年代以来中国居民收入差距的变化趋势、原因、影响与调节政策（下）》，《税务与经济》2003 年第 3 期。

三、正确看待中国当前的居民收入差距

毋庸置疑，中国当前的居民收入差距确实在总体收入水平提高的基础上逐渐扩大。对于中国收入差距的扩大，有着各种各样的价值判断和社会反应。

一种意见属于"两极分化论"。该观点认为，两极分化正开始在中国出现。依据是：据中国国家统计局典型调查，1991 年，收入最高的 20% 的家庭的人均收入与收入最低的 20% 的家庭人均收入之比为 2.6 倍，1992 年这一比值扩大到 2.8 倍，[①] 至今这种差别已越拉越大，而且，目前中国一些地区连温饱问题都还没有解决，贫富两极分化的问题十分明显。

另一种意见则属于"两极未分化论"。比如，李培林认为，改革开放以来中国的收入差距尽管在扩大，但尚处于合理的区间，还不能说已经出现明显的"贫富悬殊"。收入差距的扩大是经济增长的代价之一，如果能控制在保证社会稳定和正常运行的范围内，应该说是可以接受的。[②] 世界银行的报告也认为，"将工资、收入和财富的差距扩大到一定的程度是转轨的必要的组成部分，因为让市场决定工资会创造出提高效率的激励因素，而这种激励因素对于成功的改革是至关重要的。"[③] 此外，根据中国社会科学院经济研究所"收入分配研究"课题组的研究，将"贫富两极分化"的标准分为绝对标准和相对标准：绝对标准是指最高收入组的绝对（实际）收入提高的同时，最低收入组的绝对（实际）收入下降；相对标准是指最高收入组与中值收入的比例上升的同时，最低收入组与中值收入的比例降低。通过对 1986—1995 年收入十等份统计数据进行检验，他们发现只有 1988 年同时通过了绝对标准和相对标准，出现了绝对标准意义上的"贫富两极分

---

① 冉清文：《市场经济与共同富裕的悖论——兼论政府在实现共同富裕目标中的作用》，《求实》2002 年第 1 期。

② 参见李培林：《中国贫富差距扩大的社会心态影响》，《经济导刊》2005 年第 1 期。

③ 世界银行：《1996 年世界发展报告：从计划到市场》，中国财政经济出版社 1996 年版，第 68 页。

化"，因此，他们得出结论认为进入 20 世纪 90 年代以后中国并没有出现两极分化的问题。[①]

那么，究竟应该怎样正确看待中国的居民收入差距问题呢？中国当前的居民收入差距到底是已进入"两极分化"呢，还是仍"处于合理区间"？对于中国居民收入差距的扩大，政府是否该采取一些政策措施进行干预呢，还是不加理会、任由其发展？对此，笔者提出以下几点看法。

（一）收入差距及收入差距扩大并不是中国经济发展进程中的特有现象

收入差距及收入差距的扩大并不是中国经济社会发展进程中的特有现象，世界上很多国家的居民收入差距都较大。拿印度来说，印度和中国一样，同属于经济发展中的人口大国，收入差距也很大，而且贫困人口发生率严重高于中国，中国经济高增长的同时产生了比较强的减贫效应，尤其是农村反贫困获得了巨大成功，目前中国贫困发生率低于 4%，但是印度仍然有相当数量的贫困人口和低收入群体，贫困发生率达到 27%。这主要在于印度土地制度改革不彻底，人口增长过快、落后的教育和人力资本环境，制约了农村经济增长以及减贫效应，而印度推行市场化改革、放松经济管制促进了城市经济增长，使得印度城乡贫富分化比较明显。巴西更是当今世界贫富差距最大的国家之一，巴西经济高速发展，却只有少部分人从中受惠，广大劳动人民的生活水平相对来说仍然很低，社会被分化成两个部分——小部分富人和大部分穷人。分配模式的过于集中，造成了巴西巨大的贫富悬殊，2005 年巴西的基尼系数甚至达到了 0.564。南非、肯尼亚也是世界上贫富差距悬殊的两个典型代表，基尼系数都在 0.55 以上，穷人极端贫困，富人极端富裕，而且分配不公的问题十分严重。

另一方面，从经济发达国家居民收入差距的历史变迁可以看出，即便是已经完成了工业化的发达国家，也不同程度地存在居民收入差距扩大的

---

① 参见赵人伟等主编：《中国居民收入分配再研究》，中国财政经济出版社 1999 年版。

问题。比如，从基尼系数来看，美国 1968 年为 0.387，1997 年上升到 0.455；英国 1961 年为 0.255，2002 年上升到 0.342；日本从 1986 年的 0.293 上升到 1998 年的 0.319；挪威从 1988 年的 0.239 上升到 2002 年的 0.293；等等。[①]

可见，伴随着经济的发展，多数国家都出现了收入差距扩大的现象，即使是目前市场经济体制已经比较完备的发达国家，对收入差距进行了合理调节，还建立了比较完善的社会保障制度，也仍然存在着不同程度的收入差距。这说明收入差距问题是世界各国普遍存在的现象，并非仅是中国一国所面临的特有现象。

（二）对于中国居民收入差距的扩大，政府应积极采取措施进行调节

不管中国当前收入差距是已进入"两极分化"还是仍"处于合理区间"，执着于这一点的争论并无多大意义，关键是面对中国收入差距呈长期扩大趋势这一事实，不能期待它会自动转为下降，中国政府必须出面加以干预，建立一套完善的解决居民收入差距的政策体系，来缩小中国当前的收入差距。著名经济学家库兹涅茨虽然提出，一国收入分配差距在工业化过程中的长期变动轨迹是"先上升，后下降"，工业化早期阶段，收入分配差距会迅速扩大，少数人越来越富，更多的人则越来越穷，尔后是短暂的稳定，随着经济发展到一定程度，在增长的后期阶段，收入分配的不平等状况会得到改善，收入差距逐渐缩小，即所谓的"倒 U 假说"。但事实上，库兹涅茨本人并不认为收入差距会无条件地随经济发展而先上升后下降，相反，他指出这种收入差距变化是当时一系列经济、政治、社会和人口条件造成的，合理的态度是对这些历史条件和影响因素进行深入分析，他并不认为发展中国家应当像早期资本主义国家那样听任收入差距扩大，而采取累进税制等缩小收入差距的措施是非常必要的（Kuznets，1955）。因此，

---

① 数据系作者依据世界收入不平等数据库（WIID2c）整理得到。

对于中国收入差距的扩大，不论其当前是否已进入"两极分化"，都不能采取听之任之的态度，不能期待收入差距会自动转为下降，而应该采取累进所得税、社会保障等一系列政策措施，来缩小中国当前的居民收入差距。

（三）对待中国的收入差距要区分合理差距与不合理的差距

收入差距有合理与不合理之分，对待合理的收入差距与不合理的收入差距应采取不同的态度。中国改革开放以后打破了平均主义"大锅饭"的制度，充分调动劳动者的积极性，在"按劳分配为主体、生产要素按贡献参与分配"的分配制度下，无论收入差距是缩小还是扩大，收入差距达到何种状态，都具有合理性，因为它会促进生产力的发展，会促进经济效率的提高，它是在分配公平的原则下所形成的结果。我们应该承认、接受这种自然的、合理的收入差距，而不能简单地认为，任何收入差距都是不公平的，任何收入差距的存在都是不合理的。但同时，我们也必须看到，由分配不公造成的不合理的收入差距也大量存在。例如，垄断性行业和非垄断性行业之间的收入差距不仅长期存在，而且差距一直很大，这种差距主要是由分配不公所造成的。由分配不公造成的收入差距不仅存在于不同的行业之间，也存在于行业内部和企事业单位内部。这种不合理的收入差距严重侵害了公平分配的原则，而且会损害生产力的发展，社会所不能容忍的应该是这种由收入分配不公造成的不合理的收入差距，这种收入差距才是政府调节的重点对象。另外，在市场经济体制不完善、政府管理体制不健全的条件下，生产要素通过市场运作获得的收入过多，造成过大的贫富差距，也应在政府对收入差距的调节范围之内。

因此，调节居民收入差距的重点不在度，重点应关注收入分配差距的性质，对不同性质的收入采取不同的政策：对于依靠自己的勤奋劳动等合法手段取得的高收入政府应予以保护，而对于非法收入应该取缔、没收，要严厉打击生产贩卖假冒伪劣商品、侵吞公有财产、走私受贿、权钱交易等获取非法收入的行为。

第二节　解决中国居民收入差距问题的政策建议

经济发达国家、新兴工业化国家、发展中国家、经济转轨国家都采取了一系列政策措施来解决其居民收入差距问题，从对居民收入差距的调节效果来看，一类是较好地解决了居民收入差距问题的国家和地区，主要以经济发达国家和东亚新兴工业化国家为主；另一类是对居民收入差距采取放任政策以及政策不当或失效的国家和地区，如拉美的众多国家、亚洲的印度、撒哈拉沙漠以南的众多非洲国家等。中国要在借鉴经济发达国家解决居民收入差距问题的成功经验的基础上，建立一套完善的解决居民收入差距的政策体系，来调节中国当前的居民收入差距，具体包括：加强政府在初次分配中的作用，保护低端劳动者的合法权益，从源头上遏制收入差距的扩大；协调城乡发展，加强对农业的投入和保护，建立农民增收的长效机制；加大对落后地区的财政转移支付力度，给予多种政策优惠，促进基础设施建设和人力资源开发，缩小地区收入差距；加强垄断行业的市场竞争，打破行业垄断，消除垄断带来的不合理高收入，缩小行业收入差距；完善税制结构，加强对高收入阶层的税收征管，有效调节过高收入；健全社会保障体系，有力保护社会弱势群体；加大教育投资，尤其是贫困地区的教育投入，努力为全民创造平等的受教育机会，促进劳动者素质提高，增加收入；积极发展第三产业，并大力促进中小企业发展，增加困难群体的就业岗位，缓解贫富差距；等等。

一、加强政府在初次分配中的作用

在解决收入差距过大问题上，市场的作用十分有限。特别是在经济转型时期，体制建设尚不完善、收入分配不公有扩大的趋势时，加强政府在分配领域的作用显得尤为重要。具体来说，政府对收入差距的调节又区分初次分配领域和再分配领域，过去传统的看法是初次分配注重效率、由市场来调节，再分配注重公平、由政府来调节，但这种看法其实是很不全面的，因为初次分配也存在市场失灵问题，比如垄断行业的高收入就发生在初次分配领域，土地等生产要素形成的级差收入也发生在初次分配，因此党的十七大和十八大报告都提出，初次分配和再分配都要兼顾效率和公平，再分配更加注重公平。不过，一般来说更多的还是强调再分配要更注重公平。实际上，中国政府除了要在再分配领域发挥作用，如改革税制，完善个人所得税，逐步扩大对高收入群体的税收调节力度，缩小不合理的收入差距，还要在初次分配领域也加强政府的作用，从源头上遏制收入差距的扩大，保障社会的整体效益。比如，政府要加快最低工资立法，更好地执行劳动法，保护农民工和其他低端劳动者的合法权益，使他们和其他经济主体一样，收入能随着经济的发展不断提高，改变农民工和其他低端劳动者在收入分配中的弱势地位，防止在劳动力供过于求的情况下，其工资被人为拖欠和压低；政府还要调节一些不完全由市场供求决定的产品的价格，比如烟酒的过高价格，以便形成初次分配领域的起点公平和过程公平。像这样在初次分配领域充分发挥政府的作用，将比在再分配领域调节收入分配更加有效。

二、协调城乡发展，缩小城乡收入差距

要缩小城乡收入差距，必须协调城乡发展，逐步改变城乡二元经济结构。要站在经济社会全局发展的高度，加快农业农村发展，增加农民收入，解决"三农"问题，实行以城带乡、以工促农、城乡互动、协调发展。

首先，要加大对农村的投入，建立农民增收的长效机制。要提高农民收入，必须从根本上建立促进农民增收的长效机制，一是要加大对农村农田水利基础设施的建设，以及对教育、医疗等农村公共产品的投入，以提高农业劳动生产率，加快农业现代化步伐；二是要加大对农业的支持和保护，可以借鉴欧盟、日本等国家对农业的保护政策，如实施农产品价格支持政策，提供农业信贷和税收优惠，提供农业科技和信息服务等。

其次，要提高农民素质，增强农民增收的能力。随着经济的发展与技

术的进步，社会对高技能劳动者的需求增加，劳动者技能水平如何成为是否能获取高收入的一个关键指标，因此，要不断提高农民的受教育水平，增强农民素质。除了在农村严格执行九年义务教育，还要加强成人教育，通过技术培训等方式使农民掌握更多的文化知识和技能，提高其从事农、林、牧、渔业的技术水平，获取更高的回报，或者能直接转向收入更高的非农业岗位，提高其就业层次和收入水平。

再次，要大力发展劳动密集型的乡镇企业，促进农村剩余劳动力的顺利转移。除了加大对农村、农业的投入，促进农村地区的发展和农民收入水平的提高，还要大力促进农村剩余劳动力的转移，提高实际农村居民人均纯收入。大力发展具有劳动密集型特点的乡镇企业，一方面，劳动密集型产业或企业对就业的吸纳能力较强，可以容纳更多的农村剩余劳动力，另一方面，乡镇企业可以充分利用农村的各种资源，而且农村剩余劳动力实现就业转移十分方便。因此，大力发展劳动密集型的乡镇企业，将是促进农村剩余劳动力转移、提高农村居民收入、缩小城乡收入差距的一条有效途径。

总之，政府要加大对农业的支持和保护，促进农村地区的发展和农民收入水平的提高，同时促进农村剩余劳动力的顺利转移，形成工业反哺农业、城市反哺农村的新机制，实现工农并重、城乡共融的发展战略，从根本上缩小城乡收入差距。

三、加快落后地区发展，实行有效的区域经济政策

中国中西部地区明显落后于东部地区的发展，地区收入差距非常明显。因此，当前还要大力促进中西部地区的协调发展，缩小地区收入差距。中西部地区发展滞后，很大程度上是由于财政投融资不足，软硬环境建设受到制约，形成不了环境竞争力。要加快中西部地区发展步伐，缩小与东部地区的巨大差距，必须加大财政投融资对中西部地区的支持力度，帮助中西部地区切实改善发展环境。首先，要将国家投资重点逐渐由东部地区向中西部地区转移，中央政府要适当给予中西部落后地区政策体制上的倾斜

优惠，如在固定资产投资、利用外资、银行信贷、外汇、对外贸易、税收等多方面给予政策优惠，加大其基础设施建设和人力资源开发。其中，基础设施建设是关键，加快落后地区的开发，必须把基础设施建设放在首位，特别是交通、通讯、能源、水利等投资比较大的基础设施建设项目，政府应在通盘考虑和科学论证的基础上，给予重点扶持和安排，以优化其经济发展的环境和条件，为落后地区的经济开发乃至起飞创造必要的平台。其次，要加快中西部地区特色优势产业的发展，增强落后地区发展的内在动力。在缩小区域差距的过程中，落后地区应当充分利用自身的资源优势，发展特色的优势产业、支柱产业，使自身的资源优势转换为经济优势。此外，还要重视落后地区人力资源的开发，加大对落后地区的教育投资和支持，增加落后地区的教育投入。比如，可以考虑在西部较贫困地区率先实施高中义务教育，增加落后地区高、中等职业技术专科学校的数量和规模，加大对从业人员培训的财政支持力度等。通过促进落后地区教育的发展，为其经济的发展提供充足的人力资源，也促进落后地区劳动者收入的提高，缩小地区间的收入差距。

四、促进市场竞争，建立和完善垄断管制政策

对于中国垄断行业的高收入，也必须采取措施加以规制。而反垄断的核心是建立市场竞争机制，将市场化改革从一般竞争性领域推向基础设施和公用事业领域，不仅可以为非公有制经济的发展提供广阔空间，还可以促进这些部门的发展，增加就业；不仅有利于消除垄断部门与竞争部门的收入差距，还可以减少因行政垄断产生的"设租"和"寻租"行为。不过，加强垄断行业的市场竞争，具体应区别自然垄断和行政垄断不同对待。

首先，对于自然垄断应采取保护、管制和增加竞争的政策。自然垄断行业因为边际成本递减，由一个企业经营效率最高，为了使该行业效率达到最优状态，政府对该行业企业独家经营可以采取适当保护政策，即不允许新的企业进入该行业。但同时，因自然垄断行业的企业处于独家垄断地位，若无外力约束，会倾向于限产抬价，政府必须采取措施避免或抑制企

业的这种行为，具体可以采取两方面政策：管制和增加竞争。所谓管制，就是政府对自然垄断行业的经营企业向市场提供的产品产量和价格进行管制，通过建立规范的自然垄断行业数量和价格监管体制，有效抑制企业限产抬价、获取暴利的行为。此外，最根本的措施是增加竞争，培育市场竞争主体，建立市场竞争机制。比如，鼓励替代品生产，建立竞争性的经营权市场或经理市场等，这是减少自然垄断行业不合理收入的有效措施。

其次，要打破行政垄断，创造平等竞争的经济环境，消除不合理的垄断高收入。最重要的是要减少进入管制，引入市场竞争机制。要加快国有企业改革步伐，明晰国有企业产权关系，从制度层面割断国有企业与政府特别是各级地方政府的行政关系，减少因行政权利获得的高收入。同时，要加强行政法制建设，严格管制各级政府及有关行政部门滥用行政权力获取垄断收入的行为，并制定严厉的处罚措施，有效抑制不合理的行政垄断高收入，缩小因不合理因素带来的收入差距。

五、优化税制结构，完善税收调节政策

税收政策是调控收入差距的重要手段，但中国现行税制结构及征管制度的缺陷制约了税收对收入分配的调节作用。一是税制结构不合理。在税收体系中，以个人所得税和财产税对收入分配的调控力度最大，但在中国目前的税制结构中，个人所得税和财产税占税收总额的比重相当低，个人所得税收入占全部税收的比重仅为 6.3% 左右，远远低于发达国家 30% 的水平，财产税收入只占税收总额的 3% 左右，遗产税则没有开征。[①] 二是个人所得税免征额过低，结果使中低收入阶层承担了相当比例的税负。三是税收征管不完善，没有建立有效的个人收入监控体系，对偷逃税者惩罚力度也不够。因此，政府应进一步改革税制，完善个人所得税，积极创造条件开征不动产税、遗产税等财产税，加强税收征管，逐步扩大对高收入群体的税收调节力度，缩小不合理的收入差距。

---

① 夏杰长：《正确运用税收政策调控收入差距》，《经济参考报》2005 年 9 月 5 日。

第一，构建完善的以个人所得税为主的税制结构。为强化税收对个人收入分配的调控功能，应逐步改革税制结构，确立以个人所得税为主体、财产税和社会保障税为两翼、其他税种为补充的个人收入税收调控体系。同时，还应开征同个人收入分配税收调控体系相关的税种，如在个人收入环节开征社会保障税，对存量资产开征房地产税，对个人的投资收益开征证券交易税等，使税收对个人收入分配差距的有效调控覆盖全过程，形成对收入分配差距的完整的调控体系，发挥各个税种的互补作用，有效缩小收入分配差距。

第二，尽快改革个人所得税制。在调控收入差距的税收体系中，个人所得税是最核心的税种。针对当前中国个人所得税制存在的问题，应尽快进行改革，具体可从以下几个方面着手：一是提高个人所得税起征点，根据居民基本生活支出情况，调整费用扣除；二是优化税率结构，降低最高边际税率，减少税率档次，对低收入者免税、对中高收入者适度重税；三是改单位代扣代缴为个人主动申报，实行年度申报、每月预缴制度。通过完善个人所得税制，充分发挥累进所得税对收入差距的调节作用。

第三，建立完善的个人收入监控体系，加强税收征管。首先，要建立和完善个人收入申报制度。许多发达国家的税法规定，个人所得税的所有纳税人必须按规定时间，向居住地税务机关申报上一纳税年度的有关收入情况。中国也可立法规定，任何人都必须定期向税务机关申报个人收入的有关情况，未按规定申报或申报不实的要受到必要处罚。这种制度是掌握个人收入的有效手段。其次，要建立和完善金融资产、不动产实名制度。以有效地核定个人收入，监控税源。再次，要完善税收征管制度。加大对偷税、漏税和抗税行为的处罚力度，做到"严管重罚"，真正体现税法的严肃性，实现税收的公平性。为此要对违法者进行重罚，使之承担巨大的经济风险和法律风险，以鼓励人们依法纳税。只有在管理上形成依法纳税、违法严惩的机制，才能保证税收政策的有效性。

六、健全社会保障政策

社会保障是政府调节收入差距的重要手段之一，有助于改善贫困群体的生活处境，缓和贫富差距带来的社会矛盾。20 世纪 90 年代以来，中国社会保障制度建设迈出实质性步伐，但目前的社会保障体系还不健全不完善，城镇社会保障覆盖面窄，统筹层次低，农村社会保障保障水平低，还处于探索起步阶段。因此，当前需要建立包括养老、医疗、失业、最低生活保障等全方位、多层次的社会保障体系，使社会成员在出现企业破产、发生工伤和疾病之时，或在年老退休之后，能由社会提供基本的生活保障，维持社会公平和稳定。具体来说，首先应做到对企业职工实行养老、医疗等保险的社会统筹，对老弱病残、鳏寡孤独者提供物质帮助，对为国家做出特殊贡献的某些社会成员及家庭实行安抚和补偿，同时解决好企业改革过程中失业、待岗、下岗职工的基本生活保障问题。社会保障资金采取社会统筹和个人账户相结合的方式，由政府设立的社会保障管理机构来管理，并使社会的保障资金成为不断增值的社会公共资产。还要继续探索建立农村社会保障体系的途径与形式，在有条件的农村地区要首先建立多种形式的养老、医疗、最低生活保障制度。要尽快出台与《社会保障法》相配套的法律法规，以加强社会保障体系的法律保障。总之，要积极推进社会保障的社会化进程，努力拓宽保障资金的来源，完善保障体系，以更好地发挥调节收入分配的作用。

七、完善促进教育机会均等的公共教育政策

努力为全民创造平等的受教育机会，是缓解收入不平等的根本、长远途径。尤其是要加大贫困地区的教育投入，这样才能从根本上缩小中国不同成员、不同地区间的收入差距。

中国可以在借鉴经济发达国家成功经验的基础上，完善当前的公共教育政策，实现教育机会均等，有效克服因教育机会不均等带来的收入差距

扩大的现象。首先，要坚决贯彻执行九年义务教育制度。虽然中国早已推行了九年义务教育制度，但在许多贫困地区，特别是一些比较落后、贫困的农村地区，九年义务教育并没有贯彻执行，许多贫困的农村家庭的孩子在本该接受义务教育的阶段，却背负着生活的重担在外面打工，一方面是受"读书无用论"这种观点的误导，另一方面是家庭的贫困需要这些孩子像成年人一样为家里增加收入。因此，要贯彻执行九年义务教育制度，一方面要加强对初等教育重要性的宣传，转变"读书无用论"这种不正确的观念，让贫困家庭切实了解到，如果不接受义务教育，只能获取低收入进而陷入贫困陷阱，无助于家庭经济状况的长远的改善；另一方面，也是更重要的，要解决贫困家庭的实际困难，通过各种途径增加贫困家庭的实际收入，将贫困家庭的孩子从为家里增加收入的需要中解放出来，去接受九年义务教育。通过坚决贯彻执行九年义务教育，为人们取得比较平等的收入结果创造一个比较平等的起点，尽可能减少低技术水平的劳动者只能获取低收入进而陷入贫困陷阱的现象。其次，要加大政府对教育的投入。具体表现在多个方面，比如，要加大中央和各级政府对义务教育的投入，实现真正全免费的义务教育制度；要加大政府对落后地区、农村地区教育基础设施的建设，使那里的学生也能享受到现代化的、高科技的教育手段；等等。再次，要多渠道筹措教育资金发展高等教育、成人教育、职业教育、人力资本培训等非义务教育。对于非义务教育阶段，政府应采取教育成本分担制度，制订多层次的教育成本分担标准，建立政府组织与非政府组织共同资助弱势群体的社会公平保障体系，完善助学金、助学贷款等制度，鼓励利用民间资金帮助弱势群体。并建立区域之间教育均衡发展的保障制度，促进城乡之间、发达地区与老少边穷地区之间教育的均衡发展。此外，政府还应通过各种形式开展成人教育、职业教育和技能训练，提高非熟练劳动者的技能水平，为其创造平等的获取高收入的机会。

八、完善各种就业政策，促进就业

为劳动者创造更多、平等的就业机会是反贫困和缩小贫富差距的另一项重要措施。而中国当前的就业形势处于十分复杂和严峻的状态，存在大量显性和隐性失业人员。因此，当务之急，必须创造各种就业机会，增加就业，提高低端人群的收入水平和生活水平，缩小贫富差距。

中国在采取各种促进就业的措施时，可以借鉴美国、德国等发达国家的成功经验，具体可以从以下几个方面着手来促进中国失业工人及农村剩余劳动力的再就业。

一是大力扶持个体私营经济和中小企业的发展。美国与德国都十分鼓励个人私营经济和中小企业的发展，通过提供资金支持和培训等手段大力发展个体经济、扶持中小企业的发展。中国也可以大力支持个体私营经济的发展以增加就业，比如，可以对其提供创业基金贷款并给予利息优惠等。更重要的是，中国应该大力扶持中小企业的发展，因为中小企业对就业的吸纳能力远远超过大企业。以同样产值计算，中小型工业企业吸纳的就业容量为大型工业企业的 1.43 倍；从同样固定资产投资看，国有小企业占国有企业数量的85%，占用国有资产仅17%，吸纳就业却为74%，吸收的就业容量为大型国有企业的 14 倍。[①] 但是，当前中小企业的发展普遍受资金的制约，存在中小企业贷款难的问题，因此，要扶持中小企业的发展，首要的措施就是降低中小企业贷款门槛，有效解决中小企业贷款难的问题。此外，还应提供一系列政策优惠大力扶持中小企业发展，增加就业机会。比如，可以根据企业在一定时期内创造就业岗位的数量多少，对企业主给予奖励，或根据其支付的劳动成本，给予一定比例的补贴；可以将各地中小企业发展状况，尤其是就业状况，作为各级政府政绩考察的指标，各级地方政府要制定中小企业发展规划，地方财政中要设置中小企业科目，安排专项扶持资金，对中小企业发展给予地方税种的优惠。中小企业的蓬勃发展必将带动就业岗位的增加，对促进收入差距的缩小具有重要意义。

二是积极发展第三产业。第三产业属于劳动密集型的产业，增加就业的空间十分广阔。有数据显示，每投资 100 万元，第三产业可提供 1000 个

---

① 莫荣、岳威：《增加下岗职工就业机会研究》，《管理世界》2001 年第 2 期。

就业岗位，而重工业和轻工业能提供的就业岗位分别只有 400 个和 700 个。[①] 在第三产业中，商贸、餐饮、服务业等传统服务业和旅游业等新兴服务业，又将成为今后解决就业问题的主要渠道。而社区服务业则比较适合下岗失业人员这一困难群体的再就业需要，它具有吸纳空间大、投资少、用人多且对劳动者素质要求不太高的特点。据统计，各种社区服务累计可以为社会提供 2000 万个就业机会，目前尚空缺 1100 万个。[②] 服务业的发展，对于增加就业岗位、提高人民生活水平、缩小贫富差距、保持社会稳定将发挥十分重要的作用。

三是提供各种就业培训。美国在促进再就业政策的实施过程中，十分重视再就业培训，广泛建立了职业培训中心，免费为失业人员进行新技能、新技术培训，以帮助失业者转岗再就业。这个经验在中国也适用，可以通过各种渠道、广泛调动各种资金为下岗工人、农村剩余劳动力提供技术培训、职业培训，在具体实施过程中，政府要加以引导并对培训机构提供资金支持。这些下岗工人、农村剩余劳动力在经过技术培训、职业培训后，技能水平提高，有利于实行再就业或转向收入更高的职业，最终有利于低收入群体的收入增加和贫富差距缩小。

总之，面对中国的收入差距扩大问题，必须多管齐下，建立一套完善的解决居民收入差距的政策体系，综合运用税收、社会保障、教育、反垄断、增加就业等多种政策手段，各种政策相辅相成，形成政策合力，共同促进居民收入差距的缩小。

---

① 莫荣、岳威：《增加下岗职工就业机会研究》，《管理世界》2001 年第 2 期。
② 杨宜勇：《我国社区就业发展状况调查》，《经济学家》2001 年第 3 期。

结　　语

　　本书系统研究了经济发达国家在第二次世界大战以后居民收入差距的演变及影响因素、调节政策，发现已经完成了工业化的经济发达国家在其收入差距经历了缩小的过程以后，在20世纪80年代以来又再次呈现出扩大的趋势。在此基础上，提出要正确看待中国居民收入差距的扩大，收入差距扩大并不是中国经济发展进程中的特有现象，但这也不意味着政府应放任收入差距继续扩大。本书也在研究经济发达国家调节居民收入差距的经验教训的基础上，提出了一系列解决中国居民收入差距问题的政策建议。

　　在系统分析了经济发达国家在当代的居民收入差距的演变及内在影响因素之后，本书可以得到这样一个推断或结论：居民收入差距在任何一个国家都不可能以一种固定不变的状态存在，各国居民收入差距的演变也不会呈现单一的变化模式，一个共同的规律是包括工业化阶段及完成工业化以后以及将来更新的阶段的整个人类发展的历史长河中，居民收入差距将会呈现扩大、缩小、扩大、缩小的交替性变化。第一，居民收入差距即使在短期也不可能保持固定不变，不同的国家只是居民收入差距变化的幅度大小的差别，而不是变与不变的差别，从基尼系数来看，各国年度之间的基尼系数几乎都存在差异。第二，也不能保证居民收入差距会始终朝某一个方向或遵循某一种模式变化。经济发达国家在工业化阶段经历了居民收入差距的倒U型变化之后，工业化后期其居民收入差距的缩小并没有成为亘古不变的趋势，反而在20世纪70年代末以后又呈现出居民收入差距扩大的趋势，其收入差距的变化与国家的经济发展战略和政府政策干预导向密切相关。第三，可以预测，在涵盖不同发展阶段的长期的经济发展过程中，居民收入差距总体是呈现扩大、缩小、扩大、缩小的交替性变化。这种规律在经济发达国家的工业化过程中及信息经济时代的长期发展中已经表现出来。究其原因，一方面，伴随不同发展阶段的各种自然因素的作用会促进居民收入差距的扩大或缩小；另一方面，政府政策的调整也会推动居民收入差距的扩大或缩小，比如，当居民收入差距扩大时，由于公众对收入差距的承受都有一个度，收入差距扩大到一定程度时政府必定加强对收入分配的干预，从而有利于推动居民收入差距转向缩小，而当收入差距缩小到合理的范围时，政府可能又会减少各种福利开支用于经济发展，这种政策导向持续一段时期后收入差距可能又会转向扩大，收入差距扩大到一定程度政府又会相应调整其政策导向，又导致居民收入差距相应发生变化，依此循环下去，结果，居民收入差距的变化将随着政策导向的调整呈现扩大、缩小、扩大、缩小的交替性变化。现在回头来看"倒 U 假说"与"U 型曲线"之争，可以发现，"倒 U 假说"与"U 型曲线"两种看似不同的观点其实并不矛盾，两者只是考察的时期不一样，研究的都只是某个发展阶段居民收入差距的变化，在更长的历史时期来看，"倒 U 假说"与"U 型曲线"两种观点其实是统一的。

参 考 文 献

一、中文文献

马克思:《资本论》第一卷,人民出版社 1975 年版。

《马克思恩格斯选集》第 2 卷,人民出版社 1995 年版。

〔英〕亚当·斯密:《国民财富的性质和原因的研究》,郭大力、王亚南译,商务印书馆 2008 年版。

〔美〕刘易斯:《二元经济论》,施炜等译,北京经济学院出版社 1989 年版。

〔美〕刘易斯:《经济增长理论》,周师铭等译,商务印书馆 2002 年版。

〔美〕库兹涅茨:《各国的经济增长》,常勋等译,商务印书馆 1999 年版。

〔英〕阿特金森、〔法〕布吉尼翁主编:《收入分配经济学手册》第 1 卷,蔡继明等译,经济科学出版社 2009 年版。

〔美〕布朗芬伯伦纳:《收入分配理论》,方敏译,华夏出版社 2009 年版。

〔美〕图洛克:《收入再分配的经济学》,范飞、刘琨译,上海人民出版社 2008 年版。

〔印度〕阿玛蒂亚·森:《论经济不平等·不平等之再考察》,王利文、于占杰译,社会科学文献出版社 2006 年版。

〔美〕钱纳里、赛尔昆:《发展的型式:1950—1970》,经济科学出版社 1988 年版。

[瑞典] 缪尔达尔:《亚洲的戏剧:南亚国家贫困问题研究》,方福前译,首都经济贸易大学出版社 2001 年版。

[美] 巴罗:《经济增长的决定因素:跨国经验研究》,李剑译,中国人民大学出版社 2004 年版。

[美] 德布拉吉·瑞:《发展经济学》,陶然译,北京大学出版社 2002 年版。

[美] 理查德·富兰克林·本塞尔:《美国工业化的政治经济学:1877—1900 年》,吴亮等译,长春出版社 2008 年版。

[瑞典] 佩尔森、[意] 塔贝里尼:《政治经济学:对经济政策的解释》,方敏等译,中国人民大学出版社 2007 年版。

[法] 布吉尼翁等编著:《经济政策对贫困和收入分配的影响:评估技术和方法》,史玲玲、周泳敏译,中国人民大学出版社 2007 年版。

[美] 格林:《计量经济分析》(第五版),费剑平译,中国人民大学出版社 2007 年版。

[美] 戴维森、[美] 麦金农:《计量经济理论和方法》,沈根祥译,上海财经大学出版社 2006 年版。

[美] 伍德里奇:《横截面与面板数据的经济计量分析》,王忠玉译,中国人民大学出版社 2007 年版。

李实、[加] 史泰丽、[瑞典] 别雍·古斯塔夫森主编:《中国居民收入分配研究Ⅲ》,北京师范大学出版社 2008 年版。

赵人伟等主编:《中国居民收入分配研究》,中国社会科学出版社 1994 年版。

赵人伟等主编:《中国居民收入分配再研究》,中国财政经济出版社 1999 年版。

陈宗胜:《经济发展中的收入分配》,上海三联书店、上海人民出版社 1995 年版。

陈宗胜:《改革、发展与收入分配》,复旦大学出版社 1999 年版。

陈宗胜、周云波:《再论改革与发展中的收入分配》,经济科学出版社

2002 年版。

陈宗胜、钟茂初、周云波：《中国二元经济结构与农村经济增长和发展》，经济科学出版社 2008 年版。

蔡昉：《刘易斯转折点——中国经济发展新阶段》，社会科学文献出版社 2008 年版。

蔡昉、万广华主编：《中国转轨时期收入差距与贫困》，社会科学文献出版社 2006 年版。

万广华：《经济发展与收入不均等：方法和证据》，上海人民出版社 2006 年版。

权衡主编：《收入分配与社会和谐》，上海社会科学院出版社 2006 年版。

耿林：《分配的演化：技术进步下的收入分配经济增长与波动》，浙江大学出版社 2009 年版。

邓曲恒：《教育、收入增长与收入差距：中国农村的经验分析》，格致出版社 2009 年版。

钟祥财：《中国收入分配思想史》，上海社会科学院出版社 2005 年版。

于国安等：《收入分配问题研究》，经济科学出版社 2008 年版。

黄泰岩、牛飞亮：《中国城镇居民收入差距》，经济科学出版社 2007 年版。

黄泰岩、王检贵：《如何看待居民收入差距的扩大》，中国财政经济出版社 2001 年版。

周振华主编：《收入分配与权利、权力》，上海社会科学院出版社 2005 年版。

谭伟：《中国收入差距：增长"奇迹"背后的利益分享》，中国发展出版社 2009 年版。

和春雷主编：《社会保障制度的国际比较》，法律出版社 2003 年版。

秦富等：《国外农业支持政策》，中国农业出版社 2003 年版。

罗伟雄、胡晓群：《经济发达国家农业保护制度》，时事出版社 2001

年版。

朱钟棣、王云飞：《我国贸易发展与收入分配关系的理论研究和实证检验》，人民出版社 2008 年版。

黄祖辉：《转型期中国居民收入差距问题研究》，浙江大学出版社 2007 年版。

杨灿明：《转型经济中的宏观收入分配》，中国劳动社会保障出版社 2002 年版。

曾国安：《政府经济学》，湖北人民出版社 2002 年版。

谭崇台：《发展经济学概论》，武汉大学出版社 2001 年版。

郭熙保主编：《发展经济学经典论著选》，中国经济出版社 1998 年版。

张国：《中国城乡结构调整研究：工业化过程中城乡协调发展》，中国农业出版社 2002 年版。

潘胜文：《垄断行业收入分配状况分析及规制改革研究》，中国社会科学出版社 2009 年版。

穆良平编著：《主要工业国家近现代经济史》，西南财经大学出版社 2005 年版。

樊亢等：《主要资本主义国家经济简史》，人民出版社 2001 年版。

钱满素：《美国自由主义的历史变迁》，生活·读书·新知三联书店 2006 年版。

高峰：《发达资本主义国家经济增长方式的演变》，经济科学出版社 2006 年版。

易丹辉：《数据分析与 EViews 运用》，中国人民大学出版社 2008 年版。

高铁梅：《计量经济分析方法与建模：EViews 应用及实例》，清华大学出版社 2006 年版。

王志刚：《面板数据模型及其在经济分析中的应用》，经济科学出版社 2008 年版。

吴玉鸣：《中国经济增长与收入分配差异的空间计量经济分析》，经济科学出版社 2005 年版。

赵人伟：《如何根治收入分配不公问题》，《金融博览》2006 年第 8 期。

赵人伟：《对我国收入分配改革的若干思考》，《经济学动态》2002 年第 9 期。

赵人伟：《福利国家的转型与我国社保体制改革》，《经济学家》2001 年第 6 期。

赵人伟、李实：《中国居民收入差距的扩大及其原因》，《经济研究》1997 年第 9 期。

李实、赵人伟：《中国经济改革中的收入分配变动》，《管理世界》1998 年第 1 期。

李实：《收入分配与和谐社会》，《中国人口科学》2007 年第 5 期。

李实、王亚柯：《中国东西部地区企业职工收入差距的实证分析》，《管理世界》2005 年第 6 期。

李实：《中国经济转型与收入分配变动》，《经济研究》1998 年第 4 期。

李实、赵人伟：《中国居民收入分配再研究》，《经济研究》1999 年第 4 期。

李实、赵人伟、张平：《中国经济改革中的收入分配变动》，《管理世界》1998 年第 1 期。

陈宗胜：《经济发展中的两种收入差别理论之区别——关于公有制"倒 U"理论与库兹涅茨"倒 U"假说的新比较》，《学术月刊》2008 年第 2 期。

陈宗胜：《关于收入差别倒 U 曲线及两极分化研究中的几个方法问题》，《中国社会科学》2002 年第 5 期。

陈宗胜、周云波：《非法非正常收入对居民收入差别的影响及其经济学解释》，《经济研究》2001 年第 4 期。

尹恒、龚六堂、邹恒甫：《当代收入分配理论的新发展》，《经济研究》2002 年第 8 期。

尹恒、龚六堂、邹恒甫：《收入分配不平等与经济增长：回到库兹涅茨假说》，《经济研究》2005 年第 4 期。

权衡：《中美收入不平等的效应比较及其理论含义》，《世界经济研究》

2004 年第 8 期。

权衡：《公共政策、居民收入流动与收入不平等》，《经济学家》2004年第 6 期。

牛飞亮：《城镇居民收入差距的国际比较》，《经济理论与经济管理》2001 年第 2 期。

陈钊、陆铭：《收入差距扩大现象透析——国际比较及启示》，《世界经济研究》1999 年第 3 期。

赖德胜：《收入分配的失范与规范》，《求是》2001 年第 12 期。

赖德胜：《论个人收入分配的宏观调控》，《经济学动态》1999 年第8 期。

赖德胜：《教育、劳动力市场与收入分配》，《经济研究》1998 年第5 期。

赖德胜：《教育扩展与收入不平等》，《经济研究》1997 年第 10 期。

赖德胜：《地区收入差距扩大的人力资本成因》，《当代经济研究》1997年第 4 期。

曾国安：《20 世纪 80、90 年代世界各国居民收入差距的比较》，《经济评论》2002 年第 1 期。

曾国安：《中国与其他经济转轨国家居民收入差距变化的比较》，《当代经济研究》2002 年第 2 期。

曾国安：《论工业化过程中导致城乡居民收入差距扩大的自然因素与制度因素》，《经济评论》2007 年第 3 期。

曾国安：《论工业化过程中导致城乡居民收入差距缩小的自然因素与制度因素》，《福建论坛（人文社会科学版）》2007 年第 4 期。

曾国安：《20 世纪 70 年代末以来中国居民收入差距的演变趋势、现状评价与调节政策选择》，《经济评论》2002 年第 5 期。

曾国安：《论中国居民收入差距的特点、成因及对策》，《中国地质大学学报（社会科学版）》2001 年第 4 期。

曾国安：《试论政府反垄断政策的原则与手段》，《江汉论坛》1999 年第 6 期。

曾国安：《论市场经济中政府调节居民收入差距的必要性》，《经济评论》2000 年第 2 期。

曾国安、洪丽：《19 世纪末以来日本居民收入差距的演变、状态及启示》，《当代经济研究》2011 年第 9 期。

曾国安、洪丽：《第二次世界大战后经济发达国家居民收入差距的演变趋势及现状评价》，《当代经济研究》2009 年第 3 期。

曾国安、洪丽：《第二次世界大战后美国居民收入差距的演变趋势及现状评价》，《中国地质大学学报（社会科学版)》2009 年第 1 期。

曾国安、洪丽：《收入不平等与经济增长关联机制研究进展》，《经济学动态》2010 年第 5 期。

洪丽：《20 世纪 30 年代末以来英国居民收入差距的历史变迁及现状评价》，《湖北经济学院学报》2008 年第 5 期。

洪丽：《发展中国家居民收入差距的历史变迁及现状评价》，《山东社会科学》2010 年第 1 期。

曾国安、胡晶晶：《城乡居民收入差距的国际比较》，《山东社会科学》2008 年第 10 期。

曾国安、胡振国：《20 世纪 90 年代以来中国居民收入差距的变化趋势、原因、影响与调节政策（上)》，《税务与经济》2003 年第 2 期。

曾国安、胡振国：《20 世纪 90 年代以来中国居民收入差距的变化趋势、原因、影响与调节政策（下)》，《税务与经济》2003 年第 3 期。

张秀生：《应强化对农民的政策保护》，《农村工作通讯》2002 年第 6 期。

张秀生：《国外发展中小企业的政策》，《经济评论》2000 年第 6 期。

张秀生、杨刚强：《国外调节地区间居民收入差距的政策》，《国外社会科学》2009 年第 5 期。

王冰、张军：《对现阶段我国农村社会保障制度的经济分析》，《中国人口·资源与环境》2007 年第 1 期。

邱爱军、孟育建：《发达国家收入不均等现象分析》，《求是》2001年第11期。

邱爱军、孙建中：《主要资本主义国家收入不均等现象分析》，《世界经济与政治》2000年第12期。

张晓群：《全球性收入不平等的演变轨迹》，《理论月刊》2004年第4期。

王韧：《城乡转换、经济开放与收入分配的变动趋势——理论假说与双二元动态框架》，《财经研究》2006年第2期。

王迎春、张小平：《工业化阶段的收入分配：美国的教训和中国的挑战》，《中国国情国力》2006年第10期。

刘生龙：《收入不平等与经济增长的关系》，《经济科学》2007年第3期。

申丹虹：《新自由主义是全球收入不平等的理论根源》，《经济纵横》2009年第4期。

张珺：《日本收入分配制度分析》，《当代亚太》2005年第4期。

董全瑞：《美国50年来收入分配变化探析》，《财经科学》2003年第5期。

董全瑞：《1992年以来中美收入分配差距比较》，《中州学刊》2004年第2期。

王艳萍：《经济增长与收入不平等：增长与分配关系的理论研究及其最新进展》，《经济评论》2003年第6期。

蒋雪玲、苏维新：《当代资本主义国家国民收入再分配的新特点》，《鞍山钢铁学院学报》1999年第6期。

刘强：《瑞典、芬兰居民收入分配状况及调节政策考察报告》，《经济研究参考》2006年第32期。

刘强：《北欧国家的收入分配状况及政策借鉴》，《中国经贸导刊》2006年第10期。

李舜：《市场经济国家调节收入分配的做法和经验》，《中国经贸导刊》

2006 年第 16 期。

朱钟棣：《国外马克思主义研究者对发达国家收入分配问题的探讨》，《上海市经济管理干部学院学报》2005 年第 1 期。

斯特罗贝尔、林小鸥、陈威：《英美两国收入不平等状况的比较》，《国外社会科学文摘》1996 年第 10 期。

葛霖升：《再谈关于收入分配的国际比较——兼析我国遏制基尼系数升高的效果》，《世界经济文汇》2001 年第 2 期。

胡昭玲：《经济全球化与收入不平等》，《经济学家》2004 年第 4 期。

莱因·肯沃斯、鲁洁：《收入不平等加剧的真正原因》，《国外社会科学文摘》2005 年第 3 期。

尹翔硕：《比较优势、技术进步与收入分配——基于两个经典定理的分析》，《复旦学报（社会科学版）》2002 年第 6 期。

张斌：《收入不平等关系的根源：自由贸易还是技术进步》，《世界经济研究》2003 年第 2 期。

文娟、孙楚仁：《贸易与中国收入不平等的计量检验》，《财贸研究》2009 年第 1 期。

孙百才：《经济增长、教育扩展与收入分配——两个"倒 U"假说的检验》，《北京师范大学学报（社会科学版)》2009 年第 2 期。

赵红军、孙楚仁：《二元结构、经济转轨与城乡收入差距分化》，《财经研究》2008 年第 3 期。

徐水安：《贸易自由化与中国收入分配的演变》，《世界经济文汇》2003 年第 4 期。

李世光：《国际贸易、外国直接投资、技术进步和收入分配差距——一个综合分析模型》，《国际贸易问题》2004 年第 6 期。

何璋、覃东海：《开放程度与收入分配不平等问题——以中国为例》，《世界经济研究》2003 年第 2 期。

王少瑾：《对外开放与我国的收入不平等——基于面板数据的实证研究》，《世界经济研究》2007 年第 4 期。

管晓明：《劳动者技能、劳动力流动与收入再分配》，《财经科学》2006年第2期。

宋小川：《论当前美国社会的收入分配不平等和两极分化》，《马克思主义研究》2008年第6期。

蒋虹：《英国居民收入差距现状分析》，《山西财经大学学报》1999年第6期。

胡连生：《美欧收入分配政策的差异及其成因》，《科学社会主义》2003年第6期。

胡莹：《战后美国收入分配政策及启示》，《理论界》2006年第3期。

高亳洲：《加拿大收入分配和社会保障机制给我们的启示》，《安徽省情省力》2007年第3期。

林小春：《国外调节收入分配政策辑览》，《中国党政干部论坛》2005年第3期。

毛慧红、蔡颖：《减少收入不平等：来自教育和人力资本的理论、经验和启示》，《市场与人口分析》2004年第4期。

苏振兴：《增长、分配与社会分化——对拉美国家社会贫富分化问题的考察》，《拉丁美洲研究》2005年第1期。

张术茂：《调节社会收入差距：国外经验的借鉴》，《发展研究》2005年第2期。

刘乐山、鲁昕：《日本调节收入分配差距的财政措施及启示》，《经济纵横》2007年第3期。

刘乐山、覃曼：《英国调节收入分配差距的财政措施及启示》，《湖南文理学院学报（社会科学版）》2006年第3期。

邹伯平、刘乐山：《德国调节收入分配差距的财政措施及启示》，《湖南商学院学报》2006年第2期。

刘乐山、鲁昕：《美国调节收入分配差距的财政措施及启示》，《喀什师范学院学报》2007年第1期。

曾智泽：《中等收入阶层：印度、新加坡的形成机制和巴西、阿根廷萎缩甚至消失的原因》，《经济研究参考》2005 年第 5 期。

"完善农村义务教育财政保障机制"课题组、顾然：《美国二战后至 1971 年义务教育普及与保障过程》，《经济研究参考》2005 年第 46 期。

袁群、安晓敏：《北欧福利国家的改革及对我国的启示》，《经济问题探索》2006 年第 11 期。

陈少宏：《外国个人所得税制比较及其对我国启示》，《岭南学刊》1997 年第 4 期。

房晓萍、贺拥军：《日美政府间收入分配制度的比较及借鉴》，《山西财税》2002 年第 5 期。

李永民：《国外就业政策及对我国的启示》，《理论参考》2006 年第 11 期。

罗小兰：《英国最低工资制度及其借鉴》，《上海企业家》2007 年第 5 期。

梁建武：《看外国如何缩小收入差距》，《瞭望》2006 年第 13 期。

《芬兰调节收入分配差距的做法》，《党建研究》2005 年第 10 期。

《法国调节收入分配差距的做法》，《党建研究》2005 年第 9 期。

《英国调节收入分配差距的做法》，《党建研究》2005 年第 7 期。

张进昌：《美英俄三国个人所得税税率结构比较与启示》，《税务研究》2003 年第 10 期。

李培林：《中国贫富差距扩大的社会心态影响》，《经济导刊》2005 年第 1 期。

翟志俊：《国内外最低工资的发展概况》，《上海劳动保障信息》2007 年第 11 期。

杨宜勇：《我国社区就业发展状况调查》，《经济学家》2001 年第 3 期。

戴枫：《贸易自由化与收入不平等——基于中国的经验研究》，《世界经济研究》2005 年第 10 期。

阮杨、陆铭、陈钊：《经济转型中的就业重构与收入分配》，《管理世界》2002 年第 11 期。

林毅夫、蔡昉、李周：《中国经济转型时期的地区差距分析》，《经济研究》1998 年第 6 期。

侯风云、付洁、张凤兵：《城乡收入不平等及其动态演化模型构建——中国城乡收入差距变化的理论机制》，《财经研究》2009 年第 1 期。

陈卫东：《从国际比较看中国个人所得税发挥再分配功能的改革思路》，《涉外税务》2004 年第 5 期。

刘晓路：《论政府在改善收入分配状况中的作用》，《财贸经济》2003 年第 8 期。

樊丽明：《从税收调节介入层次和机制看税收调节的作用及其局限》，《当代财经》1999 年第 11 期。

宋丹：《调节收入分配差距的税收政策探讨》，《经济研究参考》2006 年第 58 期。

高兴民：《经济转型时期的个人收入差距分析》，《深圳大学学报（人文社会科学版)》2006 年第 4 期。

王洪亮、徐翔：《收入不平等孰甚：地区间抑或城乡间》，《管理世界》2006 年第 11 期。

莫荣、岳威：《增加下岗职工就业机会研究》，《管理世界》2001 年第 2 期。

黄洪：《贫穷的定义及量度：海外及香港的经验》，立法会 CB（2）915/04 – 05（04）号文件，2005 年 2 月，见 http://www. legco. gov. hk/yr04 – 05/chinese/hc/sub_com/hs51/papers/hs510223cb2 – 915 – 04 – c. pdf。

中国国家发改委就业和收入分配司收入分配处：《英国再分配调节措施的基本情况和效果评估》，2006 年 6 月 19 日，见 http://www. ndrc. gov. cn/jyysr/jb/default. htm。

张永兴：《国外个人所得税制度介绍》，2005 年 9 月 26 日，见 http://news. xinhuanet. com/video/2005 – 09/26/content_3545382. htm。

谢红艳：《发达国家缩小居民收入差距的政策及其启示》，湘潭大学硕士学位论文，2007 年。

赵兴罗:《中国转型期居民收入差距调节研究》, 武汉大学博士学位论文, 2005 年。

二、外文文献

Adelman, I. & Morris, C. T. , *Economic Growth and Social Equity in Developing Countries*, Stanford：Stanford University Press, 1973.

Ahluwalia, M. S. , "Inequality, Poverty and Development", *Journal of Development Economics*, 1976, 3 (4), 307-342.

Ahluwalia, M. & Cheney, H. , "The Economic Framework and A Model of Distribution and Growth", in *Redistribution with Growth*, Chenery, H. et al. (eds.), London：Oxford University Press, 1974.

Ajit Singh, Rahul Dhumale, "Globalization, Technology, and Income Inequality：A Critical Analysis", World Institute for Development Economics Research (WIDER) Working Papers No. 210, 2000.

Alderson, Arthur S. , "Globalization, Deindustrialization, and the Great U-Turn：The Growth of Direct Investment in 18 OECD Countries, 1967—1990", Ph. D. thesis, University of North Carolina at Chapel Hill, Department of Sociology, 1997.

Alderson, Arthur S. , "Explaining Deindustrialization：Globalization, Failure, or Success?" *American Sociological Review*, 1999, 64, 701-721.

Alderson, Arthur S. & Francois Nielsen, "Income Inequality, Development, and Dependence：A Reconsideration", *American Sociological Review*, 1999, 64, 606-631.

Alderson, Arthur S. & Francois Nielsen, "Globalization and the Great U-Turn：Income Inequality Trends in 16 OECD Countries", *American Journal of Sociology*, 2002, 107(5), 1244-1299.

Alesina, A. & R. Perotti, "Income Distribution, Political Instability, and Investment", *European Economic Review*, 1996, 40(6), 1203-1228.

Alesina, A. & Rodrik, "Distributive Policies and Economic Growth", *Quarterly Journal of Economics*, 1994, 109, 465-490.

Alfranca, O. & Galindo, M. A. , "Public Expenditure, Income Distribution and Growth in OECD Countries", *International Advances in Economic Research*, 2002, 9 (2), 133-139.

Anand, S. & Kanbur, R. , "The Kuznets Process and the Inequality—Development Relationship", *Journal of Development Economics*, 1993, 40, 25-52.

Atkinson, Anthony B. & Andrea Brandolini, "Promises and Pitfalls in the Use of Secondary Datasets: Income Inequality in OECD Countries as a Case Study", *Journal of Economic Literature*, 2001, 9(3), 771-800.

Atkinson, Anthony B. , Lee Rainwater & Timothy M. Smeeding, "Income Distribution in OECD Countries: Evidence from the Luxembourg Income Study (LIS)", *Social Policy Studies*, No. 18, Paris: OECD, 1995.

Barro, R. , "Inequality and Growth in a Panel of Countries", *Journal of Economic Growth*, 2000, 5, 5-32.

Benhabib J. , A. Rustichini, "Social Conflict and Growth", *Journal of Economic Growth*, 1996, 1(1), 129-146.

Blacklow, Paul, Ray, Ranjan, "A Comparison of Income and Expenditure Inequality Estimates: The Austrian Evidence, 1975—1976 to 1993—1994", *Australian Economic Review*, 2000, 33(4), 317-329.

Borjas, George J. , "The Economics of Immigration", *Journal of Economic Literature*, 1994, 32, 1667-1717.

Borjas, George J. , *Issues in the Economics of Immigration*, Chicago: University of Chicago Press, 2000.

Borjas, George J. , Richard B. Freeman & Lawrence F. Katz, "On the Labor Market Impacts of Immigration and Trade", in *Immigration and the Work Force: Economic Consequences for the United States and Source Areas*, George J. Borjas & Richard B. Freeman, Chicago: University of Chicago Press, 1992, pp. 213-244.

Bourguignon, F. & Morrisson, C. , "Inequality and Development: the Role of Dualism", *Journal of Development Economics*, 1998, 57, 233-257.

Bourguignon, F. & Morrisson, C. , "Income Distribution, Development and Foreign Trade: A Cross-sectional Analysis", *European Economic Review*, 1990, 34 (6), 1113-1132.

Burkhanser, Richard V. & Poupore, John, "A Cross-National Comparison of Permanent Inequality in the United States and Germany", *Review of Economics & Statistics*, 1997, 79 (1), 10-17.

Cancian, M. , Danziger, S. & Gottschalk, P. , "Working Wives and Family Income Inequality among Married Couples", in *Uneven Tides: Rising Inequality in America*, Sheldon Danziger & Peter Gottschalk, New York: Russell Sage Foundation, 1993, 195-221.

Chenery, H. & Syrquin, M. , *Patterns of Development, 1950—1970*, London: Oxford University Press, 1975.

Claessens, S. & Perotti, E. , "Finance and Inequality: Channels and Evidence", *Journal of Comparative Economics*, 2007, 35, 748-773.

Cline, W. R. , "Distribution and Development: A Survey of Literature", *Journal of Development Economics*, 1975, 1 (4), 359-400.

Conceicao, Pedro & Galbraith, James K. , "Toward a New Kuznets Hypothesis: Theory and Evidence on Growth and Inequality", In *Inequality and Industrial Change: A Global View*, James K. Galbraith & Maureen Berner, New York: Cambridge University Press, 2001, 139-160.

Cornia, A. , Addison, T. & Kiiski, S. , "Income Distribution Changes and their Impact in the Post-World War II Period", WIDER Discussion Paper No. 2003/28, Helsinki.

Danziger, Sheldon & Gottschalk, Peter, *Uneven Tides: Rising Inequality in America*, New York: Russell Sage Foundation, 1993.

Davis, Donald R. , "Trade Liberalization and Income Distribution", Harvard

Institute of Economic Research Working Papers No. 1769, 1996.

Deininger, Klaus & Squire, Lyn, "A New Data Set Measuring Income Inequality", *World Bank Economic Review*, 1996, 10(3), 565-591.

Devine, Joel A. , "Fiscal Policy and Class Income Inequality: the Distributional Consequences of Governmental Revenues and Expenditures in the United States, 1949—1976", *American Sociological Review*, 1983, 48(5), 606-622.

Dollar, D. & Kraay, A. , "Growth is Good for the Poor", *Journal of Economic Growth*, 2002, 7, 195-225.

Dreher, A. & Gaston, N. , "Has Globalization Increased Inequality?" *Review of International Economics*, 2008, 16(3), 516-536.

Edwards, S. , "Trade Policy, Growth, and Income Distribution", *American Economic Review*, 1997, 87(2), 205-210.

Fei, J. , G. Ranis & S. W. Y. Kuo, *Growth with Equity: the Taiwan Case*, Oxford University Press, 1979.

Fields, G. S. , "Employment, Income Distribution and Economic Growth in Seven Small Open Economies", *Economic Journal*, 1984, 94(373), 74-83.

Fisher, R. D. , "The Evolution of Inequality after Trade Liberalization", *Journal of Development Econornics*, 2001, 66(1), 555-579.

Fishlow, Albert, "Brazilian Size Distribution of Income", *American Economic Review*, 1972, 62(2), 391-402.

Foellmi, R. & J. Zweimüller, "Income Distribution and Demand-Induced Innovations", *Review of Economic Studies*, 2006, 73(4), 941-960.

Frank Levy, "Poverty, Inequality and Income Distribution in Comparative Perspective: The Luxembourg Income Study", *American Journal of Sociology*, 1991, 97 (3), 887-888.

Frank, M. W. , "Inequality and Growth in the United States: Evidence from a New State-Level Panel of Income Inequality Measures", *Economic Inquiry*, 2009, 47 (1), 55-68.

Fritzell, Johan, "Income Inequality Trends in the 1980's: A Five-Country Comparison", *Acta Sociologica*(Taylor & Francis Ltd.) ,1993 ,36(1) ,47-62.

Gottschalk, Peter & Timothy M. Smeeding, "Cross-National Comparisons of Earnings and Income Inequality", *Journal of Economic Literature*, 1997 , 35 (2) , 633-687.

Gottschalk, Peter & Timothy M. Smeeding, "Empirical Evidence on Income Inequality in Industrialized Countries", In *Handbooks in Economics*, *Vol. 1 : Handbook of Income Distribution*, Anthony B. Atkinson & Francois Bourguignon (eds.) , Amsterdam : North-Holland ,2000 ,261-308.

Harrison, Bennett, & Barry Bluestone, *The Great U-Turn : Corporate Restructuring and the Polarizing of America*, New York : Basic Books ,1988.

John A. Bishop, John P. Formby & W. James Smith, "International Comparisons of Income Inequality : Tests for Lorenz Dominance across Nine Countries", *Economica* ,1991 ,58(232) ,461-477.

Jones, A. F. & Weinberg, D. H. , "The Changing Shape of the Nation's Income Distribution, 1947—1998 ", Washington, DC : US Census Bureau, Current Population Reports ,2000.

Kang H. Park, "Educational Expansion and Educational Inequality on Income Distribution", *Economics of Education Review* ,2000 ,15(1) ,51-58.

Katz, L. F. & K. M. Murphy, "Changes in Relative Wages, 1963—1987 : Supply and Demand Factors", *Quarterly Journal of Economics* ,1992 ,107 ,35-78.

Kravis, I. B. , "International Differences in the Distribution of Income", *Review of Economics and Statistics* ,1960 ,42 ,408-416.

Kuznets, "Economic Growth and Income Inequality", *American Economic Review* ,1955 ,45(1) ,1-28.

Lewis, W. Arthur, "Economic Development with Unlimited Supplies of Labour", *The Manchester School* ,1954 ,22(1) ,139-191.

Levy, Frank, "The Future Path and Consequences of the U. S. Earnings/Education Gap", *Economic Policy Review*, 1995, 1(1), 35-41.

Levy, Frank & Murnane, Richard J. , "U. S. Earnings Levels and Earnings Inequality: A Review of Recent Trends and Proposed Explanations", *Journal of Economic Literature*, 1992, 30(3), 1333-1381.

Levy, Frank & Temin, Peter, "Inequality and Institutions in 20th Century America", NBER Working Papers No. 13106, 2007.

Li Hongyi, Lyn Squire & Heng-Fu Zou, "Explaining International and Intertemporal Variations in Income Inequality", *Economic Journal*, 1998, 108, 26-43.

Li Hongyi & Xie Danyang, "Dynamics of Income Distribution", *Canadian Journal of Economics*, 2000, 33(4), 937-961.

Lindert, Peter H. & Williamson, Jeffrey G. , "Growth, Equality, and History", *Explorations in Economic History*, 1985, 22, 341-377.

Lindert, Peter H. & Williamson, Jeffrey G. , "Does Globalization Make the World More Unequal?" NBER Working Paper No. W8228, 2001.

Menard, Scott, "A Research Note on International Comparisons of Inequality of Income", *Social Forces*, 1986, 64(3), 778-793.

Milanovic, Branko, "Can We Discern the Effect of Globalization on Income Distribution? Evidence from Household Budget Survey", World Bank Policy Research Working Paper No. 2876, 2002.

Milanovic, Branko & DEC, "Determinants of Cross-country Income Inequality: An Augmented Kuznets Hypothesis", World Bank Policy Research Working Paper No. 1246, 1994.

Milanovic, Branko & Squire, Lyn, "Does Tariff Liberalization Increase Wage Inequality? Some Empirical Evidence", World Bank Policy Research Working Paper No. 3571, World Bank, Washington, DC, 2005.

Nielsen, Francois, "Income Inequality and Industrial Development: Dualism Revisited", *American Sociological Review*, 1994, 59, 654-677.

Nielsen, Francois & Alderson, Arthur S. , "Income Inequality, Development, and Dualism:Results from an Unbalanced Cross-National Panel", *American Sociological Review*, 1995, 60, 674-701.

Nielsen, Francois & Alderson, Arthur S., "The Kuznets Curve and the Great U-Turn:Patterns of Income Inequality in United States Counties, 1970—1990", *American Sociological Review*, 1997, 62, 12-33.

Oshima, H., "The International Comparion of Size Distribution of Family Incomes with Special Reference to Asia", *Review of Economics and Statistics*, 1962, 44(4), 439-445.

Paukert, Felix, "Income Distribution at Different Levels of Development: A Survey of Evidence", *International Labour Review*, 1973, 108(2/3), 97-125.

Panizza, U., "Income Inequality and Economic Growth:Evidence from American Data", *Journal of Economic Growth*, 2002, 7(1), 25-41.

Perotti, Roberto, "Income Distribution and Investment", *European Economic Review*, 1994, 38, 827-835.

Perotti, Roberto, "Growth, Income Distribution and Democracy:What the Data Say", *Journal of Economic growth*, 1996, 1(2), 149-187.

Persson, T. & G. Tabellini, "Is Inequality Harmful for Growth:Theory and Evidence", *American Economic Review*, 1994, 84, 600-621.

Pittau, M. G. & Zelli, R., "Income Distribution in Italy: A Nonparametric Analysis", *Statistical Methods and Applications*, 2001, 10, 175-190.

Ravallion, M. & Chen, S., "What Can New Survey Data Tell Us about Recent Changes in Distribution and Poverty", *The World Bank Economic Review*, 1997, 11, 357-382.

Sarel, Michael, "How Macroeconomic Factors Affect Income Distribution—The Cross-Country Evidence", IMF Working Papers No. 97/152, 1997.

Schultz, T. Paul, "Inequality in the Distribution of Personal Income in the World:How It Is Changing and Why", *Journal of Population Economics*, 1998, 11(3), 307-344.

Smeeding, Timothy M. , "America's Income Inequality: Where Do We Stand", *Challenge*, 1996, 39(5), 45-53.

Smeeding, Timothy M. & Andrej Grodner, "Changing Income Inequality in OECD Countries: Updated Results from the Luxembourg Income Study (LIS)", In *The Personal Distribution of Income in an International Perspective*, Richard Hauser & Irene Becker (eds.), Berlin: Springer-Verlag, 2000, 205-244.

Smeeding, Timothy M. , "Globalization, Inequality and the Rich Countries of the G-20: Evidence from the Luxembourg Income Study (LIS)", Luxembourg Income Study Working Paper No. 320, 2002.

Solow, R. M. , "Income Inequality Since the War", in *Postwar Economic Trends in the United States*, R. E. Freeman (ed.), New York, Harper, 1960, 91-138.

Spilimbergo, Antonio, Londono, Juan Luis & Szekely, Miguel, "Income Distribution, Factor Endowments, and Trade Openness", *Journal of Development Economics*, 1999, 59(1), 77-101.

Thurow, Lester C. , "A Surge in Inequality", *Scientific American*, 1987, 256, 30-37.

United Nations, *World Population at the Turn of the Century*, New York: United Nations, 1989.

Wade, R. H. , "Is Globalization Reducing Poverty and Inequality?" *World Development*, 2004, 32(4), 567-589.

Wagle, U. R. , "Are Economic Liberalization and Equality compatible? Evidence from South Asia", *World Development*, 2007, 35(11), 1836-1857.

Waldmann, Robert J. , "Income Distribution and Infant Mortality", *The Quarterly Journal of Economics*, 1992, 107(4), 1283-1302.

Weiskoff, R. , "Income Distribution and Economic Growth in Puerto Rico, Argentina, and Maxico", *Review of Income and Wealth*, 1970, 16(4), 303-332.

Williamson, Jeffrey G. , *Inequality, Poverty, and History*, Cambridge, Mass. :

Basil Blackwell,1991.

Wouter Van Ginneken, "Generating Internationally Comparable Income Distri-bution Data: Evidence from the Federal Republic of Germany (1974), Mexico (1968) and the United Kingdom (1979)", *Review of Income & Wealth*, 1982, 28 (4), 365-379.

Wright, Charles L. , " International Comparisons of Income Levels and Growth", *Journal of Development Studies*, 1979, 15 (4), 331-341.

Zhu, S. C. & D. Trefler, "Trade and Inequality in Developing Countries: A General Equilibrium Analysis", *Journal of International Economics*, 2005, 65, 21-48.

图表索引

责任编辑:陈 登

图书在版编目(CIP)数据

经济发达国家居民收入差距研究/洪丽 著. -北京:人民出版社,2013.11
(收入分配研究丛书)
ISBN 978 - 7 - 01 - 012802 - 3

Ⅰ.①经… Ⅱ.①洪… Ⅲ.①居民收入-收入差距-研究-世界
   Ⅳ.①F113.9

中国版本图书馆 CIP 数据核字(2013)第 266612 号

经济发达国家居民收入差距研究
JINGJI FADA GUOJIA JUMIN SHOURU CHAJU YANJIU

洪 丽 著

人民出版社 出版发行
(100706 北京市东城区隆福寺街 99 号)

北京龙之冉印务有限公司印刷 新华书店经销

2013 年 11 月第 1 版 2013 年 11 月北京第 1 次印刷
开本:710 毫米×1000 毫米 1/16 印张:15.75
字数:222 千字

ISBN 978 - 7 - 01 - 012802 - 3 定价:32.00 元

邮购地址 100706 北京市东城区隆福寺街 99 号
人民东方图书销售中心 电话 (010)65250042 65289539